जनसंचार

फ़िल्मी गीतों में रचनात्मकता

डॉ. हिसाम उद्दीन फ़ारुक़ी

MASS COMMUNICATION

CREATIVITY IN FILM SONGS

DR. HISAMUDDIN FARUQUI

TRUE SIGN
PUBLISHING HOUSE

प्रकाशक : ट्रू साइन पब्लिशिंग हाउस
पता: जी-3, एचडीबी आर्केड, दूरसंचार नगर,
गुलमोहर भोपाल, मध्य प्रदेश-462039 भारत
ईमेल : truesignbooks@gmail.com
वेबसाइट : www.truesign.in

जनसंचार फ़िल्मी गीतों में रचनात्मकता

लेखक: डॉ. हिसाम उद्दीन फ़ारूक़ी
Mob: +91 7247579389

संस्करण: 2025

विषय सूची

अपनी बात
लेखक की ओर से...

भारत की फ़िल्म इंड्रस्ट्री दुनिया में अपनी एक अलग पहचान रखती है। 1913 में दादा साहब फाल्के ने पहली पूर्ण लंबाई वाली फ़िल्म "राजा हरिश्चंद्र" बनाई जो एक मूक फ़िल्म थी। उसके बाद फ़िल्में बनती रहीं। फ़िल्म निर्माताओं और सिनेमा देखने वालों की रुचि इस दिशा में बढ़ी और अंततः 1931 में आलम आरा नाम से पहली 'बोलती फ़िल्म' बंबई में रिलीज़ हुई। फ़िल्म की अवधि में ज़्यादातर गाने शामिल थे और पहली ध्वनि फ़िल्म आलम आरा के संगीत निर्देशक फिरोज शाह थे। खास बात यह है कि दादा साहब फाल्के को अपनी पहली फ़िल्म "राजा हरिश्चंद्र" की सफ़लता के बाद ही यह एहसास हो गया था कि फ़िल्में जनता के मनोरंजन का सबसे अच्छा साधन हो सकती हैं। इसके बाद 1913 से ही गानों को फ़िल्म का अभिन्न अंग माना जाने लगा है! भारतीय फ़िल्म उद्योग में लाखों गानों को महत्व दिया गया क्योंकि तब तक गाने रिकॉर्ड करने का कोई आविष्कार नहीं था और प्लेबैक की सुविधा भी नहीं थी, इसलिए फ़िल्म कलाकारों और अभिनेताओं को शूटिंग करते हुए ही गाने भी रिकॉर्ड करने पड़ते थे। अतः फ़िल्म में नायक को गायक भी बनना पड़ा। अशोक कुमार, केएल सहगल, सुरेंद्र, तलत महमूद, नूरजहां, सुरैया जैसे कई फ़िल्मी कलाकारों ने अपनी आवाज़ में गीत गाये। इसे हम फ़िल्मी गानों का पहला युग कह सकते हैं।

लेकिन फ़िल्मी गीतों का दूसरा युग तब शुरू हुआ जब फ़िल्मी गीतों को अलग से रिकॉर्ड करने की तकनीक का आविष्कार हुआ और तब कलाकारों यानी अभिनेताओं और अभिनेत्रियों ने अपने अभिनय पर ज़्यादा ध्यान दिया, और पहले से रिकॉर्ड किये गीत के बोलों पर केवल अपने होंट हिला दिए। इसे प्लेबैक तकनीक का नाम दिया गया। इसे हम फ़िल्मी गीतों के विकास का दूसरा युग कह सकते हैं। इसी दूसरे काल में गायकों का आग़मन हुआ और धीरे-धीरे उनकी मांग बढ़ती गई। ऐसे कई गायक हैं जिन्होंने सबसे पहले अभिनय के साथ-साथ गाने भी गाए जैसे तलत महमूद, मुहम्मद रफ़ी, नूरजहाँ, सुरैया और स्वयं लता मंगेशकर आदि। लेकिन जल्द ही कई गायक कलाकारों ने केवल गायिकी के मैदान में अपनी कलाकारी का लोहा मनवा लिया।

दूसरे युग में, जब प्लेबैक तकनीकों का उपयोग किया जाने लगा, तो संगीतकारों को गीत लिखने के लिए अधिक समय और बेहतर अवसर भी मिले। अब संगीतकारों को अच्छे पार्श्व गायकों (प्ले बैक सिंगर) की तलाश शुरू हो गई और वे अपने गीतों के लिए बेहतर और उपयुक्त शब्दों वाले शक्तिशाली और सार्थक गीतों की तलाश में अच्छे गीतकारों की तलाश भी करने लगे। इस संबंध में फ़िल्म के निर्माताओं और निर्देशकों को भी समय मिला, इसलिए उन्होंने फ़िल्म की कहानी, चरित्र और कथानक के अनुसार फ़िल्म के गीत (या गीत के बोलों की भी) मांग रखी। यहीं से बेहतर गीतकारों की तलाश महत्वपूर्ण होने लगी। क्योंकि एक गीतकार को अब एक ही गाने के लिए कई विशेषज्ञों की मांग पूरी करनी पड़ती थी। यानी कई आवश्यकताओं को एक साथ पूरा करना पड़ता था जैसे:

- गाना फ़िल्म की कहानी के अनुरूप होना चाहिए। फ़िल्म चौदहवीं के चाँद में शकील के गीत का एक सफ़ल उदाहरण है। "ये लखनऊ की सरज़मीं" गीत इसी श्रेणी में आता है।
- गीत किरदार के अनुरूप होना चाहिए। उदाहरण के लिए, माँ के लिए लोरी, या रोमांस के लिए अच्छी शायरी इत्यादि।
- गीत चाहे वह किसी विशेष मूड में हो, जैसे दुखद या रोमांटिक या कॉमेडी आदि, सिचुएशन के अनुरूप ही हो।
- गीत संगीतकार की धुन के अनुरूप लय और ताल में हो।

एक ही समय में एक ही गाने के लिए निर्देशक, निर्माता, संगीतकार और कभी-कभी गायक कलाकार की ज़रूरतों को भी पूरा करना होता है। फिर कहानी, किरदार और गीत की मांग के अनुरूप मूड को ध्यान में रखना और इन सबके अतिरिक्त उपयुक्त भाषा और शब्द ढूंढना एक गीतकार के लिए बहुत आसान नहीं था। तो संगीतकारों और गीतकारों की एक टीम बननी शुरू हुई। नौशाद ने शकील की शायरी पर अधिक गीत तैयार किये। तो शंकर जय किशन ने हसरत और शैलेंद्र के साथ टीम बनाई।

मजरूह ने ओपी नैयर के लिए गीत लिखे, वहीं साहिर ने रवि, रोशन और मदन मोहन के साथ हिट गाने दिए। मदन मोहन, एसडी बर्मन, ख़य्याम ने अपनी संगीत विशेषज्ञता से नये लेकिन सफ़ल प्रयोग किये। अच्छे साहित्यिक कवियों की भी जरूरत इस कारण से थी, इसलिए कई ऐसे कवियों ने फ़िल्मी गानों को अपनी कविता से चमकाना शुरू कर दिया। जाँ निसार अख़्तर, कैफ़ी आज़मी, साहिर, हसरत जयपुरी, शकील बदांयूनी ने साहित्यिक

शायरी के साथ-साथ मानक शायरी भी दी। राजेंद्र कृष्ण, शैलेंद्र, असद भोपाली, कैफ़ भोपाली जैसे कवियों ने भी फ़िल्मों में अपनी जगह बनाई। भारत में फ़िल्मों की शुरुआत में स्टेज नाटक ही कहानी का एकमात्र रूप थे।

स्टेज नाटक को ही फ़िल्मों में रूपांतरित किया गया और यही कारण है कि ऐसी फ़िल्मों में बहुत सारे नृत्य और गाने होते थे। लेकिन 40 के दशक में फ़िल्मों के लिए कविता और कहानियों में अर्थपूर्ण गीतों की लोकप्रियता से पता चलता है कि लोग आज भी इन गीतों में मेलोडी (Melody) का मज़ा लेते हैं।

कुछ ऐसे ही गीतो की सूची हम नीचे दे रहे हैं:-

- अफ़साना लिख रही हूं, दिले बेक़रार का / आंखों में रंग भरके तेरे इंतज़ार का (दर्द-उमा देवी)
- तू मेरा चाँद, मैं तेरी चांदनी / नहीं दिल का लगाना कोई दिल्लगी / कोई दिल्लगी (दिल्लगी-सुरैया, श्याम)
- आजा-आजा, आजा मेरी बर्बाद मोहबब्त के सहारे / वो कौन है जो मेरी तक़दीर संवारे (अनमोल घड़ी-नूरजहां)
- बरसात में हमसे मिले तुम सजन, तुमसे मिले हम / बरसात में.... (बरसात)
- ग़म दिए मुस्तक़िल कितना नाजुक है दिल, ये न जाना / हाय-हाय, ये जालिम ज़माना..... (शाहजहां)
- मैं ज़िंदगी में हर दम रोता ही रहा हूं / रोता ही रहा हूं, तड़पता ही रहा हूं... (मेला)
- मुझे किसी से प्यार हो गया / प्यार हो गया दिन बेक़रार हो गया (बरसात)
- काहे कोयल शोर मचाय रे / मोहे अपना कोई है याद आऐ रे (आग)

50 के दशक में भारतीय फ़िल्मी गीतों (1951-1959) ने रेडियो का महत्व बढ़ा दिया था। क्योंकि फ़िल्म के अलावा ये गाने रेडियो पर भी बार-बार सुने जा सकते थे। इस बीच, रेडियो सीलून पर अमीन सयानी द्वारा प्रस्तुत साप्ताहिक कार्यक्रम बिनाका गीत माला ने भी इन्हीं गीतों के कारण लोकप्रियता हासिल की। 50 के दशक के कुछ सबसे लोकप्रिय गाने इस प्रकार रहे।

लाजवंती: कई आया धड़कन कहती है (आशा)

काला पानी: अच्छा जी मैं हारी चलो मान जाओ न (आशा-रफ़ी)

चोरी चोरी: आजा सनम मधुर चाँदनी में हम
तुम मिले तो वीराने में भी आ जायेगी बहार (लता-मन्नाडे)

नौ दो ग्यारह: आँखों में क्या जी? रुपहला बादल (आशा-किशोर)

ससुराल: तेरी प्यारी प्यारी सूरत को किसी की नज़र न लगे (रफ़ी)

श्री 420: प्यार हुआ, इकरार हुआ, इस प्यार से फिर क्यों डरता है दिल (लता-मन्नाडे)

अनाड़ी: किसी की मुस्कुराहटों पे हो निसार / किसी का दर्द मिल सके तो ले उठा (मुकेश)

मधुमती: सुहाना सफ़र और ये मौसम हसीं / हमें डर है हम खो न जाएं कहीं (मुकेश)

आह: राजा की बारात आयेगी, रंगीली होगी रात / मगन मैं नाचूंगी (लता)

बाज़ी: तदबीर से बिगड़ी हुई, तक़दीर बना ले (गीता दत्त)

दिल दे के देखो: दिल दे के देखो-दिल दे के देखो (मो. रफ़ी)

बहार: सैंया दिल में आना रे, आके फिर न जाना रे (शमशाद बेगम)

टैक्सी ड्राइवर: जाएं तो जाएं कहां (तलत महमूद)

इस तरह गीतकारों ने मधुर गीतों और मधुर संगीत में भावपूर्ण, सार्थक और सशक्त गीत लिखे और गाए गये और गीतों का एक अविस्मरणीय युग रहा।

एक ख़ास बात यह भी रही है कि फ़िल्म के मुकाबले गाने अधिक बार सुने जा रहे हैं। अधिकांश लोगों ने अपना पसंदीदा गाना सुना है और या तो उस गाने की फ़िल्म का नाम याद कर लिया है या फिर अन्य स्रोतों से इसे जानते हुए देखा गया है। वास्तव में, गीत व्यक्तिगत मनोरंजन का एक बड़ा स्रोत हैं। हो सकता है कोई विशेष गाना किसी एक व्यक्ति को पसंद न हो लेकिन दूसरे व्यक्ति को इतना पसंद हो कि उसने उसे याद कर लिया है। और फ़ुर्सत में उसे बार बार सुना और दोहराया गया है। ऐसा कहा जाता है कि कुछ गाने रात में सुनने पर अधिक सुंदर और अनोखे लगते हैं। शायद यही कारण है कि 10 बजे रात के बाद ऑल रेडियो की उर्दू सेवा द्वारा प्रसारित कार्यक्रम 'तामील-ए-इरशाद' बहुत लोकप्रिय हुआ है। विविध भारती से प्रसारित कार्यक्रम छाया गीत को भी इस कारण अधिक लोकप्रियता मिली। इस प्रकार, हम यह निष्कर्ष निकाल सकते हैं कि फ़िल्मी गीतों में रेडियो माध्यम की समान विशेषताएं हैं, यानी 'ऑडियो' मीडियम होते हुए भी एक ओर

जहां सार्वजनिक प्रसारण (To Communicate the measses) का एक साधन हैं, दूसरी ओर रेडियो व्यक्तिगत संदेश भेजने का भी साधन है।

फ़िल्मी गाने व्यक्तिगत मनोरंजन का साधन रहे हैं। ख़ुद इस लेखक ने इन गानों के प्रभाव को महसूस किया है और कई गानों का इस्तेमाल मनोरंजन या छिपे संदेश के रूप में पसंद किया है। जैसे:

- सौ साल पहले मुझे तुमसे प्यार था / आज भी है और कल भी रहेगा (फ़िल्म-जब प्यार किसी से होता है)
- ज़िन्दगी के सफ़र में गुज़र जाते हैं जो मक़ाम / वो फिर नहीं आते-वो फिर नहीं आते (फ़िल्म-आपकी क़सम)
- भैया मेरे राखी के बंधन को निभाना / देखो ये नाता निभाना-निभाना (फ़िल्म-छोटी बहन)
- आंसू भरी हैं ये जीवन की राहें / कोई उनसे कह दे हमें भूल जाएं (फ़िल्म-परवरिश)
- आसमां पे है ख़ुदा और ज़मीं पे हैं हम / आजकल वो इस तरफ देखता है कम (फ़िल्म-अनाड़ी)
- जीवन के सफर में राही मिलते हैं बिछड़ जाने को / और दे जाते हैं यादें तन्हाई में तड़पाने को (फ़िल्म-मुनीम जी)
- दिन सारा गुज़ारा तोरे अंगना, अब जाने दे मुझे मोरे सजना
मेरे यार शब्बा खैर-मेरे यार शब्बा खैर, ओ मेरे यार शब्बा खैर (फ़िल्म-जंगली)
- एहसान मेरे दिल पे तुम्हारा है दोस्तों
ये दिल तुम्हारे प्यार का मारा है दोस्तों (फ़िल्म-ग़बन)
- रहें न रहें हम, महका करेंगे बन के कली बन के सबा (फ़िल्म-ममता)
- अब कोई गुलशन न उजड़े, अब वतन आज़ाद है (फ़िल्म-मुझे जीने दो)
- जहाँ डाल डाल पर सोने की चिड़ियाँ करती हैं बसेरा
वो भारत देश है मेरा, वो भारत देश है मेरा (फ़िल्म-रुस्तम सोहराब)
- कोई बता दे दिल है जहां, क्यों होता है दर्द वहां
तीर चला के ये तो न पूछो, दिल है कहाँ हैं और दर्द कहां (फ़िल्म-मैं चुप रहूँगा)

- पांव छू लेने दो फूलों को इनायत होगी
  वर्ना हमको नहीं, इनको भी शिकायत होगी (फ़िल्म-ताजमहल)
- मांग के साथ तुम्हारा-मैंने मांग लिया संसार (फ़िल्म-नया दौर)
- दिल देके देखो, दिल देके देखो, दिल देके देखो जी
  दिल लेने वालों, दिल देना सीखो जी (फ़िल्म-दिल देके देखो)
- ये दिल तुम बिन कहीं लगता नहीं, हम क्या करें? (फ़िल्म-इज्ज़त)
- ये ज़ुल्फ अगर खुल के बिखर जाए तो अच्छा
  इस रात की तकदीर संवर जाए तो अच्छा (फ़िल्म-काजल)
- तुम अपना रंज-ओ-ग़म अपनी परेशानी मुझे दे दो (फ़िल्म-शगुन)
- जहां में ऐसा कौन है कि जिसको ग़ं मिला नहीं (फ़िल्म-हम दोनों)
- कोई साग़र दिल को बहलाता नहीं / ख़ुदी में भी करार आता नहीं
  (फ़िल्म-दिल दिया दर्द लिया)
- सीने में जलन आंखों में तूफान सा क्यों है
  इस शहर में हर शख्स परेशान सा क्यों है (फ़िल्म-गमन)
- यूं ही कोई मिल गया था सरे राह चलते चलते (फ़िल्म-पाकीज़ा)
- आप यूं ही अगर हम से मिलते रहे / देखिए एक दिन प्यार हो जाएगा
  (फ़िल्म-एक मुसाफ़िर एक हसीना)
- अलिफ जबर आ-अलिफ जेर ए-अलिफ़ पेश ओ (फ़िल्म-लव इन शिमला)
- फिर छिड़ी रात / बात फूलों की (फ़िल्म-बाज़ार)

इस पुस्तक में अपनी चर्चा के माध्यम से हमने फ़िल्मी गीतों को जनसंचार का माध्यम मानते हुए उनमें रचनात्मकता के महत्व पर ज़ोर दिया है और विशेष रूप से हमने इन गीतों की भाषा, इन गीतों की शायरी के माध्यम से फ़िल्मी गीतों की ज़रूरतों को दो भागों में बाँटा है।

फ़िल्म गीत लेखन की मांग :

इन गानों के जरिए हम समाज को एक संदेश दे सकते हैं या समाज से जुड़े मुद्दों पर अपनी राय जनता तक पहुंचा सकते हैं इन गीतों में बेहतर भाषा और शायरी के माध्यम से बेहतर साहित्य और मनोरंजन सामग्री को सार्वजनिक और निजी व्यक्तियों तक पहुंचाया

जा सकता है। हम जानते हैं कि फ़िल्म एक महँगा माध्यम है। इसलिए, कोई भी निर्माता और निर्देशक अपनी जानकारी में अनुभवहीन संगीत निर्देशकों या गीतकारों या गायकों को गाने बनाने का अवसर कम ही देता है और सभी के साथ अपनी ज़रूरत के हिसाब से काम करना चाहता है। इसलिए हम गीतों के निर्माण में निम्नलिखित कलाकारों की राय और भागीदारी को नज़रअंदाज नहीं कर सकते। एक गीत के लेखन से लेकर रिकॉर्डिंग तक हम विशेषज्ञों का अनुसरण कर रहे हैं, जिन्हें एक दूसरे से जुड़ा हुआ माना जा सकता है।

1. संगीतकार
2. गीतकार
3. गायक कलाकार

हालाँकि इन विशेषज्ञों की रचना से फ़िल्म के निर्माता और निर्देशक को भी सहमत होना जरूरी होता है। प्रथम तीन विशेषज्ञों में हम यह भी जानते हैं कि 'संगीतकार' अधिक महत्वपूर्ण है इसके दो कारण हैं। संगीतकार, अपने संगीत के माध्यम से, पूरी फ़िल्म से जुड़ा रहता है क्योंकि उसे फ़िल्म का बैकग्राउंड म्यूजिक भी देना होता है।

दूसरा ये कि कोई भी गाना कम या ज़्यादा म्यूज़िक में ही रिकॉर्ड करना होता है, इसीलिए अक्सर संगीतकार अपने द्वारा तैयार की गई धुन के लिए गाने की तलाश में रहता है और सामान्य तौर पर वह किसी कवि या शायर द्वारा लिखी गई होती है। लिखे गए गीतों को निम्न प्रकार से तैयार करना होता है।

1. संगीतकार गीत का स्वर और लय निर्धारित करता है। यहीं से उसे गीत की लय और शास्त्रीय संगीत के राग या लोक संगीत आदि का भी सहारा लेना होता है।
2. गाने के लिए तय संगीत, राग रागिनियां को या धुनों को, सही मीटर में लाना होता है।
3. गीत के बोलों को उतार चढ़ाव के साथ शब्दों के उचित प्रस्तुतिकरण के लिए गायक कलाकारों को भी सही निर्देश/अभ्यास देना होता हैं।

यूं तो एक गाने को बनाने में पूरी टीम लग जाती है, लेकिन हमारा मानना है कि अगर किसी गीतकार की अपनी भाषा और कविता पर अच्छी पकड़ है तो वह संगीतकार और निर्माता निर्देशक को भी अपनी राय और सुझावों से जोड़े रख सकता है। आज फ़िल्मों के निर्माण में व्यावसायिक पहलू इतना महत्वपूर्ण हो गया है कि फ़िल्मी गीतों पर किया जाने वाला काम लगभग लुप्त हो गया है। व्यावसायिक पहलू का महत्व एक अलग विषय है जिस पर अलग से चर्चा की जा सकती है। लेकिन सच तो यह है कि आज फ़िल्मी गीतों का

सुर आम तौर पर खो गया है। कविता लुप्त हो गई है। गायन और प्लेबैक अब महत्वपूर्ण नहीं रह गए हैं। हां, लेकिन फ़िल्मों में फ़िल्मी गाने ज़रूर रखे जा रहे हैं जो शायद फ़िल्म की अवधि बढ़ाने में मदद करते हैं। भारत में छोटी अवधि की फ़िल्मों को जनता ने स्वीकार नहीं किया है। इसीलिए फ़िल्मी गाने आज भी फ़िल्मों के लिए ज़रूरी हिस्सा हैं।

क्या हमारे पास गीतात्मक कविता है (यानी ऐसे गाने जो कहानी, चरित्र और परिस्थिति (सिचुएशन) में फ़िट बैठते हैं), अच्छे गायकों की आवाज़ें, अच्छी धुनें (भारत को अच्छे शास्त्रीय संगीत, राग और धुनों के भंडार पर गर्व है)।

वैसे यूं उर्दू में किताब "फ़िल्मी गीतों में तख़्लीक़ियत" हमने सन् 2016 में लिखी, किंतु कोई दो वर्ष बाद 2018 में इस पुस्तक की टिप्पणी के रूप में मुझे अपने चचेरे भाई मेराज फ़ारूक़ी का लिखा एक पत्र मिला। मेराज भाई उम्र में मुझसे कई साल बड़े थे हां, लेकिन उनके छोटे भाई शहाबुद्दीन फ़ारूक़ी से अवश्य मेरी करीबी दोस्ती भी थी, जिन्हें इस किताब में भी मैंने याद किया है। मेराज भाई का यह पत्र, जिसे हम नीचे दे रहे हैं, जो मार्च 2018 में लिखा गया था।

ये पत्र इस पुस्तक को पढ़ने से पहले पाठकों के लिए यह अवश्य दिलचस्प होगा। ऐसा मानते हुए हम आगे बढ़ने से पहले उनका उर्दू लिपि में लिखा पत्र यहां हिंदी लिपि में जोड़ रहे हैं। सच्चाई यह है कि इस पत्र ने तब मुझे भी हैरत में डाल दिया था।

दूसरे, आज 2024 में जब कि मेराज भाई स्वर्गवासी हो चुके हैं... मेरे लिए और शायद पाठकों के लिए भी यह निश्चित ही अहम और दिलचस्प होगा।

मेराज भाई का लिखा ख़त और टिप्पणी :-

अज़ीज़ी (प्रिय) हिसाम

उम्मीद है कि ख़ैरियत से होंगे। मैंने आपकी लिखी किताब "फिल्मी गीतों में तख़्लीक़ियत" ग़यास भाई से लेकर पढ़ी। किताब मुझे बहुत पसंद आई। उर्दू में एक ऐसी किताब की बड़ी कमी थी जिसमें फिल्मों के मेयारी उच्चस्तरीय गीत और गीतकारों का मुख़्तसर तार्रुफ़ (संक्षिप्त परिचय) भी हो। आपने इस किताब के ज़रिये इस कमी को पूरा कर दिया, जिसके लिए आप बिला-शुब्हा मुबारकबाद के मुस्तहिक़ (हक़दार) हैं।

अच्छी फिल्मों और अच्छे फिल्मी गीतों का मैं भी बचपन से ही शौकीन रहा हूं। फिल्मों में गीतों का बड़ा अहम मुक़ाम उच्च स्थान रहा है। बहुत सी फ़िल्में सिर्फ़ अच्छी मौसिक़ी और अच्छे गीतों की वजह से कामयाब हुई हैं।

अच्छे और मेयारी शायरों ने फिल्मों में अच्छे और मेयारी गीत लिखे हैं और फिल्मों के लिए अपने फ़न से समझौता नहीं किया है। इस सिलसिले में शकील बदायूंनी, साहिर लुधियानवी, मजरूह सुल्तानपुरी, जां निसार अख़्तर, कैफ़ी आज़मी, हसरत जयपुरी, शैलेन्द्र, राजेन्द्र कृष्ण, प्रदीप, नीरज, प्रेम धवन, एस एच बिहारी, क़मर जलालाबादी, निदा फ़ाज़ली, असद भोपाली, कैफ़ भोपाली, और जावेद अख़्तर वग़ैरह काबिले ज़िक्र हैं। इन सब शायरों ने बड़े अच्छे-अच्छे गीत लिखे हैं, जो आज भी दिलों में रस घोलते हैं।

50 के दशक में रेडियो सीलोन से हर बुधवार को पेश होने वाला प्रोग्राम "बिनाका गीतमाला" बहुत मक़बूल हुआ था। इसको मशहूर अनाउंसर अमीन सयानी अपने मख़सूस और ख़ास अंदाज़ में पेश करते थे। गानों के शौक़ीन इस प्रोग्राम का हफ़्ते भर इंतिज़ार करते थे। जिनके घरों में रेडियो नहीं होता था, वे प्रोग्राम सुनने के लिए होटलों में चाय पीने चले जाते थे और चाय की चुस्कियों के साथ गानों का मज़ा लेते थे।

मैं आज टीवी के इस दौर में भी रेडियो सुनना ज़्यादा पसंद करता हूं। रेडियो का एक फ़ायदा यह भी है कि आंखों को टीवी पर गड़ाना नहीं पड़ता। अपने काम करते रहो और रेडियो सुनते रहो।

सुबह 7 बजे भोपाल रेडियो स्टेशन सुनता हूं। ख़बरों के बाद प्रोग्राम "भोपाल नमस्कार" आता है, जो दिलचस्प और मालूमाती होता है। भोपाल रेडियो स्टेशन पर अच्छे-अच्छे अनाउंसर हैं। ख़ास तौर पर मुझे हमीदा साहिबा बहुत पसंद हैं। वह अपनी दिलचस्प बातों के साथ अच्छे-अच्छे शेर भी सुनाती रहती हैं। पुराने और सदाबहार गीतों को सुनने के लिए विविध भारती से कई प्रोग्राम नशर किए जाते हैं।

किताब में आपका मज़मून (आलेख) "रेडियो से सोशल मीडिया तक का सफर" काफ़ी दिलचस्प और मालूमाती है। "कुछ बेहतरीन फिल्मी गीत और उनके शायर" के तहत हर शायर का मुख्तसर तारुफ़ (संक्षिप्त परिचय) और उनके कलाम की ख़ूबियां, उनके बदलते अंदाज़ और रंग को उनके चुने हुए गीतों के ज़रिये बहुत अच्छी तरह पेश किया गया है। इसकी वजह से उन्हें सुनने का मज़ा दुगुना हो गया है। यह सब सदाबहार गीत हैं। यह किताब वाक़ई (सच में) सदाबहार गीतों का बहुत अच्छा कलेक्शन है।

शायरों के तारुफ़ में आपने नक़्श लायलपुरी, राजा मेहदी अली खांन, हसन कमाल, शहरयार, इंदीवर और समीर वगैरह का ज़िक्र नहीं किया है।

मज़मून "फिल्मी गीतों में तख़्लीक़ियत", "फिल्मी गीत और उर्दू ज़बान", और "फिल्मी गीत एक सुहाना सफ़र" यह सब बहुत अच्छे मज़ामींन (आलेख) हैं।

मज़मून "फिल्मी गीत और उर्दू ज़बान" में आपने नज़्म और ग़ज़ल का फ़र्क़ बहुत अच्छी तरह समझाया है। यह उर्दू के तलबा यानी विद्यार्थियों के लिए बहुत मुफ़ीद (लाभदायक) है।

ग़ज़ल को समझाने के लिए आपने जिस शायर की ग़ज़ल का इंतिख़ाब (चयन) किया है, उस शायर को ही अपनी किताब में जगह नहीं दी है। मेरा मतलब शायर शहरयार से है, जिन्होंने यह ग़ज़ल और दूसरे गीत फ़िल्म "उमराव जान" के लिए लिखे थे।

किताब को पढ़ने और समझने में और उसके बाद यह मुख़्तसर सा ख़त लिखने में मुझे कितना वक्त लगा है, उससे अंदाज़ा लगाया जा सकता है कि आपको इस किताब को लिखने, मवाद (content) इकट्ठा करने, किताब की तबाअत और इशाअत में कितनी मेहनत करनी पड़ी होगी और आपने कितना वक़्त दिया होगा।

किताब का कागज़ अच्छा है, छपाई और गेटअप भी अच्छा है। कहीं-कहीं तबाअत (छपाई) की गलतियां हैं, जिन्हें क़लम से ठीक कराया गया है।

किताब पढ़ने के बाद आपकी शख़्सियत के बारे में बहुत सी बातें मालूम हुईं, जो मेरे इल्म (जानकारी) में नहीं थीं। जैसे आप कहां-कहां रहे, कहां-कहां का सफ़र किया, किन-किन मशहूर हस्तियों से मिलने का इत्तेफ़ाक हुआ। कौन-कौन से कोर्स किए और कौन-कौन सी डिग्रियां हासिल कीं। कौन-कौन सी यूनिवर्सिटीज़ और कॉलेज से आपका ताल्लुक़ (सम्बन्ध) रहा। कहां-कहां मुलाज़मत की।

खेलों से भी आपकी काफ़ी दिलचस्पी रही। हॉकी और क्रिकेट की कमेंट्री भी की। कुल मिलाकर, आप बहुत सी ख़ूबियों के मालिक हैं। आपको काफ़ी तजुर्बा और मालूमात हैं। फिल्म, अदब (साहित्य), रेडियो और खेलों से दिलचस्पी है। लिखने की सलाहियत भी है। इसलिए, लिखने का सिलसिला जारी रखिए।

आपने अपनी किताब में दोस्तों का ज़िक्र भी किया है, जिनमें मरहूम शहाब, मेरे छोटे भाई का नाम भी शामिल है। याद रखने के लिए शुक्रिया।

साबिक़ सदर-ए-हिंदुस्तान (पूर्व भारतीय राष्ट्रपति) डॉ. शंकर दयाल शर्मा से आपकी मुलाक़ात राष्ट्रपति भवन में हुई थी। इस मौक़े का फ़ोटो मेरे पास है।

आपने एम.ए. उर्दू सैफ़िया कॉलेज, भोपाल से किया है। मरहूम प्रफ़ेसर अब्दुल क़वी दसनवी मेरे भी उस्ताद रहे हैं, जब मैंने 1962-63 में सैफ़िया कॉलेज से बी.ए. किया था। वह मुझसे बहुत मुतास्सिर (प्रभावित) थे और उर्दू में एम.ए. करने के लिए ज़ोर डालते रहते थे। लेकिन मुलाज़मत और तबादलों की वजह से मैं यह नहीं कर सका।

मरहूम हसनात सिद्दीक़ी, मरहूम ग़ुफ़राने-आज़म, एडवोकेट अज़ीज़ अहमद सिद्दीक़ी और डॉ. अख़लाक़ असर वगैरह मेरे क्लासमेट रहे हैं। जावेद अख़्तर मेरे जूनियर थे। बेतबाज़ी के एक मुक़ाबले में मेरा सामना उनसे हुआ था, लेकिन अपनी तेज़-तर्रारी की वजह से जीत उन्हीं की हुई।

आपकी किताब से मुझे यह भी मालूम हुआ कि मेहरून आपा को भी फ़िल्मी गीतों का बड़ा शौक़ था और वह ख़ुद गाया भी करती थीं।

आख़िर में घर में सबको सलाम-दुआ। ख़ास तौर पर नीलम को। नीलम सिर्फ़ आपकी शरीक-ए-हयात नहीं, बल्कि शरीक-कार भी हैं। वह आपके तख़लीक़ी (रचनात्मक) कामों में भी बड़ी मदद करती हैं।

इस किताब की इशाअत (छपाई) में भी उनकी मेहनत और कोशिश शामिल है। किताब में आपने उनकी तारीफ़ भी बड़े ढंग से की है। जमील भाई (लेखक के बहनोई) को भी मेरा सलाम अर्ज़ कीजिए। वह मेरे क्लासमेट भी रहे हैं। हम दोनों ने एम.ए. (अंग्रेज़ी) हमीदिया कॉलेज से एक साथ किया था।

अदीमुल-फ़ुरस्ती (व्यस्तता) की वजह से ख़त लिखने में बहुत ताख़ीर (देर) हो गई।

फ़क़त आपका,

मेराज

प्रिय पाठकों, जिन गीतों का उल्लेख हमने पुस्तक में किया है क्या उन गीतों की जैसी मेलोडी को हम वापस ला सकते हैं। अगर हाँ, तो इसमें कमी क्यों आ रही है और अगर नहीं, तो क्या कारण या बाधाएँ हैं, ताकि हम उन पर भी विचार कर सकें। इसी बात को ध्यान में रखते हुए हमने फ़िल्मी गानों और फ़िल्मी शायरी को उदाहरण के तौर पर लेकर एक किताब की शक्ल में लाने की कोशिश की है। आप इस बात से कहां तक सहमत हैं और आने वाले दिनों में फ़िल्मी गानों में क्या सुधार की संभावनाएं हैं, इस पर आपकी राय का ज़रूर इंतज़ार रहेगा।

-डॉ. हिसाम उद्दीन फारूक़ी

इस पुस्तक के बारे में
लेखक का कथन

फ़िल्में, जनसंचार का माध्यम हैं। इस लिहाज़ से कई फ़िल्में शुरू से ही मुझे प्रभावित करती रही हैं। मदर इंडिया, क़ानून, नया दौर, दो आंखे बारह हाथ, निकाह, दामिनी जैसी कई फ़िल्मों ने ध्यान आकर्षित किया है। फ़िल्में मनोरंजन का बहुत अच्छा साधन हैं। इसका एहसास कई फ़िल्मों से भी हुआ जैसे: जब प्यार किसी से होता है, प्रोफ़ेसर, जंगली, ब्लफ मास्टर (शम्मी कपूर), एक मुसफ़िर एक हसीना, नया दौर, आरज़ू, दिल एक मंदिर, राम और श्याम, ताज महल, मिर्ज़ा ग़ालिब, शमा (पुरानी), आदि। इस श्रेणी में फ़िल्में और फ़िल्मी गाने भी लोकप्रिय रहे हैं। लेकिन फिर पिछले कुछ दशकों में फ़िल्मों और फ़िल्मी गानों की घटती गुणवत्ता ने उन पुराने फ़िल्मी गानों के अर्थ और मनोरंजन को खो दिया है।

मुझे याद है कि 1969 में मेरी बड़ी बहन मेहरुन आपा ने अपने घर में रिकॉर्ड पर केएल सहगल द्वारा गाए गए कई गीतों और उनमें कवियों द्वारा लिखे गए सार्थक और उत्तम गीतों की ओर ध्यान आकर्षित किया था, जिनसे मैं भी कुछ समय के लिए मंत्रमुग्ध हो गया था। उदाहरण के लिए, कुछ गाने ख़ुद मेहरुन आपा ने गाकर भी सुनाए। जैसे:

> भोर सुहानी, चंचल बालक लड़काई दिखलाए / हाथ से बैठा गढ़े खिलौने पांव से तोड़ा जाए
> वो तो है एक मूरख बालक, तू तो नहीं नादान
> आप बनाए आप बिगाड़े, ये नहीं तेरी शान
> प्रीत में है जीवन जो.... (आरज़ू लखनवी-दुश्मन)

या यह गाना:

> उल्फत का दिया हमने इस दिल में जलाया था
> उम्मीदों के फूलों से इस घर को सजाया था
> एक भेदी लूट गया / हम जी के क्या करेंगे / जब दिल ही टूट गया हम जी के...
> (मजरूह-शाहजहाँ)

इसके बाद सन 1975 से आकाशवाणी की अनाउंसर की नौकरी के दौरान मनोरंजक और उद्देश्यपूर्ण फ़िल्मों और फ़िल्मी गीतों ने मुझे अक्सर हैरत में डाल दिया।

उदाहरण के लिए: मदर इंडिया में एक किसान का बेटा जो बचपन से महाजनों द्वारा किए जाने वाले पीढ़ियों के शोषण को देख रहा था, उसके लिए शकील ने गीत के रूप में इन पंक्तियों को इस पात्र के लिए लिखा-

जीवन का गीत है / सुर में न ताल में
उलझी है सारी दुनिया / रोटी के जाल में
कैसा अंधेर है / मैं भी हैरान हूं
अरे / दुनिया जो चाहे समझे / मैं तो इंसान हूं

(शकील बदायूंनी-मदर इंडिया)

या एक अन्य फ़िल्म के गीत में कवि लिखता है:
दीवाना आदमी को बनाती है रोटियां
ख़ुद नाचती हैं, सबको नचाती हैं रोटियां (मजरूह सुल्तानपुरी)

या मनोरंजक गाने जैसे:
दीवाना हुआ बादल, ये देख के दिल झूमा / ली प्यार ने अंगड़ाई...

(एसएच बिहारी-कश्मीर की कली)

या

सौ साल पहले मुझे तुमसे प्यार था / आज भी है और / कल भी रहेगा

(हसरत-जब प्यार किसी से होता है)

इसी तरह कुछ गीतों में कवि ने भावों और संवेदनाओं को ऐसे शब्दों में पिरोया है जैसे कलम को दिल की भाषा दे दी गई हो।

ये आंसू मेरे दिल की जबान हैं
मैं रोऊं तो रो दें आंसू / मैं हंस दूं तो हंस दें आंसू
ये आंसू मेरे दिल की जबान हैं (शैलेंद्र-दिल एक मंदिर)

या फिर किसी शायर ने कुछ ख़ूबसूरत आंखों में दुनिया को ही समो दिया

तेरी आँखों के सिवा दुनिया में रखा क्या है?
ये उठें सुबह चले, ये झुकें शाम ढले
मेरा जीना मेरा मरना इन्हीं पलकों के तले (मजरूह-चिराग)

नतीजा यह हुआ कि मैंने कुछ गानों पर छोटी-छोटी टिप्पणियाँ लिखीं और दोस्तों ने कहा कि आप ऐसे लेख पत्र-पत्रिकाओं को भेज सकते हैं। लेकिन इसमें बहुत समय लगता है इसलिए मुझे किताब लिखने की प्रेरणा मिली। जो अब आपके सामने है। पुराने गीतों और उनकी कविताओं को ध्यान में रखते हुए गीतों को जनसंचार के माध्यम से जोड़ने का प्रयास किया गया है। आज के गाने सुनने में समझ ही नहीं आते। आवाज़ों और संगीत में वो मेलोडी नहीं है। शब्दों को किसी भी तरह समझ भी लें तो अधिकांश गीतों में कविता का पहलू नहीं दिखता। इन सभी बातों को ध्यान में रखते हुए हमने पुराने गानों और उनकी शायरी के बारे में ही ज़्यादा बात की है। पुस्तक में समय और क्रम का ध्यान नहीं रखा गया है। आशा है कि हमारे पाठक इसे ध्यान में रख सकेंगे।

हम अपनी बात कहने या समझाने में कहां तक सफ़ल हुए हैं इसका निर्णय भी हम पाठकों पर ही छोड़ते हैं।

दोस्तों के साथ बैठने और बातचीत करने से मुझे किताब लिखने की प्रेरणा मिली। धन्यवाद के लिए प्रोफ़ेसर मोहम्मद नोमान खान, इकबाल मसूद, प्रोफ़ेसर ख़ालिद महमूद, रशीद अंजुम का उल्लेख किया जाना जरूरी है। डॉ. अंजुम बाराबंकवी एक अच्छे शायर भी हैं, लेकिन थोड़े ही समय में उन्होंने अपने व्यक्तित्व से भी प्रभावित किया, और इस किताब के शुरुआती लेखों को सुनकर किताब लिखने के लिए प्रेरित किया। फिर किताब के प्रकाशन के सिलसिले में मेरी मुलाक़ात तारिक सईद साहब से हुई। पुस्तक का विषय उनकी रुचि का था, इसलिए उन्होंने पुस्तक की टाइपिंग, संपादन और प्रकाशन में सहायता की। उनसे भी चर्चा रही उनका शुक्रिया शब्दों में संभव नहीं है। हनीफ अव्वल ने टाइपिंग में बहुत मेहनत की है।

हिंदी संस्करण के लिए मेरे भांजे सुहैल ने और टू साइन ने किताब के संयोजन में सहायता की उनका धन्यवाद जरुरी है।

2015 में दिल्ली से भोपाल आने के बाद स्व. प्रोफ़ेसर तारिक़ जफ़र (वाइस चाइंसलर मध्य प्रदेश भोज ओपन यूनिवर्सिटी) से उसी करुणा और प्रेम से मुलाकात हुई। जो विद्यार्थी की भलाई के लिए सदैव तत्पर रहते थे, वे सदैव मेरे अच्छे की कामना करते थे।

आज भी मैं उन शख्सियतों का नाम बताना जरूरी समझता हूं, जिनके प्यार और उनकी क़ाबिलियत को देखने और सीखने का मौक़ा मिला। स्वर्गीय प्रोफ़ेसर अब्दुल क़वी दसनवी, स्वर्गीय प्रोफ़ेसर हैदर अब्बास रिज़वी, स्वर्गीय प्रोफ़ेसर आफ़ाक अहमद, स्वर्गीय प्रोफ़ेसर हामिद हुसैन, स्वर्गीय डॉ. अखलाक़ असर, इन सबसे ऊपर स्वर्गीय फ़खरुद्दीन साहब यानी फ़खरूभाई और प्रोफ़ेसर डॉ. अशफ़ाक आरिफ़ जो PhD के लिए मेरे

मार्गदर्शक भी रहे, ऑल इंडिया रेडियो और इंदिरा गांधी राष्ट्रीय मुक्त विश्वविद्यालय के दौरान मुझे महान प्रशासकों और स्नेही लोगों को देखने या उनके आधीन काम करने का अवसर मिला। जिनसे बहुत कुछ कुछ सीखने का मौका मिला, उनका नाम लेना जरूरी होगा ' ऑल इंडिया रेडियो के स्टेशन निदेशक स्वर्गीय केपी शिंगलू, पी. महादेवन अय्यर, स्वर्गीय बी.डी. माथुर, सरदार रतन सिंह और मुख्य अभियंता बी.बी गौड़ इंदिरा गांधी राष्ट्रीय मुक्त विश्वविद्यालय के कुलपति स्वर्गीय प्रो. जी. राम रेड्डी, प्रो. कुलंदई स्वामी, प्रो. अब्दुल वहीद खान, प्रो. राजा सेखरन पिल्लई के अलावा निदेशक डॉ. श्रीधर और स्व. रविकांत अहम हैं। दिवंगत गुफ़रान-ए-आज़म (सांसद) को जिस तरह से आगे बढ़कर मदद करते देखा, मुझे अच्छा लगा।

ये सभी महानुभाव काम सिखाने के मामले में या नौकरी के दौरान कहीं न कहीं मेरे मददगार रहे। मैं अपने किसी भी दस्तावेजी काम के लिए उनका आभारी रहूंगा। यह सब यहाँ लिखना इसलिए जरूरी है क्योंकि मुझे इन सज्जनों के काम और व्यवहार में कोई अंतर नज़र नहीं आया। और मैं यही सोचता रहा कि ये सज्जन अपनी योग्यता से किसी न किसी रूप में देश के लिए मूल्यवान रहे हैं। मैं डॉ. शंकर दयाल शर्मा (भारत के पूर्व राष्ट्रपति) के कौशल और क्षमताओं की भी सराहना करता हूं। उनके व्यवहार को कई बार नज़दीक से देखने का अवसर मिला है, मैं जब जब उनसे मिला, तब उनके महान व्यक्तित्व से प्रभावित हुआ। भोपाल की जनता पर उनकी विशेष कृपा बनी रही। दोस्तों में स्वर्गीय शहाब उद्दीन, स्वर्गीय खुर्शीद अख़्तर और जबलपुर में रहने वाले इरफान झांसवी ने हमेशा मेरे काम की सराहना की है।

मित्रों में असलम शेर खान, प्रो. शाहिद हुसैन, प्रो. खालिद महमूद, पदोन्नत होकर ऊँचे पद पर आसीन होने के बाद भी उसी मित्रवत स्नेह से मिलते रहे। एनसीईआरटी में डॉ. मुअज्ज़मुद्दीन, हनान भाई, फ़ारूक़ अंसारी, रिज़वान भाई और चमन आरा साहिबा हमेशा स्नेहपूर्वक मिलते रहे। स्व. पत्नी नीलम फारूक़ी, भांजी अज़रा उनके पति साजिद अली, भांजी फराह और भांजे सोहेल अहमद खान उनकी बेगम जूही लिखते समय गीतों का आनंद उठाते रहे, और मेरा हौसला बढ़ता रहा। पुस्तक के हिंदी संस्करण में सोहेल खान और कुसुम कोरी का सहयोग रहा। पुस्तक के प्रकाशन में ट्रू साइन के श्री गणेश प्रजापति का मार्गदर्शन मिलता रहा मैं उनका आभारी हूँ। आदरणीय श्री कौसर सिद्दीकी जी ने पुस्तक के कुछ भाग का संशोधन किया उन्होंने बहुमूल्य सलाह दी। मैं उनका आभारी रहूंगा। सोहेल खान ने किताब का हिंदी संस्करण लाने में सहयोग किया। जनाब गुलाम कादर खान ने गीतों के संयोजन में बराबर साथ दिया उन्हें गीतों का और फिल्म जानकारियों का अच्छा ज्ञान है। मैं सभी का आभारी हूँ।

संचार-मीडिया
रेडियो से सोशल मीडिया तक का सफ़र

जब मैं 1975 में ऑल इंडिया रेडियो में उद्घोषक बना, तब भारत में पत्रकारिता के नाम पर केवल जन संचार माध्यम के पाठ्यक्रम ही पढ़ाए जाते थे और इन पाठ्यक्रमों के माध्यम से प्रिंट माध्यम का महत्व अधिक था, लेकिन मुझे इसकी आवश्यकता महसूस हुई कि इसे आगे बढ़ाना मेरे लिए आवश्यक होगा। यहां आगे बढ़ने से पहले हमें जनसंचार और जनसंचार माध्यमों को समझने की जरूरत है।

यह मानव स्वभाव है और शायद समाज की आवश्यकता भी है कि कोई व्यक्ति अपने नये विचार और नयी बात को अधिक से अधिक लोगों तक पहुंचाना चाहता है। लेकिन इंसान अपनी आवाज़ को महज़ एक कमरे या बड़े हॉल से आगे नहीं ले जा सकता। इसीलिए माइक्रोफ़ोन और लाउडस्पीकर का आविष्कार हुआ और बड़े खुले मैदान में भी अपनी आवाज़ को दूर तक पहुंचाने का साधन निकाला गया। आज भी स्वतंत्रता दिवस के दिन देश के प्रधानमंत्री दिल्ली के लाल किले से माइक्रोफ़ोन और लाउडस्पीकर की मदद से बड़ी संख्या में लोगों को संबोधित करते हैं।

प्रिंट माध्यम :

समाचार पत्र अगले दिन प्रधान मंत्री के उसी भाषण का विवरण देते हैं, या प्रकाशित या मुद्रित करते हैं। इस भाषण को सुनते समय ही यदि आपसे कुछ शब्द चूक गए, तो वो आपके लिए दोहराए नहीं जाएंगे। लेकिन आप अख़बार में छपी खबर का एक-एक शब्द दोबारा या कई बार पढ़ सकते हैं। यही प्रिंट माध्यम की ताक़त है। छपी हुई किताबें भी प्रिंट मीडियम का हिस्सा हैं। इस समय जो बातचीत आप इस पुस्तक में पढ़ रहे हैं और आप और मैं एक-दूसरे से जुड़े हुए हैं, वह भी प्रिंट के माध्यम से विचारों का संचार है। इसी प्रकार मुद्रित पत्रिकाएँ या पुस्तिकाएँ भी प्रिंट माध्यम मानी जाती हैं। सड़क पर लगे होर्डिंग्स भी इसी श्रेणी में आते हैं। लेकिन किसी के छपे हुए बयान या बात को हम उसकी या किसी दूसरी आवाज़ में सुन नहीं पाते। इसे हम प्रिंट माध्यम की सीमा या कमी कह सकते हैं। रेडियो माध्यम ने इस कमी को फिर पूरा किया है।

रेडियो माध्यम :

ट्रांसमीटर का आविष्कार होने के बाद स्टूडियो में माइक्रोफ़ोन से ध्वनि को पहले तारों के माध्यम से ट्रांसमीटर तक भेजा जाता है और फिर ट्रांसमीटर से आने वाली ध्वनि या संकेत हमारे रेडियो पर सुने जाते है। एक मिक्सर मशीन की सहायता से ध्वनि के साथ संगीत आदि को जोड़ा या घटाया जा सकता है। रेडियो के आविष्कार के बाद इंसान की आवाज़ एक निश्चित दायरे में ही सही, लेकिन घर-घर तक सीधे (लाइव) या रिकॉर्ड करके एक-दूसरे तक भेजी जाने लगी। इसे घर के सभी लोग व्यक्तिगत रूप से या सामूहिक रूप से सुन सकते थे। इसलिए रेडियो और ग्रामोफ़ोन पर रिकार्ड किये गये फ़िल्मी गाने भी घरों तक पहुंचने लगे। इन गानों को लोगों ने अपनी पसंद के हिसाब से बार-बार सुना। इस तरह फ़िल्मी गाने घरों तक पहुंच गए। गाना सुनते ही फ़िल्म के दृश्य, नायक-नायिका की एक्टिंग और फ़िल्म की कहानी भी दिमाग में आने लगी। लोगों ने अन्य तरीकों से भी रेडियो का आनंद लिया या इसके द्वारा मनोरंजन किया है। रेडियो सीलोन पर प्रसारित बिनाका गीतमाला कार्यक्रम और उसके प्रस्तुतकर्ता अमीन सयानी ने फ़िल्मी गीतों के प्रति लोगों में रुचि पैदा की, जिससे उन्हें रेडियो के माध्यम से प्रसिद्धि मिली। तकनीक की मदद से गाने पहले कैसेट पर आते थे, और अब रिकॉर्ड की जगह सीडी और कंप्यूटर सॉफ्टवेयर में भी रिकार्ड होने लगे हैं। रिकॉर्ड हुए कार्यक्रम को रेडियो पर, या तो फिर रेडियो को ही जेब में रखकर मोबाइल फ़ोन पर सुना जाने लगा। जो भी हो, लोकप्रिय गीतों की सफ़लता और लोकप्रियता में रेडियो ने बड़ी भूमिका निभाई है। ख़ुद मुझको भी रेडियो पर गाने सुनने का शौक़ रहा। 60 के दशक में मैने अमीन सयानी द्वारा प्रस्तुत कार्यक्रम "बिनाका गीत माला" को बड़े चाव से सुना। मुझे एक घटना याद है कि मैंने सड़क पर चलते हुए रुककर रेडियो पर सबसे पहले एक गाना पूरा सुना। गीत था 'जिंन्दगी के सफर में गुजर जाते हैं जो मुक़ाम वो फिर नहीं आते' (किशोर कुमार, फ़िल्म-आपकी कसम)।

फिर इस गीत से तारीख़ की कड़ियां यूं जुड़ीं कि 1975 में ही, मैं रेडियो उद्घोषक बना। तब मैंने रेडियो के स्टूडियो में उस गीत को ख़ुद कई बार सुना, और फिर रेडियो पर श्रोताओं को सुनवाया।

कई साल बाद, शायद 2007 में जब मैंने इंदिरा गांधी राष्ट्रीय मुक्त विश्वविद्यालय की ओर से कॉलेज के छात्रों को 15 दिनों के लिए रेडियो के लिए लिखने और बोलने का प्रशिक्षण दिया, तो उस दौरान एक दिन उन 18-20 बच्चों को हम आकाशवाणी के दौरे पर ले गए। रास्ते में बच्चों ने उत्साह में तालियाँ बजाईं और गाने भी गाए। तभी पास में बैठे कुछ बच्चों ने मुझसे पूछा, “सर, आपका पसंदीदा गाना कौन सा है।” मेरे लिए जवाब

थोड़ा कठिन था, इसलिए मैंने जवाब में उनसे कहा कि किसी एक गाने को सबसे अच्छा बताना तो मुश्किल है, लेकिन अपना एक किस्सा याद है, कि एक गीत को मैंने रास्ता चलते रुककर पहले रेडियो पर पूरा सुना और आगे बढ़ा। और फिर रेडियो में नौकरी मिलने के बाद उसी गीत को कई बार रेडियो पर हज़ारों श्रोताओं को सुनवाया। बच्चों ने उस गाने के बारे में पूछा तो मैंने बताया कि वो गीत था 'ज़िन्दगी के में गुजर जाते हैं जो मकाम, वो फिर नहीं आते'। बात आई गई हो गई लेकिन वर्कशॉप के आख़िरी दिन जब वर्कशॉप खत्म हुई तो बच्चे हमारे पास आए और इजाजत मांगी कि अगर आप लोग रुकें तो हम कुछ और कहना चाहते हैं। और जब हम दोबारा बैठे तो दो लड़कों ने मिलकर वही गाना गाया 'ज़िन्दगी के में गुज़र जाते हैं जो मकाम, वो फिर नहीं आते'। मुझे इस गीत का महत्व समझ में आ रहा था कि बच्चे यही गीत क्यों गा रहे हैं। इस गीत के बाद कुछ देर तक बच्चे बोले और फिर विदाई के माहौल में पहले लड़कियों ने और फिर लड़कों ने भी नम आंखों से जो विदाई दी उसे मेरे बॉस रविकांत ने भी हमेशा याद रखा। और हम सभी उनके साथ रंजीदा हो गए। तो ये रही रेडियो की ताक़त और ये रहा रेडियो के ज़रिए अच्छे गानों की लोकप्रियता का हाल।

टेलीविज़न माध्यम :

रेडियो के बाद टीवी का आविष्कार हुआ और अब स्टूडियो से प्रसारित होने वाली आवाज़ को तस्वीरों के साथ सीधे तौर पर (लाइव) या फिर रिकॉर्ड किए गए तस्वीरों को कैसेट पर घरों-घर पहुंचाया जाने लगे। फ़िल्मी गाने अब न केवल टेलीविज़न पर सुने जा सकते थे बल्कि फ़िल्मों की तरह टीवी सेट पर भी देखे जाते थे। एक तरह से टी.वी. पर भी लोगों ने फ़िल्मों का हिस्सा भी देखना शुरू कर दिया। दूरदर्शन पर चित्रहार कार्यक्रम देखने के लिए लोग दूसरे लोगों के घर भी जाते थे, गाने सुनने के लिए लोगों को अपना काम छोड़कर टीवी को समय देना पड़ता था। हालाँकि बाद में पूरी पूरी फ़िल्में ही टीवी पर भी देखी जाने लगीं, तब फ़िल्म के गानों से भी लोगों को मनोरंजन मिला, जो भी हो टीवी के कई कई चैनलों के आने के बाद पूरी पूरी फ़िल्मों के साथ-साथ गीतों को सुन पाने से हर एक को कई विकल्प मिल गए। और उससे गीतों पर उतना ध्यान केंद्रित नहीं रहा। उदाहरण के तौर पर आपने देखा होगा कि कभी-कभी फ़िल्म में किसी गाने का फ़िल्मांकन उतना अच्छा नहीं होता जितना गीत बिना फ़िल्म देखे ही सुनने में ही मधुर या मेलोडियस लगता है।

टीवी कार्यक्रम को विज्ञापन के साथ देखने की बोरियत अनिवार्य रूप से बनी रहती है। इसे आप टेलीविज़न माध्यम की कमी भी कह सकते हैं। हालाँकि, ध्वनि के साथ चित्र

दिखाना टेलीविज़न माध्यम की ख़ूबियों में से एक है। यहां तक कि फ़िल्मी गाने और फ़िल्में भी कैसेट पर रिकॉर्ड की गईं। इंटरनेट की मदद से लोग अपने घर पर अपने समय और अपनी आसानी से देख पाते हैं।

सोशल मीडिया :

इंटरनेट की प्रगति ने सोशल मीडिया को हर किसी तक पहुंचाने में प्रमुख भूमिका निभाई है। इंटरनेट की मदद से अब हर किसी के कंप्यूटर या मोबाइल पर समाचार या संदेश पहुंचाने में काफ़ी मदद मिली है। फेसबुक, व्हाट्सएप, ट्वीटर आदि जैसे सभी सोशल मीडिया चैनलों का उपयोग संदेश या लेखन के साथ समाचार (प्रिंट माध्यम), ध्वनि (रेडियो माध्यम), चित्र (टीवी माध्यम) सभी तकनीक के माध्यम से किया जाता है अब इसे लोगों के लिए अपने समय और सुविधानुसार पढ़ने और देखने के लिए व्यक्तिगत रूप से स्वतंत्रता मिल रही है। फ़िल्म का गाना भी इस माध्यम से सभी अतिरिक्त विवरणों (फ़िल्म के गीत, गीतकार, संगीतकार, गायक कलाकार अभिनेता के अलावा लोगों या जनता की राय आदि) के साथ डाउनलोड किया जा रहा है।

और इससे फ़िल्मी गानों को ज़रूर बढ़ावा मिला है। इस माध्यम से भी अब संदेश या मनोरंजक कार्यक्रम अपनी सुविधानुसार अपने समय पर सुने और देखे जा सकते हैं। सभी सामग्री को न्यूनतम अवधि या यथासंभव छोटा रखा जाना चाहिए ताकि डाउनलोड की गई फ़ाइल भारी न हो। अन्यथा, संचालन करना या सुनना मुश्किल हो सकता है। इसे आप सोशल मीडिया की सीमाएं भी मान सकते हैं। लेकिन फिर भी इस माध्यम ने फ़िल्म और फ़िल्मी गानों को जन-जन तक पहुंचाने या अधिक लोगों तक पहुंचने में मदद की है और कर रहा है। सोशल मीडिया को भी बेहद निजी माध्यम माना जा रहा है। लोग फ़िल्मी गाने, पसंदीदा गाने भी अपनी आवाज़ में रिकॉर्ड करके शेयर कर रहे हैं। लोग सोशल नेटवर्क पर अपने सभी मित्रों और सहकर्मियों को प्रतिक्रिया कैसे देते हैं? इसका उदाहरण पहले मजरूह के एक गाने से और फिर सोशल मीडिया पर दी हुई लोगों की राय (comments) हम नीचे दे रहे हैं।

किशोर कुमार / मजरूह सुल्तानपुरी / लक्ष्मीकांत प्यारे लाल (1974)

रुक जाना नहीं तू कहीं हार के / कांटों पे चलकर मिलेंगे साये बहार के

सूरज देख रुक गया है, तेरे आगे झुक गया है
जब भी ऐसे कोई मस्ताना निकले है अपनी धुन में दीवाना
शाम सुहानी, बन जाते हैं दिन इंतज़ार के / ओ राही... ओ राही...

साथी न कारवां है / ये तेरा इम्तिहां है
यूं ही चला चल, दिल के सहारे / करती है मंज़िल, तुझ को इशारे
देख, कहीं कोई रोक नहीं ले तुझको पुकार के / ओ राही... ओ राही...

नैन, आंसू जो लिए हैं / ये राहों के दिए हैं
लोगों को, इनका सबकुछ दे के / तू तो चला था सपने ही ले के
कोई नहीं, तो तेरे अपने हैं, सपने ये प्यार के
ओ राही... ओ राही... रुक जाना नहीं तू, कहीं हार के

इस गाने के बारे में मैं सोशल मीडिया पर जो कुछ टिप्पणियाँ देखने को मिलीं, उनमें से कुछ को यहां लिखना उचित होगा।

Yogeshwar Lal Sharma	: Kabhi Himmat Mat Haren.....
Abdullah Khan	: Quite Inspirational Song
Anonymous (22/1/2012)	: Grand Salute to Majrooh, Kishor-da and L.P.
Muskan (13/9/2012)	: Very Nice Lyrics. Inspirational to get Courage

Likes on Social Media (on Youtube)

Sunil Chopra	: Beyond imagination
Mohd. Fareed Khan	: is great gane ki copy bhi nahin ho sakti
Subramanyam Chinni	: It is unforgettable song forever.
Komal Singh Rathore	: Very inspiratioanl and motivational song.
Satvika Dixit	: Very nice and motivational song Hope this type of song can come today also.

आपने देखा सोशल मीडिया पर गीत अवाम से किस तरह व्यक्तिगत रूप से जुड़ गए हैं।

आइए अब मास मीडिया या मास कम्युनिकेशन पाठ्यक्रमों की ओर बढ़ते हैं। भारत में क्योंकि रेडियो सेट-अप शुरू में ऑल इंडिया यानि रेडियो आकाशवाणी के रूप में सरकार के पास रहा। इसलिए जो युवा रेडियो में काम करना चाहते थे उन्हें इस ओर देखना पड़ा। शिक्षण संस्थानों में रेडियो के व्यावहारिक अनुभव की सुविधाएँ उपलब्ध नहीं कराई गईं। इसलिए प्रिंट माध्यम के लिए तैयार पढ़ाए जाने वाले पाठ्यक्रमों में रेडियो का एक हिस्सा भी जोड़ा गया। उदाहरण के लिए जयपुर में राजस्थान विश्वविद्यालय और हिसार में गुरु जम्भेश्वर विश्वविद्यालय (जीजेयू) में पत्रकारिता की पढ़ाई के दौरान रेडियो का भी

हिस्सा रखा। परंतु यह स्पष्ट है कि उनमें सिद्धांत तो अधिक था, किंतु विषयवस्तु कम थी। उदाहरण के लिए, रेडियो का इतिहास, रेडियो माध्यम की कमी या उसकी ख़ूबियाँ आदि। रेडियो का अध्ययन करने के लिए वास्तव में अध्ययन के तीन भागों की आवश्यकता होती है। पहला भाग रेडियो कार्यक्रम तैयार करने के लिए इंजीनियरिंग हो सकता है।

स्टूडियो आदि कैसे विकसित किये जा सकते हैं? जाहिर है, ऐसे विशेषज्ञों की ज़रूरत अपेक्षाकृत कम होगी। लेकिन शेष दो अनुभाग रेडियो अध्ययन, रेडियो कार्यक्रम विकसित करने से संबंधित होंगे जिसके लिए स्पष्ट रूप से अधिक अनुभव की आवश्यकता होगी। प्रोग्रामिंग भाग को हम दो मुख्य भागों में भी विभाजित कर सकते हैं। (1) प्रोग्रामों के लिए स्क्रिप्ट लिखना और प्रोग्रामों की रिकॉर्डिंग और (2) संपादन करना जिन्हें हम प्रोग्राम प्रोडक्शन के नाम से जानते हैं।

1. रेडियो इंजीनियरिंग
2. रेडियो लेखन
3. रेडियो प्रोडक्शन

बाद में कई शिक्षण संस्थानों ने इन सभी को न केवल रेडियो अध्ययन का हिस्सा माना, बल्कि अलग से ऐसे पाठ्यक्रम पढ़ाना भी शुरू कर दिया, जिन्हें मीडिया एवं जनसंचार विभाग के अंतर्गत रखा गया।

80 के दशक में टेलीविज़न ने भारत में अपनी जगह बनाई। इसलिए इसे पढ़ाने की जरूरत भी महसूस की गई और टीवी के लिए रेडियो की तरह ही इंजीनियरिंग, स्क्रिप्ट राइटिंग और टीवी-प्रोडक्शन के कोर्स पढ़ाए जाने लगे। इनमें प्रजेंटेशन और कैमरे के लिए एक अलग से पढ़ाई का हिस्सा रखा गया, या अलग से विधिवत पाठ्यक्रम पढ़ाये जाने लगे।

निजी रेडियो और निजी टीवी चैनलों के आग़मन के बाद मास मीडिया और जनसंचार के इन पाठ्यक्रमों ने बहुत लोकप्रियता हासिल की। इंदिरा गांधी राष्ट्रीय मुक्त विश्वविद्यालय में स्वयं लेखक ने सामुदायिक रेडियो के लिए एक अलग पाठ्यक्रम विकसित किया और उत्सुक युवाओं ने इसमें रुचि भी दिखाई। क्योंकि इस पाठ्यक्रम के लिए दस दिवसीय कार्यशाला को सेमेस्टर का एक अनिवार्य हिस्सा बनाया गया था, जिसके दौरान रेडियो विभाग का ज्ञान और कुछ व्यावहारिक अभ्यास भी प्रदान किया जा रहा था। इसका विवरण इग्नू की वेबसाइट पर पाया जा सकता है। www.ignou.ac.in

अब भारत में सोशल मीडिया के साथ इंटरनेट की सामान्य उपलब्धता ने भी प्रसिद्धि और लोकप्रियता हासिल की है और इस माध्यम के अध्ययन की आवश्यकता भी महसूस

की जाने लगी है। इस माध्यम की विशेषता ये है हर जानकारी की संक्षिप्तता और उस संक्षिप्तता के साथ ही प्रिंट, ऑडियो और रेडियो की मदद से रोचक बनाए रखना। ट्वीटर, व्हाट्सएप, फेसबुक आदि ने एक-दूसरे से जुड़ने की कई सुविधाएं दी हैं। लेकिन इस सुविधा से समाज में फैल रही बुराइयों से समाज को सुरक्षित रखना इन दिनों एक बड़ी चुनौती बन गई है।

आइये अब बात करते हैं फ़िल्मों की! यदि हम फ़िल्मों के माध्यम से कोई उद्देश्यपूर्ण कहानी या कोई उद्देश्यपूर्ण संदेश देना चाहते हैं, तो चूंकि फ़िल्में एक बड़े समूह द्वारा देखी जाती हैं, इसलिए हम फ़िल्मों को भी जनसंचार माध्यमों के अंतर्गत गिनते हैं। बी.आर. चोपड़ा ने अपनी कई फ़िल्मों से इसका फ़ायदा उठाया है। फ़िल्म नया दौर में मशीन और आदमी दोनों में कौन महत्वपूर्ण है? इस पर एक सफ़ल कहानी लिखी गई है। क़ानून फ़िल्म में मौत की सज़ा न रखने की पुरज़ोर सिफ़ारिश की है। फ़िल्म निकाह तलाक़ के मुद्दों पर चर्चा करती है। वी. शांता राम की फ़िल्म दो आँखे बारह हाथ में "ओपन जेल" यानि खुली जेल की सिफ़ारिश मिलती है।

मुंबई भारत में फ़िल्म निर्माण का केंद्र रहा है और बाद में कलकत्ता और दक्षिण भी फ़िल्म निर्माण में शामिल हो गए हैं। यानी सामान्य तौर पर फ़िल्म निर्माण सुविधाएं हर जगह नहीं मिल सकीं। इसिलिए फ़िल्मों का अध्ययन शैक्षणिक संस्थानों में नहीं कराया जा सकता है। फिर भी, पुणे में भारतीय फ़िल्म इंस्टिट्यूट और टेलीविज़न संस्थान (FTII) और कलकत्ता में सत्यजीत रे फ़िल्म संस्थान जैसे शैक्षणिक संस्थान स्थापित किए गए हैं और उनसे कई फ़िल्म निर्माताओं को मदद मिली है। अब नोएडा और कुछ अन्य शहरों में निजी संस्थानों ने फ़िल्मों के बारे में पढ़ाना शुरू कर दिया है।

फ़िल्मों में भी हम कैमरा, कहानी लेखन, संवाद लेखन, फ़िल्म निर्माण, संपादन और विशेषकर अभिनय के पाठ्यक्रमों को अलग से गिन सकते हैं। मेरा मानना है कि इन संस्थानों को फ़िल्मी गानों यानी गीत लेखन और हो सके तो संगीत पर ध्यान देना चाहिए। कंपोजिंग के लिए भी अलग से कोर्स चलाने की जरूरत है। हमें यह नहीं भूलना चाहिए कि हमें फ़िल्मों के माध्यम से जो संदेश देना होता है, वह फ़िल्म की कहानी और संवादों के अलावा गानों के माध्यम से भी व्यक्त किया जा सकता है और कई फ़िल्मी कवियों ने इसमें सफ़लता हासिल की है। फ़िल्मी गाने अर्थपूर्ण, शालीन और गीतात्मक गुणों (Lyrical Qualities) के हों। ये विशेषताएं हम कई पुराने फ़िल्मी गानों से सीख सकते हैं। यह याद रखना महत्वपूर्ण है कि लेखन कार्य में आपका अपना तजुर्बा और भावनाएं भाषा में पकड़ के साथ सहायक होते हैं।

कुछ बेहतरीन फ़िल्मी गाने और उनके शायर

फ़िल्म प्रौद्योगिकी में प्रगति ने फ़िल्म निर्माण के लिए विभिन्न सुविधाएं प्रदान कीं लेकिन फ़िल्म की व्यावसायिक शैली ने फ़िल्म के मूल उद्देश्य को खो दिया। भारत में फ़िल्में प्रारंभ में मनोरंजन के लिए नहीं थीं, जिनमें नाटक का युग अधिक महत्वपूर्ण था तथा नृत्य-गीत को महत्व दिया जाता था। लेकिन जल्द ही यह एहसास हुआ कि फ़िल्में वास्तव में "जन माध्यम हैं, इसलिए उनमें कहानी, संवाद और पात्रों के माध्यम से समाज और समाज के साथ-साथ साहित्य और संस्कृति से संबंधित विभिन्न संदेश जनता को दिए जा सकते हैं और इसी उद्देश्य से वी. शांताराम से लेकर बीआर चोपड़ा, गुरुदत्त, राज कपूर जैसे महान निर्देशकों ने अपनी फ़िल्मों को विभिन्न सामाजिक मुद्दों से जोड़कर सफ़ल और उद्देश्यपूर्ण फ़िल्में बनाई हैं, लेकिन अच्छी बात यह है कि उन्होंने मनोरंजन के तत्व, दूसरे शब्दों में गीतों के महत्व को नहीं खोया है फ़िल्म के मनोरंजन पहलू को भी समझा जाता था और फ़िल्में उन गानों की वजह से लोकप्रिय हो जाती रहीं। इन फ़िल्मी गीतों को तैयार करने की ज़िम्मेदारी बुनियादी तौर पर संगीतकारों के हाथों में रही। और इसीलिए नौशद से लेकर ओपी नैयर, एसडी बर्मन, मदन मोहन, रौशन जैसे संगीतकार अच्छे गीतकारों की तलाश में रहे। शंकर जकिशन को अगर शैलेंद्र और हसरत जयपुरी का साथ मिला, तो एसडी बर्मन ने साहिर, मजरूह और शैलेन्द्र जैसे गीतकारों के लिए उनके लिखे गीतों को सजाने संवारने का ज़िम्मा लिया। नौशाद ने शकील की शायरी को जन-जन तक पहुंचाने में कोई कसर नहीं छोड़ी और शकील बदायूंनी ने भी अपनी प्रतिभा का जादू ऐसा चलाया कि वो सिर चढ़कर बोला। साहिर को सभी संगीतकारों का भी सहयोग मिला और उन्होंने फ़िल्मी शायरी को उद्देश्यपूर्ण बनाने में कोई कसर नहीं छोड़ी। उन्होंने फ़िल्मी गीतों की सफ़लता में संगीतकारों और गायकों के महत्व के साथ-साथ उन कवियों को भी वही आदर और सम्मान दिलवाया जो दूसरों को मिल रहा था। कैफी आज़मी ने फ़िल्म में गीतात्मक भावनाओं और जज़्बात को भी गीतों में समो दिया।

प्रेम, सौंदर्य और प्रेम का वर्णन, जो साहित्यिक कविता का भी हिस्सा था, प्रकृति और ब्रह्मांड की सुंदरता या देशभक्ति जैसे विषय को यदि साहित्यिक कवियों ने अपनी कविताओं में स्थान दिया। या दुनिया की अस्थिरता पर विचार किया, तो यह सभी विषय फ़िल्मी शायरी का भी हिस्सा बने। किसी ने कहा:

	'ये वादियाँ ये फिजाएं बुला रही हैं तुम्हें'
तो किसी ने कहा	'ये ज़िन्दगी के मेले / दुनिया में कम न होंगे अफसोस हम न होंगे।'
किसी ने कहा	जाने वो कैसे लोग थे जिनके प्यार को प्यार मिला'
तो किसी ने कहा	'अब कोई गुलशन न उजड़े, अब वतन आजाद है'
किसी ने कहा,	'मिलो न तुम तो हम घबराएं मिलो तो आंख चुराएं, हमें क्या हो गया है'

अब आइये कुछ कवियों की कलात्मकता एवं रचनात्मकता पर विचार करें। यहां हम किसी क्रम पर ध्यान नहीं दे रहे हैं, क्योंकि हमारा मक़सद बेहतर गीत, उनकी शायरी और शायर की कलात्मकता पर ज़्यादा है। सबसे पहले हम शकील बदायूँनी के लिखे कुछ गानों पर चर्चा कर रहे हैं।

शकील बदायूँनी

शकील अहमद का उपनाम (तख़ल्लुस) शकील था। उत्तर प्रदेश के बदांयू के एक परिवार से थे। शकील बदायूंनी (3 अगस्त 1916-20 अप्रैल 1970) ने फ़िल्मों के लिए कई हिट गीत लिखे, लेकिन साहित्यिक कविता में भी वह हमेशा प्रमुख रहे। वह मुशायरों में अपने तरन्नुम और अपनी कोमल आवाज़ से सभी को प्रभावित करते थे। वो अच्छा पहनावा और विनम्र व्यक्तित्व के लिए भी मशहूर थे।

शकील बदायंनी ने अलीगढ़ मुस्लिम यूनिवर्सिटी से पढ़ाई की। वह अरबी, उर्दू और फ़ारसी में भी पारंगत थे। वे पूरबी बोली भी जानते थे। कुछ दिनों तक शकील ने दिल्ली में सप्लाई ऑफ़िसर के तौर पर काम किया। उन्होंने अपनी रिश्तेदार सलमा से शादी की। 1940 तक वह मुशायरों के पसंदीदा शायर बन गए थे, लेकिन फिर उन्होंने बंबई में रह-कर फ़िल्मों के लिए गीत लिखना शुरू किए और जल्द ही अपनी पहचान बना ली।

मैं शकील दिल का हूं तर्जुमान
कि मोहब्बतों का हूं राज़दां
मुझे फख्र है मेरी शायरी
मेरी जिन्दगी से जुदा नहीं

शकील की शायरी के जो संग्रह प्रकाशित हुए उनमें शामिल हैं: (1) रानाइयाँ (2) रंगीनियां (3) शबिस्तान (4) सनम व हरम (5) कुल्लियात-ए-शकील और (6) नग्म-ए-फिरदौस। लेकिन शकील की प्रसिद्धि में उनकी फ़िल्मी शायरी का भी बड़ा योगदान रहा है। दरअसल, इस दौरान ऑल इंडिया रेडियो और रेडियो सीलोन के ज़रिए भी फ़िल्मी गानों को जन-जन तक पहुंचाया जा रहा था।

और शकील की शायरी में भी निश्चित रूप से अपनी अनूठी शैली थी जिसे आसानी से पहचाना जा सकता था। और यही कारण था कि वह एक सफ़ल फ़िल्म शायर के रूप में इतने लोकप्रिय रहे। फ़िल्मी गीतों पर उनके संग्रह भी निम्नलिखित शीर्षकों के तहत प्रकाशित हुए थे।

1. दूर कोई गाए

2. धरती को आकाश पुकारे

3. कहीं दीप जले, कहीं दिल

ये तीनों टाइटल उनके हिट गानों के मुखड़े भी रहे हैं।

1. फ़िल्म - "बैजू बावरा का गीत : दूर कोई गाए, धुन ये सुनाए, तेरे बिन छलिया रे"
(शमशाद बेगम, लता मंगेशकर, मोहम्मद रफ़ी)

2. फ़िल्म - 'मेला': धरती को आकाश पुकारे, आजा आजा प्रेम द्वारे, आना ही होगा

3. फ़िल्म - 20 साल बाद : 'कहीं दीप जले कहीं दिल, ज़रा देख ले आकर परवाने
तेरी कौन सी है मंज़िल, कहीं दीप जले कहीं दिल

शकील बदायूंनी की सोच और उनके विषयों का दायरा बहुत व्यापक था, इसीलिए वे एक ही फ़िल्म की अलग-अलग सिचुएशन के लिए अलग-अलग गाने लिखते थे। सभी गानों में उनके शब्दों और विचारों में इतना गहरा संबंध था कि वे अपने गीत की हर पंक्ति को सुनने और दोहराने का मज़ा देते हैं।

1961 में शकील के लिखे गानों पर बनी फ़िल्म याद आ रही है, और वो है 'घराना' (संगीतकार रवि, अदाकार राजेंद्र कुमार-आशा पारेख)!

कुछ गीतो के तो बोल सुनकर ही उनकी सिचुएशन का आपको आभास हो जाएगा

फ़िल्म घराना का गीत

1. दादी अम्मा दादी अम्मा मान जाओ / छोड़ो भी यह गुस्सा ज़रा हंस के दिखाओ

2. हुस्न वाले तेरा जवाब नहीं / कोई तुझसा नहीं हज़ारों में

3. मेरे बन्ने की बात ना पूछो / मेरा बन्ना हरियाला है
उसके गोरे रंग के आगे / चांद का रंग भी काला है

मेरी बन्नी के रूप से घर में / चारों तरफ उजियाला है
उसके गोरे रंग के आगे / चांद का रंग भी काला है (क़व्वाली)

4. जब से तुम्हें देखा है / आंखों में तुम ही तुम हो
हम भी यही कहते हैं / सांसों में तुम ही तुम हो (रफ़ी, आशा)

5. हो गई रे हो गई रे मैं तो अपने बालमा की हो गई रे (आशा भोसले)

6. जय रघुनंदन जय सियाराम (भजन-मोहम्मद रफ़ी)

सस्पेंस और थ्रिलर फ़िल्मों में '20 साल बाद' फ़िल्म ने खूब लोकप्रियता पाई थी। हेमंत कुमार के संगीत में शकील बदांयूनी ने इस फ़िल्म के गीत लिखे। इस फ़िल्म में 'कही दीप जले कहीं दिल' गीत कहानी के केंद्र में रहा। और लता मंगेशकर की आवाज़ में इस गीत को बहुत पसंद किया गया। इस गीत का कुछ हिस्सा इस तरह है। गीत-

कहीं दीप जले कहीं दिल कहीं दिल, ज़रा देख ले जाकर परवाने
तेरी कौन सी है मंज़िल, कहीं दीप जले कहीं दिल

गीत का एक बंद कुछ यूं था:

न मैं सपना हूं, ना कोई राज़ हूं / एक दर्द भरी आवाज़ हूं
ज़रा देख ले आकर परवाने / तेरी कौन सी है मंज़िल

फ़िल्म 20 साल बाद के बाकी कुछ गीत इस तरह थे, जो लोगों में लोकप्रिय हुए, और रेडियो के अलग अलग प्रोग्राम में बजाए गए।

- ज़रा नज़रों से कह दो जी / निशाना चूक न जाए (हेमंत कुमार)
- बेकरार करके हमें यूं ना जाइये / आपको हमारी क़सम लौट आइये (हेमंत कुमार)
- सपने सुहाने लड़कपन के / मेरे नैनों में डोले बहार बनके (लता मंगेशकर)

बच्चों की मानसिकता पर भी शकील ने गीत लिखे जो पसंद किए गए। और बार बार दोहराए गए। फ़िल्म घराना के लिए दादी अम्मा को मना रहे बच्चों का ये अंदाज़ किसे न पसंद आया होगा-

बंद नम्बर-1 छोटी-छोटी बातों से न बिगड़ा करो
गुस्सा हो तो ठंडा पानी पी लिया करो
खा लो पी लो अपना कलेजा ना जलाओ
दादी अम्मा दादी अम्मा मान जाओ

बंद नम्बर-2 दादी तुम्हें हम तो मना कर रहेंगे
खाना अपने हाथों से खिला के रहेंगे
चाहे हमें मारो चाहे हमें धमकाओ
दादी अम्मा दादी अम्मा मान जाओ

बंद नम्बर3 कहो तो तुम्हारी हम चंपी कर दें
पियो तो तुम्हारे लिए हुक्क़ा भर दें

हसीं न छुपाओ / ज़रा आंखें तो मिलाओ
दादी अम्मा / दादी अम्मा मान जाओ

बंद नम्बर-4- हमसे जो भूल हुई माफ़ करो मां
गले लग जाओ दिल साफ़ करो मां
अच्छी सी कहानी कोई हमको सुनाओ
दादी अम्मा / दादी अम्मा मान जाओ
दादी अम्मा / दादी अम्मा मान जाओ
छोड़ो भी ये गुस्सा ज़रा हंस के दिखाओ

फ़िल्म 'दूर की आवाज़ में' एक 'बर्थ-डे' के मौके पर लिखे गीत ने सबको लुभाया, आवाज़ें मो. रफ़ी, आशा और मन्नाडे की रहीं-

हम भी अगर बच्चे होते, हम भी अगर बच्चे होते
नाम हमारा होता बब्लू गबलू, खाने को मिलते लड्डू
और दुनिया कहती हैप्पी बर्थडे टू यू

कोई लाता गुड़िया, रेल, तो कोई लता फिरकी
कोई चाबी का टट्टू
और दुनिया कहती हैप्पी बर्थडे टू यू

बंद नंबर-1 कितनी प्यारी होती है यह छोटी सी उमर
न नौकरी की चिंता / ना रोटी की फिक्र
नन्हे मुन्ने होते हम तो देते तुमको हुकुम
पीछे फिरते डैडी मम्मी बन के नौकर
चॉकलेट बिस्किट टॉफ़ी खाते और पीते दुद्दू
और दुनिया कहती हैप्पी बर्थडे टू यू

बंदर नंबर-2 कैसे कैसे नख़रे करते घरवालों से हम
पल में हंसते, पल में रोते करते नाक में दम
अक्कड़ बक्कड़ लुका चुप्पी कभी छुआ छू करते दिनभर
हल्ला गुल्ला दंगल और उधम
और कभी ज़िद पर अड़ जाते जैसे चाबी का टट्टू
और दुनिया कहती हैप्पी बर्थडे टू यू
हम भी अगर बच्चे होते, हम भी अगर बच्चे होते....

बंद नंबर-3 अब तो है यह हाल, के जब से बीता बचपन
मां से झगड़ा, बाप से टक्कर, बीवी से अनबन
कोल्हू के हम बैल बने हैं, धोबी के हम गधे
दुनिया भर के डंडे हम खाएं दनादन
बचपन अपना होता, तो ना करते ढेचूं-ढेचू
और दुनिया कहती हैप्पी बर्थडे टू यू
हम भी अगर बच्चे होते, हम भी अगर बच्चे होते
तो नाम हमारा होता बब्लू गब्लू...

फ़िल्म 'सन ऑफ इंडिया' के लिए नौशाद ने जिस गीत की धुन बनाई उसमें आवाज़ शांति माथुर की है।

नन्हा मुन्ना राही हूं, देश का सिपाही हूं
बोलो मेरे संग, जय हिंद जय हिंद जय हिंद

फ़िल्म 'गंगा जमना' के लिए शकील ने जो गीत लिखा उसे स्कूल में एक शिक्षक को गाते दिखाया गया है बोल हैं-

इंसाफ की डगर पे बच्चों दिखाओ चल के
यह देश है तुम्हारा नेता तुम्ही हो कल के

शकील बदायूंनी हुस्न से प्रभावित थे और हुस्न की सुंदरता के लिए अगर-अलग फ़िल्मों में कई सुंदर गीत लिखे।

हुस्न वाले तेरा जवाब नहीं, कोई तो इच्छा नहीं हज़ारों में

पूरी नज़्म हुस्न के बयान के लिए आसान और चुनिंदा शब्दों से सजी हुई है। देखिए-

तू है ऐसी कली, जो गुलशन में साथ अपने बहार लाई हो
तू है ऐसी किरण जो रात ढले चांदनी में नहा के आई हो
ये तेरा नूर यह तेरे जलवे जिस तरह चांद हो सितारों में
हुस्न वाले तेरा जवाब नहीं.....

एक और अंतरा इस तरह है-

तेरी सूरत जो देख ले शायर / अपने शेरों में नग्मिगी भर ले
एक मुसव्विर जो तुझको पा जाए / अपने रंगों में ताज़गी भर ले
नग़मा-गर ढूंढ ले अगर तुझको / दर्द भर ले वह दिल के तारों में

हुस्न वाले तेरा जवाब नहीं / कोई तुझसा नहीं हज़ारों में... (घराना-मो. रफ़ी)

कुछ इसी विषय और इन्ही भावनाओं के साथ फ़िल्म चौदहवीं के चांद के लिए ये गीत लिखा गया।

चौहदवीं का चांद हो या आफताब हो
जो भी हो तुम ख़ुदा की कसम लाजवाब हो

फ़िल्म चौदहवीं के चांद का ये गीत खूब मशहूर हुआ, और इसे फ़िल्म फेयर अवार्ड भी मिला। गीत का अंतरा कुछ यूं है-

जुल्फें हैं जैसे कांधों पे बादल झुके हुए
आंखें हैं जैसे मय के प्याले भरे हुए
मस्ती है जिसमें प्यार की तुम वो शराब हो
चौहदवीं का चांद हो या आफताब हो....

दूसरा अंतरा कुछ इस तरह है-

चेहरा है जैसे झील में हंसता हुआ कमल
या ज़िन्दगी के साज़ पे छेड़ी हुई गज़ल
जाने बहार तुम किसी शायर का ख्व़ाब हो

आखिरी अंतरा है-

होठों पे खेलती हैं तबस्सुम की बिजलियां
सजदे तुम्हारी राह में करती हैं कहकशां
दुनिया-ए-हुस्न-ओ-इश्क़ का तुम ही शबाब हो

चौहदवीं का चांद हो या आफ़ताब हो
जो भी हो तुम ख़ुदा की क़सम लाजवाब हो....

पूरी नज़्म में जुल्फों की, आँखों की, चेहरे की और होठों की तारीफ़ की गई है। जुल्फों को काले बादल, आंखों को मय-के प्याले और चेहरे को खिलता हुआ कंवल बताया गया है, जबकि होठों की मुस्कान की तुलना बिजली से की गई है। यह रचना उर्दू शायरी और शायरी के सभी गुणों को समेटे हुए है।

शकील बदायूंनी को पूरबी भाषा पर भी अच्छी पकड़ थी। इस भाषा की सरलता को हिंदी गीतों में शकील ने अपने गीतों से बख़ूबी उजागर किया। फ़िल्म "गंगा जमुना" के निम्नलिखित गाने काफी पसंद किये गये और लोकप्रिय हुए। इस फ़िल्म के संवाद से लेकर

गाने तक में पूरबी भाषा का ख़ूबसूरती से इस्तेमाल किया गया है पूरबी भाषा की सरलता और विस्मृति का एक सुंदर उदाहरण देखें।

रात की आस गई, दिन का सहारा भी गया
मोरा सूरज भी गया, मोरा सितारा भी गया
प्रीत कर के कभी, प्रीतम से न बिछड़े कोई
जैसे उजड़ी हूं मैं, ऐसे भी न उजड़े कोई
बना खेल मोरा, बिगड़ गयो रे / गजब भयो रामा, जुलम भयो रे.....

इस फ़िल्म का एक और गाना मोहम्मद रफ़ी की आवाज़ में पूरबी भाषा में रिकॉर्ड किया गया था।

गाने में अल्हड़पन को रफ़ी ने अपनी आवाज़ से बख़ूबी निभाया है।

नैन लड़ जई हैं, तो मनवा मा कसक होइबे करी
प्रेम का छुट है पटाखा तो धमक होइ बे करी

फ़िल्म बैजू बावरा में जुदाई के दर्द को शकील ने इस गाने में बख़ूबी कैद किया था।

मोहे भूल गए सांवरिया / मोहे भूल गए सांवरिया
आवन कह गए, अब हूं न आए ली न मोरी खबरिया

बिरहा में डूबी लता की ख़ूबसूरत आवाज़ को नौशाद ने सुरों में ढाला है। शकील ने इस गाने में जो भावनाएं दर्शाई हैं उनका कोई जवाब नहीं। इस गाने के छंद लिखने से पहले हम बताना चाहेंगे कि गाना शुरू होने से पहले लता शकील की लिखी इन दो पंक्तियों को ऊंचे स्वर में दोहराती हैं-

जो मैं ऐसा जानती, कि प्रीत किए दुख होय
नगर ढिंडोरा पीटती, प्रीत न करिए कोई

इन दो पंक्तियों में मासूमियत है कि दरअसल प्रीत का यह ग़लत क़दम अनजाने में हुआ और अगर मुझे यह पहले से पता होता तो मैं न केवल ख़ुद इससे बचती बल्कि सभी को इस दर्द और पीड़ा से बचने की सलाह देती। या यूं कहें कि ऐलान करती। शकील ने नगर ढिंढोरा पीटती शब्दों का प्रयोग करके इस दर्द को बख़ूबी उभारा है। चलिए अब इस पर आते हैं। गीत के लिए लिखे गए दो छंद देखें, पहला छंद है।

दिल को दिए दुख बिरहा के, तोड़ दिया दिल क्यों महल बना के
आस दिला के ओ बेदर्दी, फेर ली काहे नज़रिया / मोहे भूल गए सांवरिया....

ज़रा सोचिए कि "तोड़ दिया दिल क्यूं महल बनाके" में प्यार की हदें और सीमाएं कहां तक पहुंच गई थीं। इस की तरफ़ इशारा है। एक समृद्ध जीवन के सपने बुन ले गए थे। लेकिन असल में ये सपने 'सपनों के महल' जैसे साबित हुए। और इस दिल को अब जुदाई का असहनीय सदमा लगा है। दूसरे अन्तरे में इस बात की स्पष्ट व्याख्या है कि उन्होंने पहले आशाओं में बाँधा और फिर आंखें फेर लीं। काहे शब्द में सीधा सवाल है कि आख़िर इसकी वजह क्या थी। दूसरे श्लोक में रोती आंखों की अभिव्यक्ति दिखाई गई है।

> नैन कहे रो के सजना, देख चुके हम प्यार का सपना
> प्रीत झूठी, प्रीतम झूठा, झूठी है सारी नगरिया / मोहे भूल गए सांवरिया...

ऐ सजना हम अब सपनों से हक़ीक़त की ओर हैं, जहां हमारी आंखें रो रही हैं वे आपको महसूस करा रही हैं, और सच तो यह है कि अब इस धोखे के बाद तुम ही नहीं, हमें तो सारी दुनिया ही झूठी नज़र आती है। इन पंक्तियों की जितनी प्रशंसा की जाए कम है।

> प्रीत झूठी, प्रीतम झूठा, झूठी है सारी नगरिया
> मोहे भूल गए सांवरिया.....

प्रीतम के इस झूठे प्यार ने तो प्रीत और सारे जग पर से ही विश्वास उठा दिया है। अब सभी कुछ झूटा नज़र आता है। यहां गीत से पहले की लिखी हुई दो लाइनों को बरबस दोहराने का दिल चाहता है, याद कीजिए इन पंक्तियों को-

> जो मैं ऐसा जानती, कि प्रीत किए दुख होय
> नगर ढिंढोरा पीटती, प्रीत न करिए कोय

शकील बदायूंनी को एक बिरहा के पीड़ा, उसके दर्द और उसके अकेलेपन और उसकी तड़प का ख़ूब एहसास था। फ़िल्म गंगा जमना के गाने की पंक्तियां दोहराना उचित लगता है।

> प्रीत कर के कभी, प्रीतम से न बिछड़े कोई
> जैसे उजड़ी हूं मैं, ऐसे भी न उजड़े कोई
> बना खेल मोरा, बिगड़ गयो रे
> गजब भयो रामा, जुलम भयो रे.....

फ़िल्म बैजू बावरा के सभी गीत प्रसिद्ध हुए, पसंद किए गए और बार-बार दोहराए गए। नीचे लिखे मुखडे उन गीतों के हैं, जिन पर शकील ने अपनी छाप छोड़ी है।

गीत-1 तू गंगा की मौज मैं जमुना की धारा
हो रहेगा मिलन हमारा तुम्हारा

गीत-2　　　ओ दुनिया के रखवाले, सुन दर्द भरे मेरे नाले (मोहम्मद रफ़ी)

गीत-3　　　मोहे भूल गए सांवरिया (लता मंगेशकर)

गीत-4　　　मन तड़पत हरि दर्शन को आज (भजन मोहम्मद रफ़ी)

गीत-5　　　बचपन की मोहब्बत को दिल से ना जुदा करना
जब याद मेरी आए / मिलने की दुआ करना (लता मंगेशकर)

गीत-6　　　इंसान हो / कर लो, भलाई का कोई काम
दुनिया से चले जाओगे रह जाएगा / बस नाम (मोहम्मद रफ़ी)

शादी के वक्त जब लड़की अपने मायके से जुदा होती है, तब वह इंतिहाई जज़्बाती पल होते हैं, दुल्हन के मां-बाप, दुल्हन की सहेलियों और ख़ुद दुल्हन के अलग-अलग जज़्बाती सिचुएशन के लिए शकील ने ख़ूबसूरत गीत लिखे हैं। इनमें से कई गीत आज भी शादी के मौक़े पर बजाए जाते हैं, या उन्हे याद किया जाता है। कुछ गीत इस तरह है:-

- छोड़ बाबुल का घर मोहे पी के नगर आज जाना पड़ा
- बालम से मिलन होगा, शर्माने के दिन आए (फ़िल्म-चौदहवीं का चांद)

ऐसे ही जज़्बात भरा गीत शकील ने फ़िल्म घराना के लिए लिखा जिसके बोल थे:-

हो गई रे हो गई रे मैं तो अपने बलमा की हो गई रे (फ़िल्म घराना आशा भोंसले)

फ़िल्म मदर इंडिया के विदाई गीत ने ख़ूब प्रसिद्धि पाई। शमशाद बेगम की आवाज़ में यह गीत आज भी ऐसे अवसर पर गाया जाता है।

पीके घर आज प्यारी दुल्हनिया चली
रोए माता-पिता उनकी दुनिया चली

पहले अंतरे में अपने घर वालों से बिछड़ने का जो दुख है वह जैसे जबान पर है।

भैया बहना के दिल को लगी / ठेस रे
मेरे किस्मत में जाना था / परदेस रे
छोड़ कर अपने बाबुल का / अंगना चली

गीत में दुल्हन की खुशी का एक तरफ एहसास है तो दूसरी तरफ अपने माता-पिता और सहेलियों से बिछड़ने का ग़म।

कोई गुण ढंग ना मुझ में / कोई बात है
मोरी चूड़ियों की लाज अब / तेरे हाथ है

तोरे संग में जीवन भर को सजना चली
पीके घर आज प्यारी दुल्हनिया चली

गीत में फ़िल्म की कहानी के बैकग्राउंड में गांव और देहाती भाषा की मिठास है। जैसे मैया, बाबा, तोरे संग, तोरे घर जैसे शब्दों ने जज़्बात की सच्चाई को ख़ूब उभारा है।

शकील की वतन परस्ती

शकील बदायूंनी ने देश के लिए जो जज़्बा दिखाया वह अपने आप में एक मिसाल है। देश के लिए जुनून भी इंसान की फितरत है, इसलिए भारत के लोग भी अपने आप में देशभक्ति की मिसाल हैं, लेकिन शकील ने देश के लिए जो शायरी और गाने लिखे, वह अपनी कलात्मकता का भी कमाल हैं। उनके पास देशभक्ति गीतों की एक लंबी सूची है, जिनमें बच्चों से लेकर युवाओं और देशवासियों तक की देशभक्ति की भावना है! कुछ उदाहरण हैं।

इंसाफ की डगर पे बच्चों दिखाओ चल के
यह देश है तुम्हारा नेता तुम ही हो कल के (गंगा-जमना)

नन्हा मुन्ना राही हूं देश का सिपाही हूं
बोलो मेरे संग जय हिंद जय हिंद (सन ऑफ इंडिया)

इस गीत का ख़ूबसूरत अंतरा देखें-

चांद की सी नगरी है मेरा यह वतन
सबको सिखाऊंगा मैं / प्यार का चलन
दुनिया में / गिरने ना दूंगा कहीं बम
आगे ही आगे बढ़ाऊंगा / कदम
देहने बांये / देहने बांये थम

अपनी आज़ादी को हम हरगिज मिटा सकते नहीं
सर कटा सकते हैं लेकिन सर झुका सकते नहीं (लीडर)

शकील बदायूनी ने अपनी कई फ़िल्मी गीतों में दर्शन (Philosophy) की बात रखी है। कुछ क़ीमती पैग़ाम दिए है, कुछ मिसालें देखें-

औरत है वह औरत / जिसे दुनिया की शर्म है
संसार में बस लाज ही / नारी का धर्म है
दुनिया में हम आए हैं तो जीना ही पड़ेगा (फ़िल्म-मदर इंडिया, शमशाद बेगम)

जीवन का गीत है सुर में ना ताल में
उलझी है सारी दुनिया रोटी के जाल में
कैसा अंधेर है मैं भी हैरान हूं
ना मैं भगवान हूं ना मैं शैतान हूं (फ़िल्म-मदर इंडिया, मोहम्मद रफ़ी)

जितने हैं दुनिया वाले फिरते हैं झोली डाले
कोई मुराद मांगे कोई औलाद मांगे
सबके गले में भैया अरमानों का ढोल है
ये दुनिया गोल है.... (फ़िल्म-चौदहवीं का चांद, मोहम्मद रफ़ी)

राह चलते हुए कुछ सोच के रुक जाता हूं
एक उलझन है जो अक्सर मुझे तड़पाती है
ज़िन्दगी आज मेरे नाम से शर्माती है
अपने हालात पर मुझे ख़ुद भी हंसी आती है (फ़िल्म-सन ऑफ इंडिया, रफ़ी)

फ़िल्म कौन अपना कौन पराया के लिए शकील ने एक टाइटल गीत लिखा मुखड़ा और बंद देखिए-

- कौन अपना कौन पराया
  दुनिया का भेद अभी तक कोई समझ नहीं पाया

  बिछड़े लोग भी मिल जाते हैं कभी-कभी जीवन में
  खुशी के लहरें भी उठती हैं किसी के दुखिया मन में
  कभी किसी ने खोया जग में, कभी किसी ने पाया
  कौन अपना कौन पराया.... (मोहम्मद रफ़ी)

- इंसान हो / कर लो भलाई का कोई काम
  दुनिया में बस रह जाएगा / एक नाम (फ़िल्म-बैजू बावरा)

शकील बदायूंनी को तीन बार फ़िल्मफेयर अवार्ड मिले।

1961	चौदहनीं का चांद हो या आफताब हो	(फ़िल्म-चौदहवीं का चांद)
1962	हुस्न वाले तेरा जवाब नहीं	(फ़िल्म-घराना)
1963	कहीं दीप जले कहीं दिल	(फ़िल्म-20 साल बाद)

शकील बदायूंनी की याद में 3 मई 2013 को हिंदुस्तान में डाक-तार डिपार्टमेंट ने उनके फ़ोटो के साथ एक टिकट भी जारी किया है।

शकील ने शहर लखनऊ के लिए जो ख़ूबसूरत गीत लिखा है उसकी जितनी भी प्रशंसा की जाए वो कम है, फ़िल्म चौदहवीं का चांद के लिए इसे रवि ने मो. रफ़ी की आवाज़ में रिकॉर्ड किया है। पूरा गीत ही आकर्षक है-

ये लखनऊ की सरज़मीं, ये लखनऊ की सरज़मीं
ये रंग रूप का चमन, ये हुस्न ओ इश्क़ का वतन
यही तो वो मुक़ाम है, जहां अवध की शाम है
जवां जवां हसीं-हसीं, ये लखनऊ की सरज़मीं

शबाब ओ शेर का ये घर, ये अहले इल्म का नगर
है मंज़िलों की गोद में, यहां हर एक रहगुज़र
ये शहर लालाज़ार है, यहां दिलों में प्यार है
जिधर नज़र उठाइये, बहार ही बहार है
कली कली है नाज़नीन, ये लखनऊ की सरज़मीं

यहां की सब रवायतें, अदब की शाहकार हैं
अमीर अहले दिल यहां, ग़रीब जान निसार हैं
हर एक शाख पर यहां है बुलबुलों के चहचहे
गली-गली में ज़िन्दगी क़दम-क़दम पे क़हक़हे
हर इक नज़ारा दिलनशीं
ये लखनऊ की सरज़मीं, ये लखनऊ की सरज़मीं

यहां के दोस्त बा-वफा, मोहब्बतों से हैं आश्ना
किसी के हो गए अगर, रहे उसी के उम्र भर
निभाई अपनी आन भी, बढ़ाई दिल की शान भी
हैं ऐसे मेहरबान भी, कहो तो दे दे जान भी
जो दोस्ती का हो यक़ीं, ये लखनऊ की सरज़मीं

दरअसल चौदहवीं का चांद फ़िल्म के सभी गीत पसंद किए गए। एक ही फ़िल्म के लिए गीत लिखना और सभी गीत का हिट हो जाना शकील की कलम और ज़बान पर पकड़ का कमाल है। सिचुएशन और किरदारों के लिहाज़ से बोल लिखना और जज़्बात और ख़्यालात को उभारना, ये सभी चीजें हर एक के हिस्से में नहीं आती। चौदहवीं का चांद फ़िल्म के गीतों के मुखड़े इस तरह हैं-

1. यह लखनऊ की सरज़मीं, यह लखनऊ की सरज़मीं (मोहम्मद रफ़ी)

2. शरमा के यह क्यों सब / पर्दानशीं आंचल को संवारा करते हैं (क़व्वाली)

3. ये दुनिया गोल है / ऊपर से ख़ौल है (मोहम्मद रफ़ी)

4. दिल की कहानी रंग लाई है (मुज़रा)

5. मेरा यार बना है दूल्हा (मोहम्मद रफ़ी)

6. बालम से मिलन होगा, शरमाने के दिन आए (विदाई गीत)

7. मिली ख़ाक में मोहब्बत / जला दिल का आशियाना (मोहम्मद रफ़ी)

8. बदले बदले मेरे सरकार नज़र आते हैं / घर की बर्बादी के आसार नज़र आते हैं (लता मंगेशकर)

9. बेदर्दी / मोरे सैयां / शबनम हैं / कभी शोले (आशा)

10. चौदहवीं का चांद हो या आफताब हो / जो भी हो तुम ख़ुदा की कसम लाजवाब हो (मोहम्मद रफ़ी)

शकील बदायूंनी ने एक नहीं कई फ़िल्मों के लिए कामयाब भजन भी लिखे, दूसरी तरफ हम्द-ओ-नात भी उतनी ही असरदार लिखी।

- फ़िल्म मुग़ल-ए-आज़म- बेकस पे करम कीजिए सरकारे मदीना
  गर्दिश में है तकदीर भंवर में है सफीना (लता)

इसका एक बंद जो इस तरह है-

छाई है मुसीबत की घटा / गैसुओं वाले, गैसुओं वाले
लिल्लाह मेरी डूबती कश्ती को बचा ले
तूफान के आसार हैं दुश्वार है जीना
बेकस पर करम कीजिए

- फ़िल्म दर्द- बीच भंवर में आन फंसा है / दिल का सफीना शाहे मदीना (सुरैया)

अगला बंद देखिए-

बिगड़ी हुई तकदीर बना दो / डूबती नैया पार लगा दो
एक नज़र मुझ पर भी ख़ुदारा / मुश्किल है अब जीना
शाहे मदीना.....

- फ़िल्म खानदान- बड़ी देर भाई नंदलाला / तेरी राह तके है बृजबाला (भजन)

- फ़िल्म बैजू बावरा- ओ दुनिया के रखवाले / सुन दर्द भरे मेरे नाले
- फ़िल्म अमर- इंसाफ का मंदिर है यह / भगवान का घर है (रफ़ी)
- फ़िल्म घराना- जय रघुनंदन / जय सियाराम (मोहम्मद रफ़ी)

जिस तरह फ़िल्मों की कहानियों में हीरो हीरोइन का होना जरूरी रहा इस तरह फ़िल्म में आमतौर पर युगल गीत की सिचुएशन भी बन ही गई और हमारे गीतकारों ने हज़ारों ख़ूबसूरत युगल गीत लिखे जिन्हें लोग सुनते नहीं थकते। शकील बदायूंनी ने भी सैकड़ों युगल गीत लिखे जो प्रसिद्ध भी हुए। नीचे हम ऐसी कुछ उदाहरण दे रहे हैं:-

कोहिनूर	कोई प्यार की देखे जादूगरी गुलफ़ाम को मिल गई सब्ज-परी
कोहिनूर	दो सितारों का ज़मीन पर है मिलन आज की रात
दूर की आवाज़	हाथों में हाथ, होठें पर अफ़साने प्यार के मंज़िल को अपनी चल दिए दीवाने प्यार के (मो. रफ़ी, आशा)
बैजू बावरा	झूले में पवन के आई बहार / आंखों में नया रंग लाई बाहर हो... प्यार छलके
लीडर	तेरे हुस्न की क्या तारीफ़ करूं / कुछ कहते हुए भी डरता हूं कहीं भूल से तू ना समझ बैठे / कि मैं तुझसे मोहब्बत करता हूं
घराना	जब से तुम्हें देखा है, आंखों में तुम ही तुम हो हम भी यही कहते हैं सांसों में तुम ही तुम हो

शकील बदायूंनी ने त्योहार के मौके पर भी ख़ूबसूरत गीत लिखे। उदाहरण देखिए:

मदर इंडिया	होली आई रे कन्हाई होली, सुना दे ज़रा बांसुरी(शमशाद बेगम, लता)
कोहिनूर	तन रंग लो जी आज मन रंग लो खेलो, खेलो उमंग भरे रंग प्यार के ले लो (रफ़ी लता मंगेशकर)

गीत का एक अंतरा इस तरह है-

आज नगरी में रंग है बहार है / गली-गली देखो, रस की फुहार है
पिचकारियों में रंग भरा प्यार है / इस रंग में जीवन रंग लो
तन रंग लो जी आज मन रंग लो....

लीडर	दिवाली आई रे, दिवाली आए रे, घर घर में दीप जले

शकील बदायूंनी ने आमतौर से नौशाद और रवि के साथ गीत लिखे लेकिन हेमंत कुमार और दूसरे म्यूज़िक डायरेक्टर के साथ उन्होंने प्रसिद्ध गीत फ़िल्मों को दिए। उनके बेशुमार फ़िल्मी गीतों में से कुछ गीत नीचे हैं

1. ग़म का फसाना किसको सुनाएं (मेला)
2. तकदीर बनी / बनकर बिगड़ी / दुनिया ने हमें बर्बाद किया (मेला)
3. गाए जा गीत मिलन के / तू अपनी लगन के (मेला)
4. मधुबन में राधिका नाचे रे (कोहिनूर, मोहम्मद रफ़ी)
5. आज मेरे मन में बांसुरी बजाए कोई (आन)
6. मिलते ही आंखें दिल हुआ दीवाना किसी का (तलत-शमशाद बेगम, फ़िल्म-बाबुल)
7. पंछी बन में पिया पिया गाने लगा (फ़िल्म-बाबुल)
8. ऐ दिल तुझे कसम है तू हिम्मत न हारना
दिन ज़िन्दगी के जैसे भी हों / गुजारना (दुलारी, लता मंगेशकर)
9. तू मेरा चांद मैं तेरी चांदनी (दिल्लगी)
10. कभी दिल, दिल से टकराता तो होगा
उन्हें मेरा ख़्याल भी आता तो होगा (अनोखी अदा)
11. ना मिलता ग़म तो बर्बादी के अफ़साने कहां जाते (अमर, लता)
12. इंसाफ का मंदिर है, यह भगवान का घर है (अमर)
13. तू गंगा की मौज मैं जमुना की धारा (बैजू बावरा)
14. जोगन बन जाऊंगी सैयां तोरे कारण (शबाब, लता)
15. गिन गिन तारे हार गई रात को (जादू)
16. ज़रा मन की किवड़िया खोल, सैयां तोरे द्वारे खड़े (कोहिनूर)
17. दिल में बजी प्यार की शहनाइयां / आ गए वो मिट गई तनहाइयां (कोहिनूर)
18. ओ दुनिया के रखवाले सुन दर्द भरे मेरे नाले (बैजू बावरा)
19. बचपन की मोहब्बत को दिल से ना जुदा करना
जब याद मेरी आए मिलने की दुआ करना (बैजू बावरा)
20. दूर कोई गाए, धुन ये सुनाए / तेरे बिन छलिया रे बजे ना मुरलिया रे (बैजू बावरा)

21. मान मेरा एहसान, अरे ओ नादान / कि मैंने तुझसे किया है प्यार (आन)

22. दिल में छुपा के प्यार का तूफ़ान ले चले / हम आज अपनी मौत का सामान ले चले (आन)

23. बचपन के दिन भुला ना देना, आज हंसे कल रुला न देना (दीदार)

24. ढूंढो ढूंढो रे साजना, मोरे कान का बाला / मोरा बाला चंदा का जैसे हाला रे जां में लाले-लाले / मोतियन की लटके माला (गंगा जमुना)

25. ख़ुदा निगहबान हो तुम्हारा, धड़कते दिल का पयाम ले लो (मुग़ल-ए-आज़म)

26. पिया, ऐसो जिया में समाए गयो रे / के मैं तन मन की सुध गवां बैठी (साहब बीवी और गुलाम)

27. नशे में दौलत के हम डग़मगाए / जमाना यह समझा के हम पीके आए (सितारा)

28. अरमान भरे दिल की लगन तेरे लिए है (जान पहचान)

29. मोहे पनघट पे नंदलाल छेड़ गयो रे (मुग़ल-ए-आज़म)

30. तेरी महफ़िल में किस्मत आज़मा कर हम भी देखेंगे (मुग़ल-ए-आज़म)

31. ज़िन्दाबाद ज़िन्दाबाद, ऐ मोहब्बत ज़िन्दाबाद (मुग़ल-ए-आज़म)

32. प्यार किया तो डरना क्या (मुग़ल-ए-आज़म)

33. यह दिल की लगी कम क्या होगी यह इश्क़ भला कम क्या होगा (मुग़ल-ए-आज़म)

34. ऐ इश्क़ यह सब दुनिया वाले / बेकार की बातें करते हैं (मुग़ल-ए-आज़म)

35. हमें काश तुमसे / मोहब्बत ना होती (मुग़ल-ए-आज़म)

36. आई हैं बहारें मिटे ज़ुल्म-ओ-सितम / प्यार का ज़माना आया दूर हुए ग़म (राम और श्याम)

37. हम भी अगर बच्चे होते, नाम हमारा होता बब्लू गब्लू (राम और श्याम)

38. बालम तेरे प्यार की ठंडी आग में जलते जलते / मैं तो हार गई रे (राम और श्याम)

39. तेरे हुस्न की क्या तारीफ़ करूं, कुछ कहते हुए भी डरता हूं (रफ़ी, लीडर)

40. मिली ख़ाक में मोहब्बत / जला दिल का आशियाना (चौदहवीं का चांद)

41. बदले बदले मेरे सरकार नज़र आते हैं / घर की बर्बादी के असर नज़र आते हैं (चौदहवीं का चांद)

42. आज की ताज़ा खबर, आज की ताज़ा खबर... (सन ऑफ इंडिया, शांति माथुर)

43. कहते थे उस्ताद हमारे, नाम था जिनका मछंदर / इंसान था पहले बंदर, इंसान था पहले बंदर (सन ऑफ इंडिया)

दुनिया की अस्थिरता और किसी की मौत की सच्चाई के बाद उसे छोड़ देने का ग़म। शकील ने कितनी ख़ूबसूरती से इन भावनाओं को गाने में पिरोया है। यह सिर्फ़ शकील ही कर सकते हैं।

चले आज तुम जहां से, हुई ज़िन्दगी पराई
तुम्हें मिल गया ठिकाना, हमें मौत भी ना आई

ओ दूर के मुसाफिर हमको भी साथ ले ले
हमको भी साथ ले ले, हम रह गए अकेले

तूने वो दे दिया ग़म, बेमौत मर गए हम
दिल उठ गया जहां से, ले चल / हमें यहां से
किस काम की यह दुनिया, जो ज़िन्दगी से खेले रे
हमको भी साथ ले ले / हम रह गए अकेले

सूनी हैं दिल की राहें, खामोश हैं निगाहें
नाकाम हसरतों का उठने को है जनाज़ा
चारों तरफ़ लगे हैं बरबादियों के मेले रे
हमको भी साथ ले ले हम रह गए अकेले

शकील बदायूंनी के गीतों में हमेशा ठहराव रहा है। फ़िल्म बैजू बावरा के लिए लिखा शकील का यह गीत आज भी अपना सा लगता है।

बचपन की मोहब्बत को दिल से ना जुदा करना
जब याद मेरी आए मिलने की दुआ करना

घर मेरी उम्मीदों का सूना किए जाते हो
दुनिया ही मोहब्बत की लूटे लिए जाते हो
जो ग़म दिए जाते हो, उस ग़म की दवा करना
बचपन की मोहब्बत को दिल से ना जुदा करना

सावन में पपीहे का / संगीत चुराऊंगी
फरियाद तुम्हें अपनी / गा-गा के सुनाऊंगी

आवाज़ मेरी सुन के दिल थाम लिया करना
बचपन की मोहब्बत को दिल से ना जुदा करना
जब याद मेरी आए मिलने की दुआ करना (फ़िल्म-बड़ी बहन)

साहिर लुधियानवी

हालांकि, इस किताब में हम केवल फ़िल्मों के कुछ गानों का ही ज़िक्र कर रहे हैं। इसलिए इस पुस्तक को सदाबहार फ़िल्मी गीतों का चयन भी कहा जा सकता है। मेरी ओर से ये पुस्तक, सदाबहार कविता और फ़िल्मों में मानक फ़िल्मी गीतों के बारे में हो और मैं साहिर लुधियानवी, शकील बदायूंनी, कैफ़ी आज़मी, हसरत जयपुरी, मजरूह सुल्तानपुरी, राजेंद्र कृष्ण जैसे शायरों को न याद करूं, ये ज़रा मुश्किल लगता है।

साहिर लुधियानवी का फ़िल्मी केरियर काफ़ी लंबा रहा है। और उन्होंने फ़िल्मों में सैकड़ों गाने लिखे हैं, लेकिन ऐसा भी हुआ कि उनके कई गाने और कई कविताएं जो उन्होंने फ़िल्मों के लिए नहीं लिखीं, उन्हें भी फ़िल्मों में शामिल कर लिया गया, लेकिन सच तो यह है कि उन्होंने अपनी शायरी को शुरुआत में ही स्थापित कर लिया था जब उन्होंने कुछ निम्नलिखित गीत फ़िल्में को दिए तो लोगों को साहिर का रंग अलग ही महसूस हो रहा था। उदाहरण के लिए:

- तदबीर से बिगड़ी हुई तक़दीर बना ले
  अपने पे भरोसा है तो ये दांव लगा ले...
- ये रात, ये चांदनी फिर कहां, सुन जा दिल की दास्तां...

सबसे पहले 1949 में आई फ़िल्म 'आज़ादी की राह' के लिए साहिर ने केवल 4 गानें लिखे। उनमें से एक गीत ये भी था, जिसके बोल थे

बदल रही है ज़िन्दगी, बदल रही है ज़िंदगी

1951 में साहिर ने एसडी बर्मन के साथ फ़िल्म नौ जवान के गाने लिखे तो आज भी लोग इस गाने को चाव से सुनते हैं:

- ठंडी हवाएं, लहरा के आएं
  रुत है जवां, तुम हो वहां कैसे बुलाएं

1951 में एसडी बर्मन के लिए साहिर के लिखे इन गानों ने भी धूम मचा दी।

- सुनो गजर क्या गाए
- ये कौन आया कि मेरे दिल की दुनिया में / बहार आई

इसके बाद साहिर ने कई सफ़ल गीत लिखे। एन. दत्ता, रवि, मदन मोहन, रोशन, खय्याम, लक्ष्मी कांत प्यारेलाल, आरडी बर्मन, जयदेव वग़ैरह सभी के साथ अपनी शायरी का लोहा मनवा लिया।

साहिर की मानव मनोविज्ञान पर गहरी नज़र है। एक फ़िल्मी गाने में भी दुनिया और समाज के गिरते मूल्यों की शिकायत करने के लिए वह अंततः भगवान की ओर रुख़ करता है। फ़िल्म 'फिर सुबह होगी' का निम्नलिखित गीत देखें, जो दशकों बाद भी इसी दौर के लिए लिखा गया लगता है।

आसमां पे है ख़ुदा, और ज़मीं पे हम
आजकल वो इस तरफ देखता है कम

आजकल किसी को वो टोकता नहीं
चाहे कुछ भी कीजिए, रोकता नहीं
हो रही है लूटमार, फट रहे हैं बम
आसमां पे है ख़ुदा, और ज़मीं पे हम

दूसरा अंतरा कुछ इस तरह है-

किसको भेज वो यहां ख़ाक छानने
इस तमाम भीड़ का हाल जानने
आदमी है अनगिनत, देवता हैं कम
आसमां पे है ख़ुदा, और ज़मीं पे हम
आजकल वो इस तरफ़ देखता है कम

आख़िर में शायर ने महसूस किया कि इस ख़ुदा के निज़ाम में इंसान बहरहाल बेबस है इसलिये कहते हैं।

जो भी है ठीक है / ज़िक्र क्यों करें
हम ही सब जहाँ की / फ़िक्र क्यों करें
जब उसे ही ग़म नहीं / क्यों हमें हो ग़म
आसमाँ पे है ख़ुदा / और ज़मीं पे हम
आज कल वो इस तरफ़ / देखता है कम

हम यहां अपनी बातचीत में वक्त और सिलसिले की तरतीब पर ध्यान नहीं दे रहे हैं। बल्कि यहां साहिर की अनगिनत और कामयाब शायरी का ज़िक्र कर रहे हैं, जिसमें एक मुकम्मलपन नज़र आता है। हालांकि अच्छी और गुणवत्तापूर्ण कविता (भले ही वह फ़िल्म ही के लिए क्यों न हो) पर किसी का एकाधिकार नहीं है। यही वजह है कि साहिर ने "कभी-कभी" फ़िल्म की एक शायरी में ये बात ख़ुद कही थी। वह कहते हैं-

मैं पल दो पल का शायर हूं, पल दो पल मेरी जवानी है
पल दो पल मेरी हस्ती है, पल दो पल मेरी कहानी है

कविता की इस पंक्ति को आगे बढ़ाते हुए वे एक जगह कहते हैं कि-

कल और आएंगे नग्मों की / खिलती कलियां चुनने वाले
मुझसे बेहतर कहने वाले, तुमसे बेहतर सुनने वाले
कल कोई मुझको याद करे, क्यों कोई मुझको याद करे
मसरूफ़ ज़माना मेरे लिए, क्यों वक़्त अपना बर्बाद करे

आइए साहिर के कई प्रभावशाली गीतों पर चलते हैं। फ़िल्म "मुझे जीने दो" के लिए साहिर ने फ़िल्म शुरू होते ही अपना सिक्का जमा दिया। डकैतों पर आधारित इस फ़िल्म की शुरुआत में ही साहिर द्वारा दिया गया देशभक्ति गीत और बैकग्राउंड में मुहम्मद रफ़ी की दमदार आवाज़ में दोहराई गई वह पंक्ति मंत्रमुग्ध कर देने वाली ध्वनि के साथ शुरू होती है और माहौल गीतमय हो जाता है-

'अब कोई गुलशन न उजड़े, अब वतन आज़ाद है'

पूरे गाने में देश के विशाल प्राकृतिक दृश्यों और यहां के मेहनतकश लोगों, गंगा, हिमालय, घाटियों, हरियाली और खेतों का जिक्र करते हुए फ़सल का वर्णन देश के प्रति ललक पैदा करता है। फ़िल्म "मुझे जीने दो" के सभी गाने चंबल की पहाड़ियों में छिपी कहानी के वातावरण में अपना असर छोड़ते चले जाते हैं।

- मोहे बीहड़ में मत छेड़ ओ राजा
- नदी नारे न जाओ, श्याम पैंया पड़े
- रात भी है कुछ भीगी-भीगी, चांद भी है कुछ मद्धम मद्धम

और फिर सबसे ज़्यादा एक मां की चिंता जाहिर करती मां की दुआ:-

तेरे बचपन को जवानी की दुआ देती हूं
और दुआ दे के परेशान सी हो जाती हूं

1963 में, सुनील दत्त की प्रोडक्शन कंपनी अजंता आर्ट्स के तहत बनी "मुझे जीने

दो" (ब्लैक एंड व्हाइट) न केवल सफ़ल रही, बल्कि लोगों ने माना कि कहानी का प्रभाव इसके गानों से और भी बढ़ गया था। फ़िल्म के लिए गाने के बोल और बैक ग्राउंड म्यूज़िक जयदेव ने निश्चित रूप से मेहनत से तैयार किया था।

फ़िल्म - हम दोनों

जयदेव की बात चली है तो जयदेव और साहिर की जोड़ी ने देव आनंद की फ़िल्म हम दोनों के लिए तैयार गीतों ने फ़िल्मी गीतों के खजाने को बड़े रत्नों और मोतियों से मालामाल किया है। एक नहीं सभी गीतों के लिए दाद देने को जी चाहता है।

- मैं ज़िन्दगी का साथ निभात चला गया
  हर फिक्र को धुएं में उड़ाता चला गया
- कभी ख़ुद प्, कभी हालात पे रोना आया
  बात निकली तो हर एक बात पर रोना आ्या
- जहां में ऐसा कौन है कि जिसके ग़म मिला नहीं
- अल्लाह, तेरो नाम...

अल्लाह, तेरो नाम साहिर का लिखा भजन है

गीत- 'जहां में ऐसा कौन है' गाना एक नज़्म के प्रारूप में है

तो, कभी ख़ुद पे कभी हालात पे और 'मैं ज़िन्दगी का साथ' ग़ज़ल के प्रारूप में लिखे हुए गीत हैं

'कभी ख़ुद पे, कभी हालात पे' दरअसल एक ख़ूबसूरत ग़ज़ल है, जिसमें शायर अपनी नाकामी के साथ ही जमाने की दिशाहीनता की भी शिकायत करता है।

ग़ज़ल का 'मतला' इस प्रकार है-

कभी ख़ुद पे कभी हालात पे रोना आया
बात निकली तो हर एक बात पे रोना आया

प्रेम में असफ़लता के बाद कवि अपने प्रेम की गहराई नापता है- तो यूं कहता है।

हम तो समझे थे कि हम भूल गए हैं उनको
क्या हुआ आज, ये किस बात पे रोना आया

वो जानता है, ये सदमा, ये ग़म उसका अपना है जिसमें वो अकेला है क्योंकि उसने वक़्त अच्छे से देखा है। इन तमाम अहसासों के साथ देखिए ग़ज़ल का ये शेर-

कौन रोता है किसी और की खातिर / ऐ दोस्त
सबको अपनी ही किसी बात पे / रोना आया

और कवि का हृदय समय की शीतलता और उसके असफ़ल प्रेम के कारण दुखी है, और इसी ख़ालीपन में उसके दिल में ये सवाल उभरता है-

किसलिए जीते हैं हम? किसके लिए जीते हैं
बार-हा ऐसे सवालात पे रोना आया
बात निकली तो हर क बात पे रोना आया

इस ग़ज़ल में सामान्य शब्दों के आसान, सुंदर उपयोग की सराहना भी करना चाहिए, पूरी ग़ज़ल में दर्द-ओ-अलम, उदासी का माहौल है, इसे रफ़ी ने अपनी सुरीली आवाज़ में पिरोया है, और गहराई दी गयी है।

'मैं ज़िन्दगी का साथ निभाता चला गया' ग़ज़ल का प्रारूप है जहां मैं ऐसा कौन है, दरअसल ख़ूबसूरत गीत है, जिसे आशा की आवाज़ में जयदेव ने रिकॉर्ड किया। ज़िन्दगी में दुख और सुख की धूप-छांव है और उसमें एक दूसरे का सहारा मददगार होता है। देखें नज़्म में दर्शन शास्त्र भी है-

जहां में ऐसा कौन है, कि जिसको ग़म मिला नहीं
दुख और सुख के रास्ते बने हैं सबके वास्ते
जो ग़म से हार जाओगे, तो फिर किस तरह निभाओगे
खुशी मिले हमें कि ग़म, जो होगा बांट लेंगे हम
मुझे तुम आज़माओ तो, ज़रा नज़र मिलाओ तो
ज़रा नज़र मिलाओ तो...
यह जिस्म दो हैं मगर, दिलों में फासला नहीं
जहां में ऐसा कौन है, कि जिसको ग़म मिला नहीं

अगला अंतरा-

तुम्हारे प्यार की क़सम, तुम्हारा ग़म है मेरा ग़म
न यूं बुझे-बुझे रहो, जो दिल की बात है कहो
जो मुझसे भी छुपाओगे, तो फिर किसे बताओगे
मैं कोई ग़ैर तो नहीं, दिलाऊं किस तरह यकीं - (2)
कि तुमसे मैं जुदा नहीं, मुझसे तुम जुदा नहीं
तुमसे मैं जुदा नहीं, मुझसे तुम जुदा नहीं / तुमसे मैं जुदा नहीं

मोहब्बत और त्याग ऐसे ज़ज्बे हैं, जिनसे दुख सुख की राहें आसान हो जाती हैं। नज़्म में रवानी (Continuity) है, प्यार और मोहब्बत है, जज़्बात है, दुख है दर्द है, दुनिया की कठिन राहों पर चलने की सलाह है।

फ़िल्म - शगुन

फ़िल्म- "शगुन" शायद बॉक्स ऑफिस पर इतनी कामयाब नहीं रही, लेकिन ख़य्याम के संगीत में साहिर के गीतों ने लोगों के दिलों को छू लिया। सभी गीत एक से एक बेहतर साबित हुए मुखड़ा देखें:

- पर्वतों के पेड़ों पर शाम का बसेरा है / सुरमई उजाला है चंपई अंधेरा है
- बुझा दिए हैं ख़ुद अपने हाथों से हसरतों के दिए
- ज़िन्दगी जुल्म सही / जब्र सही / ग़म ही सही (सुमन कल्यानपुर)
- तुम चली जाओगी परछाइयां रह जाएंगी (रफ़ी)
- यह रात बहुत रंगीन सही, इस रात में ग़म का ज़हर भी है (रफ़ी)
- इतना करीब आ के भी न जाने किस लिए
कुछ अजनबी से आप हैं, कुछ अजनबी से हम (तलत, मुबारक बेगम)
- गोरी ससुराल चली - (2) (जगजीत कौर)

मोहब्बत और त्याग के जज़्बात में डूबी एक ग़ज़ल साहिर ने फ़िल्म शगुन के लिए भी लिखी, जिसे ख़य्याम ने जगजीत कौर की आवाज़ में रिकॉर्ड किया। जगजीत कौर की आवाज़ में और ख़ूबसूरत पियानो की लय पर ग़ज़ल अपना एक असर छोड़ती है। एक ही विषय पर लिखी हुई दूसरी ग़जल आप निश्चित ही दोहराना चाहेंगे।

तुम अपना रंजो ग़म / अपनी परेशानी मुझे दे दो
तुम्हें ग़म की क़सम / इस दिल की वीरानी मुझे दे दो

यह माना मैं किसी काबिल नहीं हूं / इन निगाहों में
बुरा क्या है अगर यह दुख यह हैरानी / मुझे दे दो

मैं देखूं तो सही / दुनिया तुम्हें कैसे सताती है
कोई दिन के लिए / अपनी निगहबानी मुझे दे दो

वह दिल जो मैंने मांगा था मगर / गैरों ने पाया था
बड़ी शैय है अगर / उसकी पशेमानी मुझे दे दो (आवाज़ जगजीत कौर)

आपने ग़ौर किया ग़ज़ल के आख़िरी शेर में कहानी के तीसरे किरदार की ओर ख़ूबसूरत इशारा है। साहिर की नीचे दी जा रही है नज़्म भी ध्यान देने योग्य है, फ़िल्म है शगुन।

ज़िन्दगी जुल्म सही, जब्र ही सही, ग़म ही सही
दिल की फ़रियाद सही, रूह का मातम ही सही

हमने हर हाल में जीने की क़सम खाई है
अब यही हाल-ए-मुकद्दर है, तो शिकवा क्यों हो
हम सलीक़े से निभा देंगे जो दिन बाक़ी हैं
चाह रुसवा ना हुई, दर्द भी रुसवा क्यों हो

हमको तक़दीर से बे-वजह शिकायत क्यों हो
इसी तक़दीर ने चाहत की ख़ुशी दी थी
आज अगर कांपती पलकों को दिए हैं आंसू
कल थिरकते हुए होठों को हंसी भी दी थी

हम हैं मायूस मगर इतने भी मायूस नहीं
एक-न-एक दिन तो यह अश्कों की लड़ी टूटेगी
एक-न-एक दिन तो छटेंगे ग़मों के बादल
एक-न-एक दिन तो उजाले की किरण फूटेगी

ज़िन्दगी जुल्म सही, जब्र सही, ग़म ही सही

ऐसी कई फ़िल्में हैं जिनके लिए साहिर लुधियानवी ने गाने लिखे हैं और उस फ़िल्म के सभी गाने पॉपुलर हैं फ़िल्म वक्त के गीत आपने भी सुने होंगे-

1. रफ़ी: वक़्त से दिन और रात, वक़्त से कल और आज
   वक़्त की हर शै गुलाम, वक़्त का हर शै पे राज
2. आशा: आगे भी जाने ना तू, पीछे भी जाने ना तू / जो भी है, बस यही एक पल है
3. आशा: हम जब सिमट के आपकी बाहों में आ गए
   लाखों हसीन ख्वाब निगाहों में आ गए
4. मन्नाडे: ऐ मेरी जोहरा जबीं, तुझे मालूम नहीं
   तू अभी तक है हंसी, और मैं जवां
5. आशा: कौन आया कि निगाहों में चमक जाग उठी
   दिल के सोए हुए तारों में खनक जाग उठी
6. आशा: दिन है बहार के, तेरे मेरे इकरार के

फ़िल्म : गुमराह

गुमराह फ़िल्म के लिए नीचे लिखे सभी गीत साहिर ने लिखे है। गीत सुनने और सुनवाने के लिए ये गीत बार-बार दोहराए गए

1. इन हवाओं में इन फ़िज़ाओं में / तुझको मेरा प्यार पुकारे
2. यह हवा, यह हवा, यह फिज़ा, यह फिज़ा
3. चलो एक बार फिर से अजनबी बन जाएं हम दोनों

गुमराह फ़िल्म के एक खास सीन पर जब लोगों ने यह गाना सुना तो अंदाज़ा हुआ कि दरअसल गुमराह फ़िल्म की पूरी कहानी ही इसी गीत के इर्द-गिर्द घूम रही थी "चलो एक बार फिर से अजनबी बन जाएं हम दोनों" इसी तरह से फ़िल्म की कहानी, गाने के बोल उनके किरदारों पर लिखे लगते हैं। और उन्हें उपयोग करने के लिए गीतकार, संगीतकार और निर्देशक सभी कोशिश करते हैं। आजकल की फ़िल्मों में ऐसा देखने को नहीं मिलता है। ख़ासकर जब हम उनकी भाषा और उसकी गुणवत्ता को देखते हैं, तो हमें आज शायद ही कोई गाना उतना परफ़ेक्ट लगता है। ख़ैर, कुछ और साहिर के लिखे गानों की मदद से फ़िल्में सफ़ल हुईं। धूल का फूल, ताजमहल, बरसात की रात, हमराज़ शगुन, प्यासा, त्रिशूल, जाल, कभी-कभी, इज़्ज़त, फिर सुबह हो, साधना, चित्रलेखा, आंखें, काजल, नया दौर, सीआईडी, सोने की चिड़िया, टैक्सी ड्राइवर, रेलवे प्लेटफ़ोर्म आदि।

फ़िल्म : ताज महल

मुग़ल काल की ये दो सफ़ल फ़िल्में भारतीय फ़िल्म इतिहास में भी अपना स्थान रखती हैं। मुग़ले आज़म और ताज महल। इनमें मुग़ले आज़म ने फ़िल्म निर्माण में कई मील के पत्थर स्थापित किये हैं। लेकिन ताज महल में प्रदीप कुमार और रीना रॉय के सफ़ल और ख़ूबसूरत अभिनय और साहिर के लिखे गीतों ने फ़िल्म में जान डाल दी। फ़िल्म ताज महल के सभी गाने साहिर की कलम के जादू और रोशन के बेहतर संगीत का नतीजा हैं।

- जो बात तुझ में है, तेरी तस्वीर में नहीं (रफ़ी)
- पांव छू लेने दो फूलों को इनायत होगी (रफ़ी, लता)
- जो वादा किया वह निभाना पड़ेगा (रफ़ी, लता)
- जुर्म-ए-उल्फ़त पे हमें लोग सज़ा देते हैं
कैसे नादान है शोलों को हवा देते हैं (लता)
- चांदी का बदन सोने की नज़र (क़व्वाली)

फ़िल्म : बरसात की रात

फ़िल्म बरसात की रात के लिए साहिर के लिखे सभी गाने पसंद किये गये, ख़ासकर फ़िल्म बरसात की रात की क़व्वालीं की गुणवत्ता को साहिर ने बहुत ऊंचे स्तर पर पहुंचा दिया। साहिर ने क़व्वाली के लिए एक बंद लिखा-

"ये इश्क़-इश्क़ है।"
अल्लाह और रसूल का फ़रमान इश्क़ है
यानी हदीस इश्क़ है, कुरान इश्क़ है
यह कायनात जिस्म है, और जान इश्क़ है
इश्क़ सरमद, इश्क़ ही मंसूर है / इश्क़ मूसा, इश्क़ कोहेतूर है
गौतम का और मसीह का अरमान इश्क़ है
खाक को बुत और बुत को देवता करता है इश्क़
इंतहा यह है कि / बंदे को / ख़ुदा करता है इश्क़
यह इश्क़ इश्क़ है, इश्क़ इश्क़

फ़िल्म बरसात की रात के सभी गीतों पर साहिर ने अपनी छाप डाल दी थी, इस फ़िल्म के गानों पर एक नज़र...

1. ज़िन्दगी भर नहीं भूलेगी वह बरसात की रात
2. मुझे मिल गया बहाना तेरी दीद का / कैसी ख़ुशी लेकर आया चांद / ईद का दिन
3. मायूस तो हूं वादे से तेरे...

और फिर फ़िल्म बरसात की रात की तीनों कव्वालियां

1. जी चाहता है चूम लूं अपनी नज़र को मैं / पहचानता हूं खूब तुम्हारी नज़र को मैं
2. निगाहें नाज़ के मारों का हाल क्या होगा / ना बच सके तो बेचारों का हाल क्या होगा (क़व्वाली)
3. यह इश्क़ इश्क़ है (क़व्वाली)

इसमें कोई शक नहीं कि साहिर के फ़िल्मी गानों में भी शिकायत है, दर्द है, ग़म है, अकेलापन है, लेकिन वह अपनी शायरी में नाउम्मीद नहीं होना चाहते। उनके यहां समय की परिस्थितियों से लड़ने की सतत प्रेरणा मिलती रहती है। यहां कुछ उदाहरण दिए गए हैं:

हम हैं मायूस मगर इतने भी मायूस नहीं
एक न एक दिन तो यह अश्कों की लड़ी टूटेगी

एक न एक दिन तो छटेंगे ग़मों के बादल
एक न एक दिन तो उजाले की किरण फूटेगी
ज़िन्दगी जुल्म ही सही, जब्र सही, ग़म ही सही (फ़िल्म-शगुन)

साहिर ने फ़िल्म बरसात की रात के लिए एक कविता लिखी थी।

मायूस तो हूं वादे से तेरे / कुछ आस नहीं, और आस भी है

मैं आगने ख़्यालों के सदकें / तू पास नहीं और पास भी है

शायरी में आप उर्दू शब्द और कल्पना की सराहना करेंगे। "मैं अपने ख़्यालों के सदके' में ख़्याल और सदक़ा जैसे शब्द महानता की सीमा तक हमको ले जाते हैं।

साहिर के यहां इश्क़ की शिद्दत है, लेकिन वो हमेशा एकतरफ़ा रही है। फ़िल्म "इज़्ज़त में ये गीत देखे:

यह दिल तुम बिन लगता नहीं / हम क्या करें

देखिये इस गाने का बंद:

मो रफ़ी मोहब्बत कर तो लें / लेकिन मोहब्बत रास आए भी
दिलों को बोझ लगते हैं / कभी जुल्फों के साए भी
हज़ारों ग़म है इस दुनिया में / अपने भी पराए भी
मोहब्बत ही का ग़म तन्हा नहीं / हम क्या करें

फ़िल्म दीदी का यह गीत जो मुकेश और सुधा मल्होत्रा की आवाज़ में रिकॉर्ड हुआ।

सुधा मलहोत्रा तुम अगर भूल भी जाओ तो यह हक़ है / तुमको
मेरी बात और है / मैंने तो मोहब्बत की है

मुकेश ज़िन्दगी सिर्फ़ मोहब्बत नहीं कुछ और भी है
जुल्फ़ों रुख़सार की मारी हुई इस दुनिया में
इश्क़ ही एक हक़ीक़त नहीं कुछ और भी है
तुम अगर आंख चुराओ तो यह हक है तुमको
मैंने तुमसे ही नहीं सबसे मोहब्बत की है

साहिर का आह्वान मानवीय संबंधों को बनाए रखने का है। और वह नहीं चाहते कि धर्म की दीवार इसमें बाधा बने। यहां बता दें कि साहिर को हिंदी के साथ-साथ उर्दू में भी महारत हासिल थी और इसीलिए उन्होंने अपनी हिंदी-उर्दू भाषा में लिखे सफ़ल भजनों से फ़िल्मों को भी सजाया है और वास्तव में इन भजनों के माध्यम से उन्होंने सफ़लतापूर्वक लोगों तक अपना पैग़ाम पहुंचाया है।

1. अल्लाह तेरो नाम / ईश्वर तेरो नाम (हम दोनों)
2. ये मस्जिद है, वो बुतख़ाना, चाहे ये मानो, चाहे वो मानो
   मक़सद तो है दिल को समझाना, चाहे ये मानो, चाहे वो मानो
3. तोरा मन दर्पन कहलाए / भले बुरे सारे कर्मों को देखे और दिखाए (काजल)
4. आना है तो आ / राह में कुछ फेर नहीं है (नया दौर)

तोरा मन दर्पण कहलाए गाने में धर्म से ज़्यादा मानवीय व्यवहार और कर्मों को जो अहमियत दी है, उसने इस गाने में कुछ अलग ही समां बांध दिया है। अर्थात्, आपके कर्म का मूल्यांकन करने के लिए आपके अपने मन से बेहतर कोई मापक नहीं है। वह अच्छे और बुरे कर्मों का हिसाब रखने वाला है। कुछ ऐसा ही सन्देश साहिर ने फ़िल्म "चित्रलेखा" के इस गीत में दिया था:

संसार से भागे फिरते हो, भगवान को तुम क्या पाओगे?

साहिर की देशभक्ति:

साहिर ने न सिर्फ अपनी ज़िन्दगी में बल्कि निजी तौर पर भी देश का बंटवारा देखा था। इससे वह प्रभावित हुए। उन्होंने महसूस किया कि देश की सुरक्षा और एकता में ही देश का कल्याण निहित है। लेकिन उन्हें यहां की सामंती व्यवस्था से शिकायत थी। क्योंकि साहिर में देशभक्ति की भावना थी। इसीलिए उन्होंने फ़िल्म जैसे माध्यम में देश में बेहतर व्यवस्था बनाने के लिए अपनी बात रखी और युवाओं और आने वाली पीढ़ियों को राष्ट्रवाद का संदेश दिया। उदाहरण देखें...

- यह देश है वीर जवानों का, अलबेलों का मस्तानों का
  इस देश का यारों क्या कहना, ये देश है दुनिया का गहना (नया दौर)
- दिल करता / ओ यारा दिलदारा / मेरा दिल करता
  ऐसा कुछ कर पाए / यादों में बस जाए (आदमी और इनसान)
- तख़्त ना होगा, ताज न होगा, कल था लेकिन आज ना होगा
  जिसमें सब अधिकार ना होवे, वह सच्चा स्वराज ना होगा
  (फ़िल्म-कल और आज)
- यह महलों, यह तख़्तों, यह ताजों की दुनिया
  ये इंसा के दुश्मन समाजों की दुनिया
  यह दुनिया अगर मिल भी जाए तो क्या है (फ़िल्म-प्यासा)

- तू हिंदू बनेगा / न मुसलमान बनेगा
  इंसान की औलाद है / इंसान बनेगा (फ़िल्म-धूल का फूल)

साहिर लुधियानवी का वास्तविक नाम अब्दुल हई (8 मार्च 1921-25 अक्टूबर 1980) का जन्म लुधियाना में हुआ था। साहिर लुधियानवी ने इंटर की पढ़ाई लुधियाना से की लेकिन फ़िल्मों से जुड़ने के बाद वह बंबई में बस गये। 59 वर्ष की आयु में साहिर का निधन हो गया था।

अपने फ़िल्मी केरियर में साहिर ने अपनी अलग जगह बनाई है। अपनी शर्तों पर गीत लिखें। उन्होंने निर्माताओं, निर्देशकों और रिकॉर्डिंग कंपनी से गीतकार का नाम रिकॉर्ड पर लाने के लिए भी संघर्ष किया।

उन्हें 1963 में फ़िल्म ताज महल के लिए और फिर 1976 में फ़िल्म कभी-कभी के लिए फ़िल्मफ़ेयर पुरस्कार मिला। 1971 में उन्हें पद्मश्री से सम्मानित किया गया। उनकी मृत्यु के बाद 8 मार्च 2015 को डाक विभाग द्वारा साहिर लुधियानवी की स्मृति में एक विशेष डाक टिकट भी जारी किया गया। साहिर के अनगिनत सफ़ल और सदाबहार गीत आज भी लोगों को याद आते हैं।

- साथी हाथ बढ़ाना / साथी रे (फ़िल्म-नया दौर)
- आगे भी जाने ना तू, पीछे भी जाने ना तू
  जो भी है यही एक पल है, कर ले पूरी आरजू (फ़िल्म-वक्त)
- यह दिल तुम बिन कहीं लगता नहीं, हम क्या करें (फ़िल्म-इज़्ज़त)
- ना तू ज़मी के लिए है, ना आसमां के लिए (फ़िल्म-दास्तान)
- मेरे दिल में आज क्या है, तू कहे तो मैं बता दूं (फ़िल्म-दाग़)
- जब / जी चाहे नई दुनिया बसा लेते हैं लोग
  एक चेहरे पर कई चेहरे / लगा लेते हैं लोग (फ़िल्म-दाग़)
- ले के पहला पहला प्यार, भर के आंखों में खुमार (फ़िल्म-सीआईडी)
- कहीं पे निगाहें, कहीं पे निशाना (फ़िल्म-सीआईडी)
- मांग के साथ तुम्हारा, मैंने मांग लिया संसार (फ़िल्म-नया दौर)

साहिर प्यार मोहब्बत को तलाश करते हैं...

- जाने वह कैसे लोग थे जिनके प्यार को प्यार मिला

- प्यार पर बस तो नहीं है मेरा, लेकिन फिर भी
  तू बता दे के तुझे प्यार करूं या न करूं (फ़िल्म-सोने की चिड़िया)
- मिलती है जिन्दगी में / मोहब्बत कभी कभी (फ़िल्म-आंखे)

लेकिन दूसरी तरफ साहिर का अंदाज अलग है... वो लिखते हैं

मोहब्बत कर तो लें लेकिन, मोहब्बत रास आए भी
दिलों को बोझ लगते हैं कभी जुल्फों के साए भी
हज़ारों ग़म हैं इस दुनिया में, अपने भी पराए भी
मोहब्बत ही का ग़म तन्हा नहीं, हम क्या करें
तुम ही कह दो अब ए / जाने अदा हम क्या करें (फ़िल्म-इज़्ज़त)

साहिर ने इंसानियत को धर्म मानते हुए सिर्फ़ भारत नहीं बल्कि पूरी दुनिया को एक समाज के रूप में देखा। एक तरफ उन्होंने देश के युवाओं के लिए कहा कि "ये देश है वीर जवानों का", तो दूसरी तरफ उन्होंने कहा कि रहने को घर नहीं है, सारा जहां हमारा (फिर सुबह होगी) वह समाज के गिरते मूल्यों को लेकर चिंतित थे और फ़िल्म के माध्यम में भी उन्होंने अपनी बात बहुत मज़बूती से रखी।

ये कूचे ये नीलम घर दिलकशी के / ये तपते हुए कारवां, ज़िन्दगी के
कहां हैं, कहां है मुहाफिज़ ख़ुदी के / जिन्हें नाज़ है हिंद पर वो कहां हैं (फ़िल्म प्यासा)

उन्होंने जिस तरह से अपने जज़्बातों को कलम से उकेरा और जिस तरह फ़िल्मों में समाज के आईने पर वार किया वह साहिर के कलम की मिसाल है।

- तंग आ चुके हैं कश-म-कशे ज़िन्दगी से हम
  ठुकरा ना दे जहां को कहीं बेदिली से हम

  लो आज हमने तोड़ दिया रिश्ता-ए-उम्मीद
  लो अब कभी गिला ना करेंगे किसी से हम (फ़िल्म-लाइट-हाउस)
- दुनिया की निगाहों में भला क्या है बुरा क्या
  यह बोझ अगर दिल से उतर जाए तो अच्छा (फ़िल्म-काजल)

साहिर के यहां फिलासफी दर्शन शास्त्र भी है...

- ग़म और खुशी में फर्क ना महसूस हो जहां
  मैं दिल को उसे मकाम पे लाता चला गया (फ़िल्म-हम दोनों)
- जहाँ में ऐसा कौन है कि जिसको ग़म मिला नहीं (फ़िल्म-हम दोनों)

- वह सुबह कभी तो आएगी (फ़िल्म-फिर सुबह होगी)

फ़िल्मों में कॉमेडी का अहम हिस्सा रहा है। पुरानी फ़िल्मों में ख़ासतौर पर कॉमेडी के लिए अलग-अलग रोल रखे जाते थे। कई फ़िल्मों में अपनी कहानी के साथ इन कॉमेडी किरदारों के लिए गाने भी लिखे गए। साहिर ने यहां भी अपनी कलम चलाई और अपने टैलेंट का भरपूर फ़ायदा उठाया और कई हिट गाने दिए।

- सर जो चकराए / या दिल डूब जाए
  आजा प्यारे पास हमारे / काहे घबराए (फ़िल्म-प्यासा)
- मैं मुंबई का बाबू / नाम मेरा अंजाना (फ़िल्म-नया दौर)

इस गाने में एक लाइन यूं भी है काम की बात बता दी मैंने कॉमेडी गाना गा के यानी आप समझ सकते हैं, अपनी बात लोगों तक पहुंचाने का यह मौक़ा भी नहीं छोड़ा। दरअसल नया दौर फ़िल्म का संदेश ही था मिल जुलकर रहना, साथ मिलकर काम करना और मिल जुलकर काम करने की ताक़त।

फ़िल्म नया दौर का ये गाना कौन भूल सकता है साथी हाथ बढाना / साथी रे / एक अकेला थक जाएगा, मिलकर बोझ उठाना

दरअसल, नया दौर फ़िल्म के सभी गाने पॉपुलर हुए थे। ओपी नैयर की तालियों की धुन पर भी कई गीतों को लोकप्रियता मिली।

1. उड़ें जब जब ज़ुल्फ़ें तेरी
2. रेशमी शलवार / कुर्ता जाली का
3. मांग के साथ तुम्हारा
4. साथी हाथ बढ़ाना / साथी रे
5. मैं मुंबई का बाबू / नाम मेरा अंजाना
6. आना है तो आ / राह में कुछ फेर नहीं है

साहिर लुधियानवी का नाम मीनार रोशन की तरह फ़िल्म गीतकारों की सूची में रहेगा। फ़िल्मी गीतों का उपयोग जनता तक संदेश पहुंचाने के लिए कैसे किया जा सकता है। इसके लिए साहिर का अपना अंदाज़ था। साहिर की शायरी आने वाली पीढ़ियों के लिए एक मिसाल है.....

जाँ निसार अख़्तर

फ़िल्मों में उन शायरों का भी ज़िक्र हमेशा अहम रहा जिन्होंने अदबी शायरी में भी अपना मुक़ाम बनाए रखा और फ़िल्मों को भी कामयाब गीत दिए। साहिर लुधियानवी, शकील बदायूँनी, कैफ़ी आज़मी, निदा फ़ाज़ली, असद भोपाली, कैफ़ भोपाली, मजरूह सुल्तानपुरी आदि। लेकिन इस फ़ेहरिस्त में जाँ निसार अख़्तर का नाम हमेशा पहली पंक्ति में रहेगा। यहाँ हम जाँ निसार अख़्तर को सिर्फ़ उन दो गीतों में तलाश करने की कोशिश करेंगे या यह कि सिर्फ़ उन के दो गीतों का ज़िक्र कर रहे हैं जिनमें शायरी के तक़ाज़े भी पूरे हो रहे हैं और फ़िल्मी तक़ाज़े भी। फ़िल्मी तक़ाज़ों से एक तरफ़ फ़िल्म की कहानी, किरदार और सिच्युएशन की मुनासबत से गीत लिखना होता है तो वहीं दूसरी तरफ़ गीत में अच्छी मौसीक़ी के साथ रवानी और तरन्नुम का होना भी उतना ही अहम हो जाता है। यहां पहले हम जाँ निसार अख़्तर के जिस गीत की बात कर रहे हैं वो फ़िल्म शंकर हुसैन के लिये ख़य्याम की मौसीक़ी में तैयार हुआ और लता मंगेशकर ने जाँ निसार अख़्तर के अल्फ़ाज़ की अदायगी भी उतनी ही ख़ूबसूरती से की है। गीत में किसी की कमी के अहसास को और उसकी यादों को एक ख़ास माहौल देने की कोशिश की गई है। गीत यूँ शुरु होता है मुलाहिज़ा हो।

आप यूँ फ़ासलों से गुज़रते रहे
दिल से क़दमों की आवाज़ आती रही
आहटों से अंधेरे चमकते रहे
रात आती रही/रात जाती रही

गीत के इस हिस्से में जो जज़्बात व मंज़रकशी का मिश्रण है वो फौरन ही किसी भी संवेदनशील दिल को अपनी तरफ़ खींच लेता है।

आप यूँ फ़ासलों से गुज़रते रहे
दिल से क़दमों की आवाज़ आती रही

नज़्म के शुरु होते ही शब्द " फ़ासलों से " अहसास दिलाता है कि यहां दूरी का अहसास है लेकिन यादों का सिलसिला है कि दिल की गहराइयों को कहीं छू सा रहा है। शायद

यही वजह है कि दिल की धड़कन जैसे तेरे क़दमों की आवाज़ में ढल गई है। आगे शायर कहता है कि :

"आहटों से अंधेरे चमकते रहे / रात आती रही / रात जाती रही"

रात के अंधेरों में भी एक लचक का अहसास था वो आहट कि जिससे तेरे आने का अहसास ज़िन्दा रहा है, यहाँ एक और फ़िल्म का एक गीत याद आता है, ये गीत भी पसंद किया गया और मक़बूल हुआ।

"दिन ढल जाए हाय रात न जाए
तू तो न आए तेरी याद सताए"

इस गीत के बरख़िलाफ़ आप महसूस करेंगे कि जाँ निसार अख़्तर के यहां तशबीहात और इस्तेआरात ने एक नई बात पैदा कर दी है। हम गीत की इन पंक्तियों को दोहराते हुए आइये आगे बढ़ते हैं।

आप यूँ फ़ासलों से गुज़रते रहे / दिल से क़दमों की आवाज़ आती रही
आहटों से अंधेरे चमकते रहे / रात आती रही रात जाती रही

गीत के निम्नलिखित बंद में जज़्बात व अहसासात को एक बार फिर तशबीहात व इस्तेआरात से संवारा गया है।

गुनगुनाती रहीं मेरी तन्हाइयाँ
दूर बजती रहीं कितनी शहनाइयाँ
ज़िन्दगी ज़िन्दगी को बुलाती रही

अभी शायद रूह की और भी गहराइयों तक अपने दर्द को ले जाना बाक़ी था लिहाज़ा क़ुदरत की निज़ामे- हुस्न में भी जैसे रूह का दख़ल हो गया था। बंद मुलाहिज़ा हो।

क़तरा क़तरा पिघलता रहा आसमाँ
रूह की वादियों में न जाने कहाँ
इक नदी दिलरुबा गीत गाती रही

बरसात की रिमझिम की जो अक्कासी की गई है और उस में आसमान के पिघलने की तश्बीह ने एक अलग ही बात पैदा कर दी है।

"क़तरा-क़तरा पिघलता रहा आसमाँ "

नदी के शब्द से मुसलसल रवानी के अहसास ने गीत को जैसे हर सुनने वाले के साथ कर दिया। क्योंकि ये नदी दरअसल दिल को जो ख़ूबसूरत अहसास गीत की शक्ल में दे

रही है वो रूह की उन गहराइयों से निकल कर आ रहा है कि जिस गहराई को नापा भी नहीं जा सका है। हाँ " रूह की वादियों" से ये बात ज़ाहिर होती है। इस माहौल ने तमाम रूह को अपने ही जज़्बात से बाँध रखा है। बंद दोबारा मुलाहिज़ा हो-

क़तरा क़तरा पिघलता रहा आसमाँ
रूह की वादियों में न जाने कहाँ
इक नदी दिलरुबा गीत गाती रही

अब आखिरी बन्द, जो गीत का हासिल भी है। ख़ूबसूरत ही सही लेकिन ग़म और जुदाई के अहसास से नीन्द और चैन खोया रहा है और थकान को अब जैसे सुकून और नीन्द की तलाश है। बस अंतरा है तो उन बाँहों का कि जो सुकून का कारण बन सकती हैं। बंद मुलाहिज़ा हो।

आप की गर्म बाँहों में खो जाएंगे
आप की नर्म ज़ानों पे सो जाएंगे
मुद्दतों रात नींद चुराती रही..

ज़ानों जैसे अल्फ़ाज़ का ख़ूबसूरती से इस्तेमाल किया गया है और नीन्द की चोरी का इल्ज़ाम रात को देते हुए जो बेचैनी और तड़प का मुसलसल अहसास दिलाया गया है वो शायद जाँ निसार अख़्तर की ही विशेषता है। फ़िल्मों में ऐसे गीतों की शमूलियत यक़ीनन फ़िल्म को एक नई ऊँचाई देती है।

फ़िल्म "प्रेम पर्बत" के लिये मौसीक़ार जयदेव ने जाँ निसार अख़्तर की एक और नज़्म को राग पहाड़ी की धुन में बाँधा तो जाँ निसार अख़्तर के बोल उतनी ही ख़ूबसूरती से निखरते चले गए। लता की आवाज़ में रिकार्ड किया हुआ ये गीत भी बहुत मक़बूल हुआ। इस गीत में जाँ निसार अख़्तर के बोल यूँ हैं।

ये दिल और उनकी निगाहों के साए / मुझे घेर लेते हैं, बाँहों के साए

पहाड़ों को चंचल किरन चूमती है
हवा, हर नदी का बदन चूमती है

लिपटते ये पेड़ों से, बादल घनेरे
ये पल पल उजाले, ये पल पल अंधेरे

धड़कते हैं दिल, कितनी आज़ादियों से
बहुत मिलते जुलते हैं, इन वादियों से
मोहब्बत की रंगीन पनाहों के साए

ये दिल और उनकी निगाहों के साए
मुझे घेर लेते हैं, बाँहों के साए........

पूरे गीत में बाँसुरी और संतूर का बहुत ख़ूबसूरत इस्तेमाल हुआ है और हवा, पहाड़, पेड़, नदी, किरने इन सब क़ुदरत के उपहारों से भरपूर वादियों से मोहब्बत का रिश्ता जोड़ कर शायर ने गीत बहुत ही ख़ूबसूरत बना दिया है।

जाँ निसार अख़्तर के क़लम में यही ख़ूबी और मज़बूती थी कि वो इंसान को अपने जज़्बात के साथ खींच लिये जाते थे।

जाँ निसार अख़्तर ने जिन फ़िल्मों के लिये गीत लिखे उन में से कुछ हैं:

नया अन्दाज़ (गीत : मेरी नीन्दों में तुम, किशोर-शमशाद), आख़िरी सजदा, छू मंतर (गीत : गरीब जान के, हम को न तुम भुला देना), आन्दोलन, मैं और मेरा भाई (गीत: मैं अभी ग़ैर हूँ, (मुकेश-आशा), आलिंगन, ब्लैक कैट (गीत : मैं तुहीं से ये पूछती हूँ लता), नूरी (गीत : चोरी चोरी कोई आए, लता), रागिनी आदि।

जाँ निसार अख़्तर ग्वालियर में 14 फरवरी सन् 1914 में पैदा हुए और 19 अगस्त सन् 1976 में बम्बई में उनका देहांत हुआ। उन्होंने फ़िल्म बहू बेगम भी बनाई जिसमें मीना कुमारी और अशोक कुमार ने काम किया। जाँ निसार की अदबी शायरी के कुछ मजमुए हैं : "जाँ निसार अख़्तर की शायरी", "हिंदुस्तान हमारा", "ख़ाके-दिल", आदि। जाँ निसार अख़्तर की पत्नि सफ़िया अख़्तर भी उर्दू की जानी मानी अदीब रहीं और उनके बेटे जावेद अख़्तर ने भी फ़िल्मों में बहैसियत मकालमा निगार, कहानीकार और गीतकार अपना मुक़ाम बनाया है।

कैफ़ी आज़मी

आमतौर पर कैफ़ी आज़मी ने अपनी शायरी में चाहे वो ग़ैर-फ़िल्मी हो या फ़िल्मी, मूल्यों का ख़्याल रखा है। कैफ़ी ने अपनी फ़िल्मी शायरी में फ़िल्म के तिजारती पहलू को भी अहमियत नहीं दी और शायद उन्हें इसकी ज़रूरत भी नहीं पड़ी। इसकी वजह साफ़ है कि ख़ुद कैफ़ी को अपनी सोच, अपनी क़लम और अपनी ज़बान पर इतनी पकड़ रही कि फिर उसके सामने बाक़ी चीजें छोटी ही नज़र आईं। हम उनकी दो नज़्मों का ज़िक्र यहां मिसाल के तौर पर ज़रूर पेश करना चाहेंगे। इस नज़्म को फ़िल्म " हक़ीक़त " के लिये मोहम्मद रफ़ी की आवाज़ में रिकार्ड किया गया। स्लो स्पेस (मद्धम) में प्रभावित करती यह नज़्म आख़िर में अपनी बात को ख़त्म करती है। लिहाज़ा नज़्म का सिलसिले से आगे बढ़ना अपने आप में अहम है।

मैं ये सोच कर उसके दर से उठा था
कि वो रोक लेगी मना लेगी मुझ को
हवाओं में लहराता आता था दामन
कि दामन पकड़ कर बिठा लेगी मुझ को
क़दम ऐसे अन्दाज़ से उठ रहे थे
कि आवाज़ देकर बुला लेगी मुझ को

मगर उसने रोका न उसने मनाया
ना दामन ही पकड़ा ना मुझ को बिठाया
ना आवाज़ ही दी, ना वापस बुलाया
मैं आहिस्ता आहिस्ता बढ़ता ही आया
यहां तक कि उससे जुदा हो गया मैं
जुदा हो गया मैं, जुदा हो गया मैं

मैंने मोहतरम प्रोफ़ेसर अब्दुल क़वी दसनवी साहब को भी (जो सैफ़िया कालेज भोपाल में प्रोफ़ेसर रहे और मेरे उस्ताद भी रहे) कैफी पर एक मज़मून पढ़ते वक़्त इस नज़्म का हवाला देते हुए सुना। मक़सद ये है कि इस नज़्म की अहमियत जहाँ नौजवानों को समझ

आ रही थी वहीं प्रोफ़ेसर अब्दुल क़वी दसनवी जैसे संजीदा स्कालर और प्रोफ़ेसर के लिये भी इतनी अहम थी कि उन्होंने शायर कैफ़ी आज़मी को इस नज़्म के हवाले से भी याद किया।

नज़्म में तसलसुल है, रवानी है। इसमें मोहब्बत है, जज़्बात हैं, कहानी है, नज़्म की शीरीनी है, अल्फ़ाज़ की सादगी है। मंज़रकशी है और यक़ीनन शायरी का हुस्न है जो प्रशंसा के योग्य है।

अब आईये कैफ़ी की एक और नज़्म की बात की जाए। नज़्म का मुखड़ा आरंभ ही से अपनी तरफ़ खींचता है क्योंकि दरअसल ये सीधी बातचीत की पुकार है, मुलाहिज़ा हो।

या दिल की सुनो दुनिया वालो / या मुझ को अभी चुप रहने दो
मैं ग़म को खुशी कैसे कह दूँ / जो कहते हैं उनको कहने दो
या दिल की सुनों दुनिया वालो......

लाचारी और बेबसी का आलम मुलाहिज़ा हो। अगला बंद कुछ इस तरह है:

ये फूल चमन में कैसा खिला / माली की नज़र में प्यार नहीं
हँसते हुए क्या क्या देख लिया / अब बहते हैं आँसू तो बहने दो

दर्द और ग़म की कहानी महज़ यहां ही ख़त्म नहीं होती इसका बयान अगले बंद में भी जारी है।

इक ख़्वाब ख़ुशी का देखा नहीं / देखा जो कभी तो भूल गए
माँगा हुआ तुम कुछ दे न सके / जो तुम ने दिया वो सहने दो

आख़िरी बंद में शायद जैसे अब दर्द ही दवा बन गया हो, बंद मुलाहिज़ा हो:

क्या दर्द देगा कोई / इतना तो किसी में दर्द नहीं
बहते हुए आँसू और बहें / अब ऐसी तसल्ली रहने दो
या दिल की सुनों दुनिया वालो........

पूरी नज़्म में एक ख़ास माहौल का अहसास है। लाचारी और बेबसी है लेकिन जैसे ये सब लाइलाज है सिवाय ग़म और तन्हाई और बेबसी के अहसास के कि वही एक मुस्तक़िल साथी बनता है और बस।

कैफ़ी आज़मी के जज़्बात में वो गहराई है कि सादा और आसान शब्दों में भी शायरी की सभी ऊँचाई इसमें नज़र आती है। आइये कैफ़ी के दो और गीतों का ज़िक्र क्यों न कर लिया जाए जो अलग अलग हैं, मुख़्तलिफ़ हैं।

पहले गीत में मोहब्बत के जज़्बात और अहसासात हैं तो दूसरे गीत में वतन परस्ती है कि जहां वतन के लिये जिस्मो जाँ भी क़ुरबान हैं। हीर राँझा फ़िल्म के लिये लता की आवाज़ में निम्नलिखित गीत की धुन मदन मोहन ने तैयार की है।

> मिलो न तुम तो हम घबराएं / मिलो तो आँख चुराएं
> हमें क्या हो गया है
> तुम ही को दिल का राज़ बताएं तुम ही से राज़ / छुपाएं
> हमें क्या हो गया है...

उस प्यार से कि जिसके इज़हार की भी हिम्मत नहीं लेकिन अहसास है कि जैसे दुनिया और संसार की सभी ख़ुशियों से अब दिल भरा हुआ सा है। बंद मुलाहिज़ा हो-

> ओ भोले साथिया / देखी जो शोख़ी तेरे प्यार की
> आँचल में भर लीं हम ने / सारी बहारें संसार की
> नई अदा से हम इतराएं / पाई ख़ुशी लुटाएं
> हमें क्या हो गया है....

उपरोक्त बंद में "नई अदा से इतराने' ने सच में एक नई बात पैदा कर दी है। आप ने मेहसूस किया होगा इस गीत में हम-कलामी भी है और एक-तरफ़ा ही सही दिल के सभी जज़्बात का इज़हार भी है, बंद मुलाहिज़ा हो ?

> ओ सोहने जोगिया, रंग ले हमें भी इसी रंग में
> फिर से सुना दे बंसी, कलियाँ खिला दे गौरे अंग में
> वही जो तानें आग लगाएं / उन्हीं से आग बुझाएं
> हमें क्या हो गया है.....(2)

बाँसुरी की तानें आग लगाने का भी काम करती हैं और वही तानें आग बुझाने का भी काम करती हैं। मोहब्बत की इन्तिहाई तड़प का ख़ूबसूरत इज़हार है कि जिसके लिये बाँसुरी के तानों को माध्यम बनाया गया है।

कैफ़ी आज़मी के जिस गीत की अब हम बात कर रहे हैं 'हक़ीक़त' फ़िल्म के लिये उसे मोहम्मद रफ़ी ने रिकार्ड करवाया है।

> कर चले हम फ़िदा जानो तन साथियो,
> अब तुम्हारे हवाले वतन साथियो

जंग के माहौल में वतन पर शहीद होने वाले नौजवानों के मनाज़िर के साथ गीत को बेक ग्राउण्ड में फ़िलमाया गया है। बेक ग्राउण्ड में आवाज़ मोहम्मद रफ़ी की है। हिमालय, जो

हमारी सरहद का निगेहबान भी है वहां पर हर वक़्त होशियार रहते हुए जरूरत पड़ने पर दुशमन का मुक़ाबला करना, ये सिर्फ़ वतन के जज़्बे से ही मुमकिन है। बंद मुलाहिज़ा हो:

सांँस थमती गई नब्ज़ जमती गई / फिर भी बढ़ते क़दम को न रुकने दिया
कट गए सर हमारे तो कुछ ग़म नहीं / सर हिमालय का हम ने न झुकने दिया
मरते मरते रहा बाँकपन साथियो / अब तुम्हारे हवाले वतन साथियो

आख़िरी बंद इन्तिहाई जज़्बाती और मुल्क के हिफ़ाज़त करने वालों के लिए एक पैग़ाम है और ज़ाहिर है ये पैग़ाम उनकी ओर से है कि जिन्होंने अपनी जान गँवाकर दूसरे वतनपरस्त लोगों के लिये राह आसान कर दी है। ये पैग़ाम और ये पुकार यूँ है कि :

खेंच दो अपने ख़ून से ज़मीन पर लकीर
इस तरफ आने पाए न रावन कोई

तोड़ दो हाथ अगर हाथ उठने लगे
छूने पाए न सीता का दामन कोई
राम भी तुम हो तुम ही लक्षमन साथियो
अब तुम्हारे हवाले वतन साथियो

कैफ़ी आज़मी ने मुल्क को "सीता" कहा है और मुल्क को नुकसान पहुंचाने वालों को "रावन" से तशबीह देकर यक़ीनन उन लोगों को क़रारा जवाब दिया है कि जो किसी भी तरीक़े से मुल्क को कमज़ोर करने के लिये कोशिश करते रहते हैं।

यक़ीनन मुल्क के बाहर की ताक़तों से निपटने के लिये हमें अपनी यकजहती और ताक़त को एक बनाकर रखना होगा। कैफ़ी आज़मी ने ये गीत ये जज़्बात और ये अहसास को जगाकर भी मुल्क परस्ती का एक ऐसा सुबूत दिया है कि जिसके आगे कई लोगों के वतन परस्ती के दावे फीके नज़र आते हैं।

कैफ़ी आज़मी की पैदाइश आज़मगढ़ में हुई। 1942 में उन्होंने कानपुर में एक फैक्ट्री में मुलाज़मत भी की लेकिन ख़ास बात ये है कि कैफ़ी ने कम्युनिस्ट पार्टी की मेम्बरशिप ली और 1942 में "भारत छोड़ो' आन्दोलन में भी हिस्सा लिया। इसी तरह उन्होंने ज़माने के उतार-चढ़ाव भी देखे थे। मुशायरों में अपनी शायरी से उन्होंने सब को प्रभावित किया और ख्याति पाई। 1952 में उन्हें शाहिद लतीफ़ की एक फ़िल्म में गीत लिखने का मौका मिला लेकिन चेतन आनन्द के साथ उन्होंने कई फ़िल्मों में काम किया और वो कामयाब भी रहे। “सात हिन्दोस्तानी" और "गरम हवा" उनकी यादगार फ़िल्मों में से हैं। उन्हें पदमश्री से भी नवाज़ा गया। अपनी लम्बी बीमारी के बीच भी वो मुसलसल सरगर्म रहे। “नसीम' फ़िल्म में

उन्हें एक्टिंग का भी मौका मिला और उन्होंने एक नुमायाँ किरदार निभाया। कैफ़ी ने फ़िल्मी शायरी में भी अपना दबदबा बना के रखा जो गीत भी लिखे ख़ूब लिखे। कुछ गीतों को निम्नलिखित सूची से याद किया गया है कि इन गीतों से भी हम कैफ़ी को याद करते रहेंगे।

शोला और शबनम	:	जीत ही लेंगे बाज़ी हम तुम खेल अधूरा छूटे न
शोला और शबनम	:	जाने क्या ढूँढती रहती हैं ये आँखें मुझ में
काग़ज़ के फूल	:	वक़्त ने किया क्या हसीं सितम, तुम रहे न तुम हम रहे न हम
काग़ज़ के फूल	:	देखी ज़माने की यारी/बिछड़े सभी बारी बारी
हक़ीक़त	:	ज़रा सी आहट होती है तो दिल ये सोचता है, कहीं वो तो नहीं
हक़ीक़त	:	हो के मजबूर मुझे उस ने भुलाया होगा, ज़हर चुपके से दवा जान के खाया होगा
अनुपमा	:	धीरे धीरे मचल ऐ दिले बेक़रार, कोई आता है
हँसते ज़ख़्म	:	तुम जो मिल गए हो, तो ये लगता है
कोहरा	:	ये नैन डरे डरे ये जाम भरे भरे
कोहरा	:	ऐ दिले बेक़रार हो गया है मुझ को आँसुओं से प्यार मुझे तू ख़ुशी न दे / नई ज़िन्दगी न दे
पाकीजा	:	चलते चलते यूँ ही कोई मिल गया था

आज कैफ़ी आज़मी हमारे साथ नहीं हैं फिर भी फ़िल्मी दुनिया में कैफ़ी आज़मी के योगदान के कारण उनकी शायरी से उनकी चमक और उनका मुक़ाम बना रहेगा।

मजरूह सुल्तानपुरी

मजरूह सुल्तानपुरी का असली नाम अक्सरारुल हसन ख़ाँ था मगर अपनी शायरी के लिये वो, मजरूह सुल्तानपुरी के नाम से मशहूर हुए। अपनी फ़िल्मी शायरी और फ़िल्मी दुनिया में भी उन्हें मजरूह के नाम से ही जाना गया। मजरूह सुल्तानपुरी (पैदाइश आज़मगढ़ उत्तर प्रदेश) में पहली अक्टूबर सन् 1919 को और देहांत 24 मई 2000 में हुआ। जिगर मुरादाबादी की शायरी से मुतास्सिर रहे और उन्हीं के मशवरे पर उन्होंने फ़िल्मों के लिए गीत लिखना क़ुबूल किया। मजरूह अरबी और फ़ारसी के जानकार थे और बाक़ायदा पढ़ाई की थी।

आज फ़िल्मी गीतों की सबसे बड़ी सूची मजरूह सुल्तानपुरी के नाम है। फ़िल्म इण्डस्ट्री के लगभग सभी बड़े संगीतकारों के साथ मजरूह ने काम किया और सैंकड़ों गीत लिखे। एक तरफ़ जहां उन्होंने सचिन देव बर्मन के लिये गीत लिखे तो दूसरी तरफ उनके बेटे राहुल देव बर्मन (आर.डी. बर्मन) के लिये भी उन्होंने कामयाब गीत लिखे। फ़िल्मों के लिये कुल मिलाकर मजरूह सुल्तानपुरी ने कोई साढ़े चार सौ गीत लिखे और वो सभी संगीतकारों के पसन्दीदा शायर रहे। इसी से उनकी क़ाबलियत और सख्शियत का अन्दाज़ा लगाया जा सकता है।

प्यार और मोहब्बत वाले इस राही ने सन् 1946 में जब नौशाद के लिये गीत लिखे तो के. एल. सहगल की आवाज़ में ये नग़मा हर दिल अज़ीज़ था।

ग़म दिए मुस्तक़िल कितना नाजुक है दिल
ये ना जाना / हाय हाय ये ज़ालिम ज़माना

जिन संगीतकारों के लिये मजरूह ने गीत लिखे उनमें कुछ हैं ओ. पी. नय्यर, एस. डी. बर्मन, ग़ुलाम मोहम्मद, मदन मोहन, सलील चौधरी, रोशन, आर. डी. बर्मन, नौशाद, राजेश रोशन आदि।

मजरूह ने फ़िल्मों के लिये कामयाब गीत लिखे और कई फ़िल्मों के लिये उनके लिखे सभी गीत मक़बूल हुए। इनमें से कुछ फ़िल्में हैं: नौ दो ग्यारह, बात एक रात की, ममता, पाकीजा,

माया, मेरे सनम, मिस्टर एण्ड मिसेज़ 55, प्यार का मौसम, शाहजहाँ, तीसरी मंज़िल, आर-पार, सुजाता, आख़िरी दाव (1964), अभिलाषा, अभिमान, चराग़, सी. आई. डी., आरती (1962), मिली (1996), बहारों के सपने, ख़ामोशी, तलाश, ऊँचे लोग, दूसरा आदमी, फिर वही दिल लाया हूँ, यादों की बारात, काला पानी, एक राज़, डॉटर विद्या, तीन देवियाँ, ख़ुद्दार, ज्वेलथीफ़, पेइंग गेस्ट, बम्बई का बाबू, दोस्ती, दो चोर, बुड्ढा मिल गया, दस्तक, चुपके-चुपके, हम किसी से कम नहीं, चलती का नाम गाड़ी, बात एक रात की आदि।

सन् 1946 में फ़िल्म शाहजहाँ के लिये मजरूह के लिखे गीतों को के. एल. सहगल ने ख़ुद पसन्द किया और पूरी गहराई से इन गीतों को अपनी आवाज़ दी। यही वजह रही कि गीत "ग़म दिये मुस्तक़िल " और "जब दिल ही टूट गया" जैसे गीत हर ख़ासो आम की ज़बानज़द हो गए और के. एल. सहगल ने ये ख्वाहिश की कि मेरे जनाज़े के साथ इस गीत को बजाया जाए।

"जब दिल ही टूट गया / हम जी के क्या करेंगे"
गीत का बंद मुलाहिज़ा हो-
उल्फ़त का दिया हम ने इस दिल में जलाया था
उम्मीद के फूलों से इस घर को सजाया था
इक भेदी लूट गया / हम जी के क्या करेंगे
जब दिल ही टूट गया / हम जी के क्या करेंगे

अगला बंद देखिये-

मालूम न था इतनी मुश्किल हैं मेरी राहें
अरमाँ के बहे आँसू, हसरत ने भरी आँहें
हर साथी छूट गया / हम जी के क्या करेंगे
जब दिल ही टूट गया

मजरूह सुल्तानपुरी के इन्तिहाई मक़बूल और मशहूर गीतों की फ़ेहरिस्त भी बहुत लम्बी है लेकिन हम यहां चन्द गीतों की सूची नीचे दे रहे हैं। नौ दो ग्यारह फ़िल्म का ये गीत भी आज सभी को भाता है (आवाज़ किशोर, संगीत-एस. डी. बर्मन)

हम हैं राही प्यार के हम से कुछ न बोलिये
जो भी प्यार से मिला हम उसी के हो लिये

पूरा गीत ही अपना एक असर छोड़ता है। मुलाहिज़ा हो, एक एक शेर दाद का तलबगार बनता है।

दर्द भी हमें क़ुबूल चैन भी हमें क़ुबूल
हम ने हर तरह के फूल हार में पिरो लिए / जो भी प्यार से मिला.......

धूप थी नसीब में तो धूप में लिया है दम
चाँदनी मिली तो हम चाँदनी में सो लिये / जो भी प्यार से मिला.......

दिल पे आसरा किए हम तो बस यूँ ही जिये
इक क़दम पे हँस दिये इक क़दम पे रो लिये / जो भी प्यार से मिला.......

और बंद यूँ है मुलाहिज़ा हो।

राह में पड़े हैं हम कब से आप की क़सम
देखिये तो कम से कम/बोलिये न बोलिये / जो भी प्यार से मिला.......

नौ दो ग्यारह फ़िल्म के लिये रफ़ी और आशा की आवाज़ में ये गीत भी मक़बूल हुआ।

रफ़ी : आजा पंछी अकेला है

आशा : सो जा निंदिया की बेला है, आजा पंछी अकेला है

मजरूह के बेशुमार ऐसे गीत हैं जो अब उन के गुज़र जाने के बाद भी बाग़े-वफ़ा में महकते रहेंगे जैसे:

- रहें न रहें हम, महका करेंगे (ममता)
- छुपा लो यूँ दिल में प्यार मेरा कि जैसे मन्दिर में लौ दिये की (ममता)
- तस्वीर तेरी दिल में जिस दिन से उतारी है (माया)
- टुकड़े हैं मेरे दिल के ऐ यार तेरे आँसू (मेरे सनम)
- तुम ने मुझे देखा, हो के मेहरबाँ, रुक गई ये ज़मीं / थम गया आसमाँ (तीसरी मंज़िल)
- ज़रा हट के ज़रा बच के ये है बॉम्बे मेरी जान (1956-सी. आई. डी.)
- अब क्या मिसाल दूँ मैं तुम्हारे शबाब की (1962-आरती)
- बाबू जी धीरे चलना, प्यार में ज़रा सँभलना (आर पार)
- तुझे क्या सुनाऊँ मैं दिलरुबा, तेरे सामने मेरा हाल है (1964-आख़िरी दाव)
- न तुम हमें जानो / न हम तुम्हें जानें (बात एक रात की)

- वादियाँ मेरा दामन / रास्ते मेरी बाँहें (अभिलाषा)
- जलते हैं जिस के लिए तेरी आँखों के दिये (सुजाता)
- चाहूँगा मैं तुझे साँझ सवेरे (1964-दोस्ती)
- राही मनवा दुख की चिन्ता क्यों सताती है (1964-दोस्ती)
- छोड़ दो आँचल / ज़माना क्या कहेगा (पेइंग गेस्ट)
- आसमाँ के नीचे / आज हम अपने पीछे प्यार का जहाँ (ज्वेलथीफ़)
- आँचल में सजा लेना कलियाँ, जुल्फ़ों में सितारे भर लेना (फिर वही दिल लाया हूँ)
- ओ मेरे दिल के चैन, चैन आए मेरे दिल को / दुआ कीजिए (मेरे जीवन साथी)
- शामे ग़म की क़सम / आज ग़मगीं हैं हम / आ भी जा /
  आ भी जा तू मेरे सनम (फुटपाथ)
- तस्वीर तेरी दिल में जिस दिन से उतारी है (माया)
- बन्दा-परवर थाम लो जिगर, बन के प्यार फिर आया हूँ (फिर वही दिल लाया हूँ)
- आओ मनाएं जश्न-ए-मोहब्बत जाम उठाएं जाम के बाद (दूसरा आदमी)
- थाड़े रहियो ओ बाँके यार (पाकीज़ा)
- आ जा रे मेरे प्यार के राही (ऊँचे लोग)
- जाग दिल-ए-दीवाना / रुत जागी वस्ले यार की (ऊँचे लोग)
- अच्छा जी मैं हारी पिया, चलो मान जाओ न (काला पानी)

मजरूह सुल्तानपुरी ने फ़िल्मों के लिये सैकड़ों गीत लिखे। उनमें से तक़रीबन सभी गीत पसन्द किये गए। कई गीत मजरूह के ऐसे रहे हैं जिनमें मायने है और दिल और रूह के छूते हुए जज़्बात हैं जैसे :

1. रहें न रहें हम, महका करेंगे / बन के कली, बन के सबा बाग़ वफ़ा में (ममता)
2. टुकड़े हैं मेरे दिल के ऐ यार तेरे आँसू
   देखे नहीं जाते हैं दिलदार तेरे आँसू (मेरे सनम)
3. जब दिल ही टूट गया / हम जी के क्या करेंगे (शाहजहाँ)
4. कभी तो मिलेगी कहीं तो मिलेगी बहारों की मंज़िल राही (आरती-1962)

5. जलते हैं जिस के लिए तेरी आँखों के दिये / ढूँढ लाया हूँ वही गीत मैं तेरे लिये

6. चल री सजनी, अब क्या सोचे / कज़रा न बह जाए, रोते रोते (बम्बई का बाबू)

7. छुपा लो यूँ दिल में प्यार मेरा कि जैसे मन्दिर में लौ दिये की (ममता)

8. चाहूँगा मैं तुझे साँझ सवेरे फिर कभी नाम को तेरे (दोस्ती-1964)

9. आँचल में सजा लेना कलियाँ (फिर वही दिल लाया हूँ)

10. न तुम हमें जानो, न हम तुम्हें जाने
मगर लगता है कुछ ऐसा मेरा हमदम मिल गया (बात एक रात की)

11. हम हैं राही प्यार के हम से कुछ न बोलिये (नौ दो ग्यारह)

12. शामे ग़म की क़सम आज ग़मगीं हैं हम (फुटपाथ)

हालाँकि मजरूह सुल्तानपुरी फ़िल्मों के कामयाब शायरों में शुमार हुए क्योंकि उन्होंने हर सिच्यूएशन और गीत की हर ज़रूरत का लिहाज़ रखा। लेकिन उनको ज़बान पर पकड़ रही। मजरूह ने अपने गीतों में जो अल्फ़ाज़ इस्तेमाल किये उनमें तरन्नुम की जाज़बियत रही है। ग़ज़ल और नज़्मों में भी मजरूह ने ज़बानो-अदब का भरपूर लिहाज़ रखा है।

फ़िल्म "फिर वही दिल लाया हूँ" के लिये रफ़ी और आशा की आवाज़ों में ये गीत मजरूह के ख़ास अन्दाज़ की अक्कासी करता है।

मजरूह / फ़िल्म फिर वही दिल लाया हूँ / रफ़ी-आशा/ओ. पी. नय्यर

आशा : जुल्फ़ की छांव में चेहरे का उजाला लेकर
तेरी वीरान सी रातों को सजाया हम ने

मोहम्मद रफ़ी : मेरी रातों में जलाए तेरे जलवों ने चराग़
तेरी रातों के लिये दिल को जलाया हम ने

मोहम्मद रफ़ी : ये तेरे गरम से लब ये तेरे जलते रुख़सार
देख, हम को कि बनाया उन्हें दिल का क़रार
कैसे अंगारों को सीने से लगाया हम ने
तेरी वीरान सी रातों को सजाया हम ने

आशा : हम ने हर दिल को सिखाया है धड़कने का चलन
दे के उल्फ़त की तड़प / दे के मोहब्बत की जलन

तुझ से दीवाने को इंसान बनाया हम ने
तेरी वीरान सी रातों को सजाया हम ने

मोहम्मद रफ़ी : सीख ले रस्मे वफ़ा हुस्न भी दीवानों से
दास्तान अपनी भरी है उन्हीं अफ़सानों से
रख दिया सर को जहाँ फिर न उठाया हम ने
तेरी रातों के लिए दिल को जलाया हम ने

आशा : जुल्फ़ की छाँव में चेहरे का उजाला ले कर
तेरी वीरान सी रातों को सजाया हम ने

मोहम्मद रफ़ी : मेरी रातों में जलाये / तेरे जलवों ने चराग़
तेरी वीरान सी रातों को सजाया हम ने
तेरी रातों के लिए दिल को जलाया हम ने

मजरूह ने फ़िल्म जैसे मीडियम के लिये गीतों में न सिर्फ़ तख्लीक़ का मुज़ाहिरा किया बल्कि अलग अलग सिच्यूएशन पर इतनी ही कामयाबी से गीत लिखे कि वो लोगों को ज़बान पर चढ़ गए। उनके लिखे मशहूर व कामयाब गीतों में से कुछ एक की सूची नीचे दी जा रही है।

1. दस्तक : बँय्याँ / न धरो बलमा
2. फिर वही दिल लाया हूँ : बंदा परवर थाम लो जिगर / बन के प्यार फिर आया हूँ
3. सी.आई.डी. : बूझ मेरा क्या नाम रे, नदी किनारे गाम रे
4. आरती : अब क्या मिसाल दूँ मैं तुम्हारे शबाब की
   इंसान बन गई है किरन माहताब की
5. अभिमान : तेरे मेरे मिलन की ये रैना, नया कोई गुल खिलाएगी
6. अभिलाषा : वादियाँ मेरा दामन / रास्ते मेरी बाँहें
7. आख़िरी दाव : तुझे क्या सुनाऊँ मैं दिलरुबा
   तेरे सामने मेरा हाल है
8. तीसरी मंज़िल : तुम ने मुझे देखा होकर मेहरबाँ
   रुक गई ये ज़मीं थम गया आसमाँ
9. प्यार का मौसम : तुम बिन जाऊँ कहाँ

10. मिस्टर एण्ड मिसेज़ 55: जाने कहाँ मेरा जिगर गया जी

11. मेरे सनम : पुकारता चला हूँ मैं गली गली बहार की
बस एक छाँव जुल्फ़ की बस एक निगाह प्यार की

12. माया : तस्वीर तेरी दिल में जिस दिन से उतारी है
फिर तुझे संग लेके, नए नए रंग ले के सपनों की महफ़िल में

13. 12 ओ क्लॉक : तुम जो हुए मेरे हमसफ़र

14. नौ दो ग्यारह : आ जा पंछी अकेला है / सो जा निन्दिया की बेला है

15. फिर वही दिल लाया हूँ : आँचल में सजा लेना कलियाँ / जुल्फ़ों में सितारे भर लेना

16. ज्वेलथीफ़ : आसमाँ के नीचे हम आज अपने पीछे / प्यार का जहाँ बसा के चले

17. चिराग़ : चिराग़ दिल का जलाओ बहुत अंधेरा है

18. पेइंग गेस्ट : छोड़ दो आँचल ज़माना क्या कहेगा

19. दो चोर : चाहे रहो दूर, चाहे रहो पास

20. सी. आई. डी. : कहीं पे निगाहें कहीं पे निशाना

21. बुड्ढा मिल गया : भली भली सी एक सूरत / भला सा एक नाम

22. चायना टाउन : बार बार देखो, हज़ार बार देखो कि / देखने की चीज़ है हमारा दिलरुबा,

23. फिर वही दिल लाया हूँ : बंदा परवर, थाम लो जिगर, बन के प्यार फिर आया हूँ

24. फिर वही दिल लाया हूँ : आँखों से जो उतरी है दिल में / तस्वीर है इक अंजाने की
ख़ुद ढूँढ रही है / शमा जिसे / क्या बात है उस परवाने की

25. दोस्ती : राही मनवा दुख की चिंता क्यों सताती है

26. चुपके चुपके : बाग़ों में कैसे फूल खिले हैं

27. हम किसी से कम नहीं : क्या हुआ तेरा वादा, वो क़सम / वो इरादा

28. आर पार : बाबू जी धीरे चलना, प्यार में ज़रा संभलना

29. चलती का नाम गाडी : बाबू समझो इशारे, हॉर्न पुकारे

30. दोस्ती : गुड़िया हम से रूठी रहोगी / कब तक न हँसोगी

31. मेरे जीवन साथी : ओ मेरे दिल के चैन / चैन आए मेरे दिल को दुआ कीजिए

32. एक राज़ : अगर सुन ले, तो एक नग़मा हुजूर यार लाया हूँ

मजरूह ने जो गीत लिखे हैं वो यक़ीनन हमारे लिये एक ख़ज़ाने की हैसियत रखते हैं कि शायर की सोच और ज़बान के इस्तेमाल का मिश्रण हमारे लिये कई यादगार नग़मों की बहार लेकर आता है। कुछ एक की सूची नीचे दी जा रही है।

- ख़ुद्दार : अंग्रेजी में कहते हैं / आई लव यू
- तीन देवियाँ : ऐसे तो न देखो / कि हम से ख़ता हो जाए
- डॉक्टर विद्या : ऐ दिले-आवारा चल / फिर वहीं दोबारा चल
- काला पानी : अच्छा जी मैं हारी / चलो मान जाओ न
- अभिमान : अब तो है तुम से / हर ख़ुशी अपनी
- यादों की बारात : आपके कमरे में कोई रहता है / हम नहीं कहते ज़माना कहता है
- दूसरा आदमी : आओ मनाएं जश्ने मोहब्बत / जाम उठाएं जाम के बाद
- नौ दो ग्यारह : आँखों में क्या जी ? / रुपेहला बादल / बादल में क्या जी ?
- फिर वही दिल लाया हूँ : आँखों से जो उतरी है दिल में / तस्वीर है एक अंजाने की
- दूसरा आदमी : आँखों में काजल है
- ऊँचे लोग : आजा रे मेरे प्यार के राही / राह निहारूँ बड़ी देर से
- बहारों के सपने : आजा पिया तोहे प्यार दूँ / गोरी बैंया तोहे वार दूँ
- तीसरी मंज़िल : आजा-आजा मैं हूँ प्यार तेरा / अल्लाह अल्लाह इंकार तेरा
- तलाश : आज तो जुल्मी रात मां / धरती पर है आसमाँ

हसरत जयपुरी

शंकर जय किशन के लिये हसरत और शैलेन्द्र ने मिल कर गीत लिखे। इसलिए हर फ़िल्म में इस जोड़ी ने अपने हिसाब से गीत बाँट लिए। इसमें कोई शक ही नहीं कि शैलेन्द्र भी फ़िल्मी दुनिया के बड़े शायर रहे। लेकिन ये भी सच्चाई है कि हसरत जयपुरी ने ज़्यादातर गीतों में उर्दू शायरी और रूमानियत को बनाए रखा है। इनके कुछ मुख़्तलिफ़ गीतों की फेहरिस्त हम नीचे दे रहे हैं।

- आ जा ओ / तड़पते हैं अरमाँ / अब रात गुज़रने वाली है (आवारा-लता)
- आ / नील गगन तले / प्यार हम करें (बादशाह-लता, हेमन्त कुमार)
- धीरे धीरे चल / चाँद गगन में (लव मेरिज, लता-मो. रफ़ी)
- दिन सारा गुज़ारा तोरे अंगना (जंगली, लता-मो. रफ़ी)
- गंगा आए कहाँ से, गंगा जाए कहाँ रे (काबुली वाला-हेमन्त कुमार)
- दो जासूस / करें मेहसूस / कि दुनिया बड़ी ख़राब है (दो जासूस-मुकेश-रफ़ी)
- दुनिया की सैर कर लो, दुनिया की सैर कर लो / इंसाँ के दोस्त बन कर इंसाँ से प्यार कर लो (अराउण्ड द वर्ल्ड-मुकेश)
- आँसू की आग लेकर तेरी याद आई (यहूदी-लता)
- अकेले अकेले / कहाँ जा रहे हो / हमें साथ ले लो / जहाँ जा रहे हो (एन लविंग इन पेरिस)
- अमन का फ़रिश्ता / कहाँ जा रहा है / चमन रो रहा है / मची है दुहाई (अमन)
- दुनिया वालों से दूर, जलने वालों से दूर (उजाला, लता-मन्नाडे)
- हम मतवाले नौजवाँ, मंज़िलों के उजाले / लोग करें बदनामी कैसे ये दुनिया वाले (शरारत-किशोर कुमार)

- एक घर बनाऊँगा तेरे घर के सामने (तेरे घर के सामने, मो. रफ़ी-लता)
- ऐ गुल बदन / ऐ गुल बदन / फूलों की महक / काँटों की चुभन (प्रोफ़ेसर)
- इब्तिदाए इश्क़ में हम सारी रात जागे (हिमालय की गोद में, मुकेश-लता)
- बदन पे सितारे लपेटे हुए (प्रिंस-मो. रफ़ी)
- हम सफ़र मेरे हम सफ़र / पंख तुम परवाज़ हम (पूर्णिमा, लता-मुकेश)
- अहसान तेरा होगा मुझ पर / दिल चाहता है वो कहने दो (जंगली, लता और रफ़ी अलग अलग)
- एक बेवफ़ा से प्यार किया (आवारा, लता)
- एक बुत बनाऊँगा तेरा और पूजा करूँगा (असली नक़ली, मो. रफ़ी)
- ऐ मुसव्विर तेरे हाथों की बलाएँ ले लूँ (नया क़ानून, मो. रफ़ी)
- ग़म उठाने के लिए मैं तो जिये जाऊँगा (मेरे हुजूर, मो. रफ़ी)
- गुमनाम है कोई, बदनाम है कोई (गुमनाम, लता)
- हम तुझ से मोहब्बत करके सनम रोते भी रहे हँसते भी रहे (आवारा, मुकेश)
- एक था बचपन (आशीर्वाद, लता)
- जाने कहाँ गए वो दिन कहते थे तेरी राह में (मेरा नाम जोकर, मुकेश)
- जाने मेरा दिल किसे ढूँढ रहा है (लाट साहब, रफ़ी)
- झूमता मौसम / मस्त महीना / चाँद सी गौरी एक हसीना (उजाला, मन्नाडे-लता)

हसरत जयपुरी का असली नाम इक़बाल हुसैन था। 15 अप्रैल 1922 को जयपुर राजस्थान में पैदा हुए और 18 सितम्बर सन् 1999 को 77 साल की उम्र में देहांत हो गया। सन् 1949 से सन् 1999 तक उन्होंने फ़िल्मों के लिये हमें यादगार गीतों का तोहफ़ा दिया। शंकर जय किशन ने उनको अपने साथ रखा और शंकर जय किशन के साथ कई फ़िल्मी गीतों की रचना हुई। सन् 1940 में वो बम्बई आए थे और उन्होंने माली मुश्किलात का भी सामना किया लेकिन उन्होंने शायरी शुरु कर दी थी और मुशायरों में उन्हें पसन्द किया जा रहा था। कहते हैं कि पृथ्वीराज कपूर ने उनकी शायरी से मुतास्सिर होकर हसरत जयपुरी को गीत लिखने का काम देने के लिए कहा। सन् 1949 में सबसे पहले उनका लिखा बरसात फ़िल्म का गीत ही सुपर हिट हो गया। लता की आवाज़ में

ये गीत आज भी सुना जाता है। "जिया बेक़रार है, छाई बहार है, आजा मोरे बालमा तेरा इंतेज़ार है।"

उनका लिखा दो गाना (मुकेश-लता) " छोड़ गए बालम / मुझे हाय अकेला छोड़ गए" भी हिट हुआ। इसके बाद उन्हें पीछे मुड़कर देखने की जरूरत नहीं पड़ी क्योंकि उन्हें राजकपूर की फ़िल्मों के लिये शैलेन्द्र के साथ मिलकर गीत लिखने का बराबर मौक़ा मिला और हसरत के गीत एक के बाद एक शौहरत पाते रहे।

सन् 1957 में उन्होंने 'हलचल' फ़िल्म के लिये स्क्रीन प्ले भी लिखा और अपनी आख़िरी फ़िल्म " हत्या दी मर्डर' (2004) के लिये उनके गीत रिकॉर्ड हुये जबकि ख़ुद उनका देहांत सन् 1999 में हो चुका था।

हसरत जयपुरी के गीतों से कई फ़िल्मों ने शौहरत पाई जैसे बरसात, अन्दाज़, ससुराल, सेहरा (पंख होते तो उड़ जाती रे), गीत गाया पत्थरों ने (तेरे ख़्यालों में हम), जंगली (अहसान तेरा होगा मुझ पर), पगला कहीं का (तुम मुझे यूँ भुला न पाओगे), लव इन टोकियो (सायो नारा सायो नारा), तीसरी क़सम (दुनिया बनाने वाले क्या तेरे मन में समाई), भूत बंगला (आओ टविस्ट करें), साँझ सवेरे (आज हुं न आए बालमा), संगम (ये मेरा प्रेम पत्र पढ़कर), प्रिंस (बदन पे सितारे लपेटे हुए), संगम (बोल राधा बोल) आदि आदि।

हसरत को अपने लिखे गीत "ज़िन्दगी इक सफ़र है सुहाना' है (1972) के लिये और बहारों फूल बरसाओ (1980) के लिये फ़िल्म फ़ेयर एवार्ड भी मिले। वर्ल्ड यूनिवर्सिटी राउण्ड टेबल में उन्हें एज़ाज़ी डोक्टरेट की डिग्री भी दी गई।

हसरत अपने इस गीत की तरह ही लोगों के दिल और लोगों के ख़्यालों में बसे रहेंगे। "उनके ख़्याल आए / तो आते चले गए" (फ़िल्म लाल पत्थर 1978)।

हसरत ने फ़िल्मों में जो शायरी दी उससे साबित कर दिया कि फ़िल्मी शायरी में ज़बान की चाशनी व शीरीनी घोली जा सकती है। फ़िल्म 'छोटी बहन' के लिये उनका नग़मा याद आता है जहां दिल से की हुई बातचीत को सुनते हुए दिल नहीं भरता है।

जाऊँ कहाँ बता ऐ दिल, दुनिया बड़ी है संग दिल
चाँदनी आई घर जलाने, सूझे न कोई मंज़िल / जाऊँ कहाँ बता ऐ दिल.......

बन के टूटे यहाँ आरज़ुओं के महल
ये ज़मीं आसमाँ भी गए हैं बदल
कहती है ज़िन्दगी इस जहाँ से निकल/ जाऊँ कहाँ बता ऐ दिल......

है इस पार तो आँसुओं की डगर
जाने उस पार क्या हो, किसे ख़बर
ठोकरें खा रही हर क़दम, हर नज़र / जाऊँ कहाँ बता ऐ दिल.......

फ़िल्म "छोटी बहन' के लिये शंकर जय किशन ने धुनें तैयार कीं। एक तो शंकर जय किशन की धुनों को बनाने की सलाहियत विशेषकर इन्स्ट्रूमेंट और आर्किस्ट्रा को इस्तेमाल करने का फ़न था कि शायद उनके बनाए सैंकड़ों गीतों में सभी गीत मक़बूल हुए हैं। पूरी पूरी फ़िल्म के सभी गीत भी मक़बूल होते रहे हैं। हसरत जयपुरी ने शैलेन्द्र के साथ मिलकर शंकर जय किशन के लिये गीत लिखे और इस दोहरी जोड़ी ने फ़िल्म इण्डस्ट्री में अपनी छाप छोड़ी। फ़िल्म "छोटी बहन' के सभी गीत बहुत मक़बूल हुए, हसरत के गीत का ज़िक्र करने को दिल चाहता है

हसरत का ये गीत दोगाना है (मन्नाडे और आशा की आवाज़ों में) छेड़ छाड़ भरा एक रोमांटिक गीत। रहमान और श्यामा पर ये गीत फिल्माया गया है।

हसरत जयपुरी : ओ, कली अनार की न इतना सताओ (मन्नाडे-लता)

हसरत जयपुरी : जाऊँ कहाँ बता ऐ दिल, दुनिया है बड़ी संग दिल (मुकेश)

मन्नाडे : ओ कली अनार की न इतना सताओ/प्यार करने की / कोई रीत बताओ
आशा भोंसले : ओ गुन्चे गुलाब के/न बतियाँ बनाओ पहले किसी को / दिल में बिठाओ

बाग़ों में ख़ूबसूरती का रंग बिखेरते फूल गुलाब, गुन्चे और कलियों का हुस्न हसरत ने इस नग़में में भी लाकर रख दिया और फिर इस गीत को रोमांस की ओर ले जाया गया है जैसे पहला अन्तरा यूँ है:-

मन्नाडे : अँखियाँ गुलाबी रंगीन शबाब / हमको पिलाए प्यार की शराब

आशा : पढ़ लो हमारे दिल की किताब / इसमें लिखा है प्यार का जवाब
भरी बहार में शोर न मचाओ / प्यार का उसूल है घर में बुलाओ

मन्नाडे : ओ, कली अनार की ना इतना सताओ / प्यार करने की.......

शैलेन्द्र

शैलेन्द्र ने सन् 1949 में फ़िल्म "बरसात" के लिये दो गीत लिखे लेकिन फ़िल्म सन् 1951 में "आवारा हूँ या गर्दिश में हूँ आसमान का तारा हूँ" (फ़िल्म आवारा) के गीत से वो मुल्क ही नहीं विदेशों में भी धूम मचा चुके थे। आवारा फ़िल्म के लिये लिखे उनके सभी गीत मक़बूल हुए। "दम भर जो उधर मुँह फेरे ओ चन्दा" या "घर आया मोरा परदेसी' फ़िल्म "दाग़' में दिलीप कुमार के लिये उन्होंने गीत लिखे और ये गाना आज भी पसन्द किया जाता है। तलत मेहमूद की आवाज़ में "ऐ मेरे दिल कहीं और चल" रफ़ी और शमशाद बेगम की आवाज़ में शैलेन्द्र का लिखा गीत फ़िल्म "नगीना' (1952) के लिये अंग्रेजी शब्दों के साथ सुना गया "ओ माई डियर / आओ नियर" सभी ने इस गीत को पसन्द किया। "आह" फ़िल्म के लिये शैलेन्द्र के गीतों ने लोगों के दिलों में जगह बना ली।

- छोटी सी ये ज़िन्दगानी रे (मुकेश)
- राजा की आएगी बारात / रंगीली होगी रात (लता)
- ये शाम की तन्हाइयाँ / ऐसे में तेरा ग़म (लता)

बूट पालिश का ये मक़बूल गीत आप ने ज़रूर पसन्द किया होगा।

- नन्हें मुन्ने बच्चे तेरी मुट्ठी में क्या है

"बूट पालिश "फ़िल्म का ये गीत भी ख़ूब सुना गया "चली कौन से देश गुजरिया" (तलत मेहमूद) और फिर "बूट पालिश" फ़िल्म की प्रार्थना ने भी खूब असर किया। "तुम्हारे हैं तुम से दुआ माँगते हैं'' (मो. रफ़ी-आशा)।

शैलेन्द्र की ख़ूबी रही कि उन्होंने आसान और आम फ़हम ज़बान में शायरी की और ऐसे गीत तैयार किए जो 40-50 साल गुज़रने के बाद भी लोगों की ज़बान पर हैं। उनके गीतों में मायने हैं, रिदिम है, इलाक़ाई बोलियों और धुनों का अक्सर है। उन्होंने उर्दू जैसी पुर अक्सर ज़बान में भी ख़ूबसूरत गीत लिखे। रोमांस और जज़्बात भरे गीत भी लिखे और फ़लसफ़याना तन्क़ीद भी अपने गीतों में दी। जैसे तीसरी क़सम का गीत "सजन रे झूट मत

बोलो, ख़ुदा के पास जाना है” इतनी सादगी से इतनी गहरी बात को कोई कैसे कर सकता है हैरत होती है। फ़िल्मी जैसे मीडियम में, जिस मीडियम को कुछ लोग अच्छी शायरी का माध्यम नहीं मानते हैं उसमे इतने प्रभावित करने वाले गीत शैलेन्द्र ने लिखे! राज कपूर के साथ शैलेन्द्र ने अरसे तक काम किया। वो राज कपूर के दोस्त और पसन्दीदा शायर रहे। राज कपूर ने अपनी फ़िल्म की शौहरत के लिये टाइटल सांग को एक पैमाना माना था। इसीलिये उनकी तक़रीबन हर फ़िल्म में टाइटल गीत रहे और वाक़ई ये गीत मक़बूल भी खूब होते रहे। शैलेन्द्र ने ‘बरसात’ फ़िल्म के गीत “बरसात में हम से मिले तुम सजन’ और अनाड़ी फ़िल्म के लिये “सब कुछ सीखा हम ने” गीत लिखकर खूब वाहवाही लूटी।

शैलेन्द्र को अपनी सादा और आम फ़हम भाषा ही के लिये शायद उन्हें ‘“कवि शैलेन्द्र” भी कहा जाने लगा। यानी दूसरे लफ़्ज़ों में साहित्य और अदब का शायर मान लिया गया। शैलेन्द्र इण्डियन प्यूपिल्स थ्येटर एसोसिएशन (इप्टा) के मेंबर रहे। यहीं पर उन्हें बँटवारा पर लिखी नज़्म “जलता है पंजाब” से पहचाना गया और फ़िल्म “बरसात” के लिये उन्हें दो गीत लिखने को दिए गए।

‘बरसात में हम से मिले तुम सजन’ टाइटल गीत और “पतली कमर है तिरछी नज़र है” गाना लिखा (लता-मुकेश),

बरसात फ़िल्म के बाद शायद अच्छे गीतों का एक दौर इस टीम के साथ था जिसमें शैलेन्द्र, राज कपूर, मुकेश और शंकर जय किशन से जुड़ चुके थे। हालाँकि शैलेन्द्र को एस. डी. बर्मन और सलील चौधरी जैसे संगीतकारों का भी साथ मिल चुका था।

शैलेन्द्र को ज़िन्दगी का साथ कम मिला और वो केवल 43 साल की उम्र में 14 दिसम्बर सन् 1966 में हमारे पीछे अपने बेहतरीन गीतों का ख़ज़ाना छोड़ गए। हमारा विचार है कि अच्छे गीतों के लिये शैलेन्द्र के गीतों को मिसाली माना जा सकता है।

शैलेन्द्र के गीतों में दर्द और जज़्बात और रूमानियत कूट कूट कर मिलती है।

शैलेन्द्र के गीतों में रूमानियत

- खोया खोया चाँद खुला आसमाँ / आँखों में सारी रात जाएगी / तुम को भी कैसे नींद आएगी
- मस्ती भरी हवा जो चली / खिल खिल गई दिल की कली
मन की गली में है खलबली / किसी के तो हो जाओ / खोया खोया चाँद
- प्यार में जिन के / सब जग छोड़ा / और हुए बदनाम
उनके ही हाथों / हाल हुआ ये / बैठे हैं दिल को थाम

अपने कभी थे / अब हैं पराए
दिन ढल जाए हाय / रात न जाए / तू तो न आए तेरी याद सताए

- रुला के गया सपना मेरा / बैठी हूँ कब हो सवेरा
  लम्बी ये ज़िन्दगी कि साँसों से हम ऊबे
  कि दिल डूबा, हम डूबे / एक दुखिया बेचारी / ग़म से हारी
  उस पर ये ग़म का अँधेरा / रुला के गया सपना...
- चाहे कोई मुझे जंगली कहे / कहने दो जी कहता रहे

शैलेन्द्र ने अपने गीतों में इंसानी नफसियात और दुनिया और इंसानी ज़िन्दगी से जुड़े फिलासफ़ी के कई सन्देश दिये हैं। कुछ मिसालें नीचे देखे:-

शैलेन्द्र के गीतों में सन्देश:

- कल के अंधेरों से निकल कर / देखा है आँखें मलते मलते
  फूल ही फूल, ज़िन्दगी बहार है / तय कर लिया
  आज फिर जीने की तमन्ना है / आज फिर मरने का इरादा है
  (गाइड-लता मंगेशकर)

- दिया टूटे तो है माटी / जले तो ये ज्योति बने
  बहे आँसू तो है पानी / रुके तो ये मोती बने
  ये मोती आँखों की पूँजी है / काहे को रोये
  चाहे जो होए / सफ़ल होगी तेरी आराधना

- दिल का चमन उजड़ते देखा / प्यार का रंग उतरते देखा
  हम ने हर जीने वाले को / धन दौलत पे मरते देखा
  दिल पे मरने वाले मरेंगे भिखारी
  सच है दुनिया वालों हम हैं अनाड़ी
  सब कुछ सीखा हम ने, न सीखी होशियारी (अनाड़ी-मुकेश)

- नन्हें मुन्ने बच्चे तेरी मुट्ठी में क्या है
  मुट्ठी में है तक़दीर हमारी। हम ने क़िस्मत को बस में किया है (बूट पालिश)

- किसी की मुस्कुराहटों पे हो निसार / किसी का दर्द मिल सके तो ले उठा
  किसी के वास्ते हो / तेरे दिल में प्यार / जीना इसी का नाम है
  (अनाड़ी-मुकेश)

- लड़कपन खेल में खोया / जवानी नीन्द भर सोया
  बुढ़ापा देख के रोया / वही क़िस्सा पुराना है
  सजन रे / झूट मत बोलो, ख़ुदा के पास जाना है

(तीसरी क़सम-मुकेश)

आइये शैलेन्द्र के कुछ और गीतों को हम क्यों न यहाँ याद करें। शैलेन्द्र के कुछ गीत ऐसे हैं कि उनके गीत को आदमी सराहता रह जाता है जैसे उनका ये गीत...

बहुत दिया देने वाले ने तुझको / आँचल ही न समाए तो क्या कीजिए

जो भी दे दे मालिक तू कर ले क़ुबूल / कभी कभी काँटों में भी खिलते हैं फूल
वहाँ देर भले है / अंधेर नहीं / घबरा के यूँ / गिला मत कीजिए

देंगे दुख कब तक भरम के ये चोर / अरे ढलेगी ये रात फिर होगी भोर
कब रोके रुकी है समय की नदिया / घबरा के यूँ गिला मत कीजिए
बहुत दिया देने वाले ने तुझ को... (फ़िल्म-सूरत और सीरत, मुकेश-रोशन)

फ़िल्म मेरी सूरत तेरी आँखें का एक गीत मुलाहिजा हो आवाज़ें लता और मुकेश की हैं।

लता : ये किस ने गीत छेड़ा / ये किस ने गीत छेड़ा (2) / दिल मेरा नाचे थिरक थिरक

मुकेश : ये किस की ज़ुल्फ़ बिखरी (2) / जग सारा गया महक महक
चोरी चोरी, होले होले, ठण्डी ठण्डी हवायें
कलियों के मुख चूमे बगिया को महकाएं
डाली डाली जाए लचक लचक

कुछ और शैलेन्द्र के गीत आप ने भी सुने होंगे जैसे:

रोमांटिक गीत	फ़िल्म गाइड	गाता रहे मेरा दिल (किशोर-लता)
फिलासफ़ी गीत	फ़िल्म मेरा नाम जोकर	जीना यहाँ / मरना यहाँ (मुकेश)
फ़िलासफ़ी गीत	फ़िल्म आवारा	आवारा हूँ / आवारा हूँ या गर्दिश में हूँ आसमान का तारा हूँ (मुकेश)
फ़िलासफ़ी गीत	फ़िल्म अनाड़ी	किसी की मुस्कुराहटों पे हो निसार (मुकेश)
रोमांटिक गीत	फ़िल्म चोरी चोरी	ये रात भीगी भीगी / ये मस्त हवायें (लता-मन्नाडे)

ख़ुशी गीत	फ़िल्म श्री 420	मेरा जूता है जापानी
रोमांटिक गीत	फ़िल्म जंगली	चाहे कोई मुझे जंगली कहे (मो. रफ़ी)
फ़िलासफ़ी गीत	फ़िल्म अनाड़ी	सब कुछ सीखा हम ने न सीखी होशियारी (मुकेश)

यहाँ फ़िल्म मधुमती के लिखे सभी गीतों की प्रशंसा किये बिना बात अधूरी रहेगी

आजा रे में तो कबसे खड़ी इस पार (लता मंगेशकर)

जुल्मी संग आँख लड़ी (लता मंगेशकर कोरस)

जंगल में मोर नाचा / किसने देखा (रफ़ी)

सुहाना सफ़र और ये मोसम हसीं (मुकेश)

दैय्या रे / दैय्या रे चढ़ गया पापी बिछुआ (लता कोरस)

राजेन्द्र कृष्ण

सन् 1975 से 1987 तक जब मैं आकाशवाणी में 12 साल अनाउंसर रहा तो कई बेहतरीन गीतों को श्रोताओं तक बार बार पहुँचाने का मौक़ा मिला। कभी उन्हें गीत कहा, कभी उन्हें गाना कह कर सुनवाया। कभी उन्हें नग़मा कहा, कभी दो आवाज़ों में गाए हुए गीत को दोगाना कह कर श्रोताओं को सुनवाया। इन सैकड़ों हज़ारों गीतों में एक गीत फ़िल्म "अदालत' से भी हम सुनवाते रहे। "उनको ये शिकायत है कि हम कुछ नहीं कहते "लेकिन जल्द ही ये अहसास हुआ कि "अदालत" फ़िल्म का ये नग़मा दरअसल एक पूरी ग़ज़ल है जिसमे शायर अपना उपनाम लता है हालाँकि इस ग़ज़ल में उपनाम के साथ पर इसमें ग़ज़ल के ही शेर हैं मक़ता नहीं है।

ग़ज़ल का मतला है-

उनको यह शिकायत है कि हम कुछ नहीं कहते
अपनी तो ये आदत है कि हम कुछ नहीं कहते

मजबूर बहुत करता है ये दिल तो / ज़बाँ को
कुछ ऐसी ही हालत है कि हम / कुछ नहीं कहते

कहने को तो बहुत कुछ था अगर / कहने पे आते
दुनिया की इनायत है कि हम / कुछ नहीं कहते

कुछ कहने पे तूफ़ान उठा लेती है दुनिया
अब इस पे शिकायत है कि हम / कुछ नहीं कहते (लता मंगेशकर)

ग़जल की रदीफ़ है "हम कुछ नहीं कहते" मतला से क़ाफ़िया बने शब्द हैं जैसे। 'शिकायत' है और 'आदत' है। आगे के अशआर में क़ाफ़िया के लिये जो शब्द आये है वो है 'हालत', 'इनायत' और 'क़यामत'।

यह राजेन्द्र कृष्ण की ख़ूबसूरत ग़ज़ल है रिकार्ड पर जब शायर का नाम पढ़ा तो राजेन्द्र कृष्ण की तरफ़ ध्यान आकर्षित हो गया। इसके बाद गौर करने पर अन्दाज़ा हुआ

कि सन् 1958 में बनी "अदालत" फ़िल्म के लिये ही राजेन्द्र कृष्ण ने एक और ग़ज़ल भी लिखी है इसे भी लता की आवाज़ में ही मदन मोहन ने रिकार्ड किया है। ग़ज़ल का मतला है।

यूँ हसरतों के दाग़ मोहब्बत में धो लिए
ख़ुद दिल से दिल की बात कही और रो लिए

फिर राजेन्द्र कृष्ण के कई गानों ने ध्यान अपनी ओर खेंच लिया। "जहाँ आरा" फ़िल्म के लिये तलत के गाए राजेन्द्र कृष्ण के नग़मे मसलन :

फिर वही शाम / वही ग़म / वही तन्हाई है
दिल को समझाने तेरी याद चली आई है

"संजोग" फ़िल्म के लिये मुकेश का गाया नग़मा:

भूली हुई यादों / मुझे इतना न सताओ
अब चैन से रहने दो / मेरे पास न आओ

"भाई" फ़िल्म के राजेन्द्र कृष्ण के लिखे नग़मे:

1. चल उड़ जा रे पंछी / कि अब ये देस हुआ बेगाना
2. चली चली रे पतंग / मेरी चली रे
   चली बादलों के पार / हो के डोर पे सवार
   सारी दुनिया ये देख देख / जली रे

फ़िल्म "गेटवे आफ इण्डिया" का रफ़ी और लता का गाया नग़मा उतनी ही सुन्दर आवाज़ों में रिकॉर्ड हुआ:

दो घड़ी वो जो पास / आ बैठे
हम ज़माने से दूर / जा बैठे (लता, रफ़ी)

"छाया" फ़िल्म के लिये लता और तलत की आवाज़ में रिकार्ड किया हुआ नग़मा :

अहा, रिमझिम के ये प्यारे प्यारे / गीत लिए
आई रात सुहानी देखो प्रीत लिए (तलत, लता)

या दूसरा नग़मा :

इतना न मुझ से तू प्यार बढ़ा कि मैं इक बादल आवारा
कैसे किसी का सहारा बनूँ कि मैं ख़ुद बेघर बेचारा (तलत, लता)

राजेन्द्र कृष्ण का गीतों के साथ शायद नाम कम जुड़ा लेकिन उनके गीत तो खूब चलते रहे रेडियो पर बजाये गए और बार बार सुने गए:

- हम चल रहे थे, तुम चल रहे थे मगर दुनिया वालों के दिल जल रहे थे। (मुकेश, लता)
- कल चमन था / आज एक सहरा हुआ (ख़ानदान)
- आज की मुलाक़ात बस इतनी, कर लेना बातें कल चाहे जितनी (भरोसा)
- अपलम चपलम चपलाई रे, सारी दुनिया को छोड़ तेरी गली आई रे (आज़ाद)
- कितना हसीं है मौसम कितना हसीं सफ़र है, साथी है ख़ूबसूरत ये मौसम को भी ख़बर है (आज़ाद)
- धीरे से आ जा री अंखियन में निन्दया (अलबेला)
- दिल की दुनिया बसा के साँवरिया, तुम न जाने किस जहाँ में खो गए (लता-अमरदीप)

राजेन्द्र कृष्ण का जन्म (6 जून सन् 1919 - देहांत 23 सितम्बर सन् 1987) दरअसल फ़िल्मों के लिये एक कामयाब गीतकार थे। उन्होंने फ़िल्मों के लिये डायलॉग लिखे। स्क्रीन प्ले लिखे और फ़िल्मों के लिये गीत भी लिखे। कोई 350 से ज़्यादा गीत फ़िल्मों को देने वाले राजेन्द्र कृष्ण के डायलॉग और स्क्रीन प्ले लिखी फ़िल्में भी कम नहीं थीं। निम्नलिखित फ़िल्मों की संक्षिप्त सूची से ही अन्दाज़ हो सकता है कि वो कितनी व्यस्त शख्सियत के मालिक थे।

सन् 1940 में जब वो मुंबई आए तो पहले फ़िल्मों के लिये स्क्रीन प्ले लिखे। सन् 1947 में राजेन्द्र कृष्ण ने फ़िल्म जनता के लिये स्क्रीन प्ले लिखा इसके बाद कई फ़िल्मों के लिये उन्होंने डायलॉग लिखे कुछ फ़िल्में निम्नलिखित हैं।

गीता मेरा नाम, अल्लाह रखा, ब्लेकमेल, मुंबई टू गोवा, मालिक, बड़ी बहन (1949), अलबेला (1951), प्रेम पत्र, बिल्फ़ मास्टर आदि। मुबई में राजेन्द्र कृष्ण ने शुरु में ए.वी. एम. स्टूडियो के लिये भी काम किया और कोई 18 स्क्रिप्ट लिखीं।

लेकिन दरअसल राजेन्द्र कृष्ण ने आठवीं क्लास से ही शायरी शुरु कर दी थी। फिराक गौरखपुरी और अहसान दानिश की शायरी से वो प्रभावित हुए। पन्त और निराला जैसे लोगों की शायरी को भी उन्होंने पसन्द किया। राजेन्द्र कृष्ण तमिल ज़बान भी जानते थे।

सन् 1940 में मुंबई आने के बाद राजेन्द्र कृष्ण को पहले सन् 1947 में जनता फ़िल्म के लिये गीत लिखने का मौक़ा मिला। इसके बाद उन्होंने फ़िल्मों के लिए संवाद, स्क्रीन प्ले और फ़िल्मी नग़मे लिखते हुए कई उचाईयों को हासिल किया। आपको जानकर शायद हैरत होगी कि फ़िल्मी दुनिया के सबसे अमीर नग़मा-निगारों में उनकी गिनती हुई। उनके देहांत (15 सितम्बर 1987) के बाद भी एच.एम.वी. ग्रामोफोन कपनी ने उनके गानों की एल. पी. (लांग प्ले) निकाली। जंजीर फ़िल्म के लिये पहले गीत लिखे उसके बाद सन् 1949 में उन्होंने फ़िल्म बड़ी बहन और 'लाहौर' फ़िल्म के लिये गीत लिखे। कोई 350 से भी ज़्यादा फ़िल्मी नग़मे लिखने वाले राजेन्द्र कृष्ण ने अपने दौर के कई संगीतकार के लिये काम किया। उनमें से कुछ निम्नलिखित हैं।

सी. राम चन्द्र, शंकर जय किशन, मदन मोहन, हेमन्त कुमार, सज्जाद हुसैन, सचिन देव बर्मन, राहुल देव बर्मन, एस. महेन्द्र, चित्रगुप्त, सलील चौधरी, लक्ष्मीकांत प्यारे लाल आदि।

ऐसी भी कई फ़िल्में रही हैं जिनके लिये राजेन्द्र कृष्ण ने संवाद भी लिखे और गीत भी लिखे। इनमें चंद ये हैं- सन् 1962 में मनमौजी, राखी, सन् 1963 में भरोसा, 1965 में ख़ानदान आदि। क्यों न इन फ़िल्मों से इनके कुछ गीत याद कर लिये जाएं।

- मैं तो तुम संग नैन मिला के हार गई सजना / हार गई सजना (मनमौजी)
- राखी धागों का त्यौहार / बंधा हुआ है, एक एक धागे में / भाई बहन का प्यार (राखी)
- आज की मुलाक़ात बस इतनी कर लेना बातें कल चाहे जितनी (भरोसा)
- वो दिल कहाँ से लाऊँ / तेरी याद जो भुला दे (भरोसा)
- कल चमन था, आज एक सेहरा हुआ, देखते ही देखते ये क्या हुआ (ख़ानदान)
- नील गगन के उड़ते पंछी जा, देख अभी है कच्चा दाना पक जाए तो खा (ख़ानदान)

राजेन्द्र कृष्ण की कुछ और फ़िल्में जिनके लिये उन्होंने गीत भी लिखे या सिर्फ गीत लिखे इस तरह हैं।

बनारसी बाबू (गीत: हम हैं बनारसी बाबू), अदालत (ग़ज़ल : यूँ हसरतों के दाग़), आज़ाद (कितना हसीं है मौसम कितना हसीं सफर है) या (राधा न बोले न बोले रे), ब्रह्मचारी (मैं गाऊँ तुम सो जाओ), जहाँआरा (तेरी आँख के आँसू पी जाऊँ), शराबी (कभी न कभी / कहीं न कहीं कोई न कोई तो आएगा), ये रास्ते हैं प्यार के (ये ख़ामोशियाँ ये तन्हाइयाँ मोहब्बत की दुनिया है कितनी जवाँ), छाया (इतना न मुझसे तू / प्यार बढ़ा),

नज़राना (मेले हैं, चरागों के / रंगीन दीवाली है), पतंग (रंग, दिल की धड़कन भी / लाती तो होगी) आदि आदि।

राजेन्द्र कृष्ण के लिखे गीतों की वजह से भी कई फ़िल्में मशहूर हुईं। जैसे अनारकली, नागिन, आज़ाद, भाई भाई, देख कबीरा रोया, रेशमा और शेरा, गोपी, तुम से अच्छा कौन है आदि। फ़िल्म पतंग के लिये चित्रगुप्त की मौसिक़ी में राजेन्द्र कृष्ण का लिखा गीत कुछ इस तरह है मुलाहिजा हो, आवाज़ लता की है।

रंग दिल की धड़कन भी / लाती तो होगी
याद मेरी उनको भी / आती तो होगी

प्यार की ख़ुशबू कहाँ आती थी कलियों से
हो के आई है हवा भी उनकी गलियों से
छू के उनके दामन को आती तो होगी

हो, ये बहारें, ये समाँ सब इस के दम से है
वो पिया जो कुछ कुछ ख़फ़ा रहता हम से है
जान कुछ कुछ उसकी भी जाती तो होगी

जा री ऐ तितली नगरया पी के / तू जाना
हो भला तेरा ख़बर उनकी / कुछ ले आना
तू वहां पर वैसे भी जाती तो होगी

उनके कई गीतों में वो गीत भी शामिल है जिसे सुन कर सभी की आँखें रंजीदा हो जाती हैं। रफ़ी की आवाज़ में रिकार्ड किए हुए महात्मा गाँधी पर लिखे गीत ने हर छोटे बड़े को मुतास्सिर किया। गीत के बोल थे।

"सुनो सुनो ऐ दुनिया वालो बापू की ये अमर कहानी"

कुल मिलाकर राजेन्द्र कृष्ण के पास ज़बान थी। अल्फ़ाज़ थे, ख़्यालात थे, जज़्बात थे और फ़िल्मों की तमाम बंदिशों के बावजूद उन्हें अपनी बात कहने का सलीक़ा था। इसीलिये वो फ़िल्म के किरदार, उसकी सिच्यूएशन को ध्यान में रखते हुए ज़बान और अल्फ़ाज़ को पुर-असर बनाने का फ़न जानते थे।

प्रदीप

कवि प्रदीप का असल नाम राजेन्द्र नारायण जी द्विवेदी था। लेकिन फ़िल्मों में प्रदीप के नाम से गीत लिखे। वो हिन्दी के भी अच्छे शायर थे इसलिये "कवि प्रदीप" के नाम से भी उन की पहचान बनी।

कवि प्रदीप ने लखनऊ यूनिवर्सिटी से तालीम हासिल की इसलिए उर्दू पर भी उनकी अच्छी पकड़ रही। लेकिन शायरी के लिये उन्होंने हिन्दी को पसन्द किया और हिन्दी और उर्दू की ज़बानों में मिले जुले गीत लिखे। इसीलिये उनके कई गीत उन्हीं की आवाज़ में रिकार्ड भी हुए।

फ़िल्मों के लिये प्रदीप ने कई गीत लिखे। लेकिन भजन और वतन परस्त गीतों के लिये उन्होंने अपना लोहा मनवा लिया। सन् 1940 ई. में वह बंधन फ़िल्म के लिये लिखे गीत "चल चल रे नौजवान "से ही पहचाने जाने लगे। उनके कुछ दूसरे वतन परस्त गीत मशहूर हुए जैसे :

आज़ादी से पहले लिखा गीत "आज हिमालय की चोटी से / फिर हम ने ललकारा है" या फिर "आओ बच्चों तुम्हें दिखाएं / झाँकी हिन्दोस्तान की' (फ़िल्म जागृति) या : "दे दी हमें आज़ादी बिना खडग बिना ढाल" (फ़िल्म जागृति)।

प्रदीप के लिखे गीतों की कुछ कामयाब फ़िल्में रहीं जैसे

- सम्बन्ध : चल अकेला, चल अकेला, (मुकेश)
- जय संतोषी माँ : यहाँ वहाँ जहाँ तहाँ, मत पूछो कहाँ कहाँ, (महेन्द्र कपूर)
- पैग़ाम : अपना तो है बारह महीने दीवाला (मो. रफ़ी)
- नास्तिक : देख तेरे संसार की हालत क्या हो गई भगवान (प्रदीप)
- आँचल : गा रही है ज़िन्दगी, हर तरफ़ बहार में, (आशा महेन्द्र कपूर)
- झूला : हम ने किसी से सुनी कहानी (अशोक कुमार)
- शंकर, सीता, अनुसूईया : टूट गई है माला मोती बिखर चले (प्रदीप)

इन सबसे अलग कवि प्रदीप के लिखे इस गीत ने जैसे इस देश को तोहफ़ा दिया हो। इस गीत की अदायगी के लिये लता भी हमेशा प्रशंसनीय रही हैं।

ऐ मेरे वतन के लोगों ज़रा आँख में भर लो पानी
जो शहीद हुए हैं उनकी ज़रा याद करो कुरबानी

लेकिन अपने फ़िल्मी गीतों में भी कवि प्रदीप ने भारत को अमन पसन्द, भाईचारे और मोहब्बत के पैग़ाम के रूप में देखा और ऐसा न होने पर वो हमेशा दुखी और ग़मगीन रहे। फ़िल्मी गीतों में भी उनके अपने जज़्बात ख़ूब छलक कर आए हैं। वो इंसानियत को हमेशा अपना पैग़ाम देते रहे।

- आज के इस इंसान को ये क्या हो गया
  उसका पुराना प्यार, कहाँ पर खो गया (अमर रहे ये प्यार)

  या

  हम ने जग की अजब तस्वीर देखी
  एक हँसता है, दस रोते हैं (शंकर, सीता, अनुसुईया)

  या

  देख तेरे संसार की हालत क्या हो गई भगवान
  कितना बदल गया इंसान (नास्तिक)

कवि प्रदीप के अगर जागृति फ़िल्मों के गीतों को ही हम सुनें तो अन्दाज़ होता है कि इस शायर में गीत लिखने की अलग ही क्षमता थी। जागृति फ़िल्म के गीत सुनने के बाद लगता है कि शायद इतने ख़ूबसूरत और इतने विभिन्न गीत होते हुए भी उनमें एक ऐसी जाज़बियत है कि सुनने वाला इस फ़िल्म के हर गीत में खोकर रह जाता है।

- आओ बच्चों तुम्हें दिखाएं / झाँकी हिन्दुस्तान की
  इस मिट्टी से तिलक करो / ये धरती है बलिदान की (प्रदीप)
- हम लाए हैं तूफ़ान से / कश्ती निकाल के
  इस देश को रखना / मेरे बच्चों सँभाल के (मो. रफ़ी)
- दे दी हमें आज़ादी बिना खडग बिना ढाल
  साबरमति के संत / तूने कर दिया कमाल (आशा भौंसले)
- चलो चलें माँ, सपनों के गाँव में
  काँटों से दूर कहीं फूलों की छाँव में (आशा भौंसले)

प्रदीप के गीतों में आमतौर पर बातचीत का सीधा अन्दाज़ रहा है। उनके रोमाँटिक गीत भी इतने ही पुर असर रहे हैं जैसे फ़िल्म "आँचल' का गीत जो महेन्द्र कपूर और आशा भौंसले की आवाज़ों में रिकार्ड हुआ, अपनी ही कशिश रखता है। इस रोमांटिक गीत में आप भी बहार, कश्तियाँ, धारा जैसे लफ़्ज़ों से क़ुदरती नज़ारों का और उनमें फैले हुए हुस्न से धड़कते दो दिलों की बातचीत को सुन कर पूरी तफ़रीह ले सकते हैं।

महेन्द्र कपूर	:	गा रही है ज़िन्दगी, हर तरफ़ बहार में, किस लिए?
आशा भौंसले	:	चार चाँद लग गए हैं, तेरे मेरे प्यार में इसलिए
महेन्द्र कपूर	:	आ गया आँचल किसी का आज, मेरे हाथ में
आशा भौंसले	:	है चकोरी आज, अपने चन्द्रमा के साथ में
महेन्द्र कपूर	:	चल पड़ी दो कश्तियाँ आज, एक धार में / किस लिए
आशा भौंसले	:	चार चाँद लग गए हैं, तेरे मेरे प्यार में / इसलिए
आशा भौंसले	:	छू रही, तन मन को मेरे / प्रीत की पुरवाइयाँ
		दूर की अम्बराइयों में गूँजती शहनाइयाँ
महेन्द्र कपर	:	सो गुना निखार है आज तो सिंगार में / किस लिए?
आशा भौंसले	:	चार चाँद लग गए हैं, तेरे मेरे प्यार में / इसलिए
आशा भौंसले	:	ज़िन्दगी भर के लिए, तू बाँह मेरी थाम ले
		जब तलक ये साँस है, हर साँस तेरा नाम ले
महेन्द्र कपूर	:	एक नई दुनिया खड़ी, अपने इंतेज़ार में / किस लिए?
आशा भौंसले	:	चार चाँद लग गए हैं, तेरे मेरे प्यार में / इसलिए
महेन्द्र कपूर	:	गा रही है ज़िन्दगी, हर तरफ़ बहार में / किस लिए?
आशा भौंसले	:	चार चाँद लग गए हैं, तेरे मेरे प्यार में / इसलिए

सन् 1997 में कवि प्रदीप को हिन्दुस्तानी फ़िल्म इण्डस्ट्री का सबसे बड़ा पुरुस्कार दादा साहब फालके अवार्ड के रूप में मिला। सन् 1961 में उन्हें हिन्दी नाटक अकादमी में भी उनकी बेशबहा ख़िदमात के लिये सम्मानित किया गया।

कुल मिलाकर कवि प्रदीप की शायरी इस बात का पैग़ाम है कि अगर दिल की गहराइयों से ईमानदाराना जज़्बात लिए हुए गीत लिखे जाएं तो फ़िल्म जैसे मीडियम में भी मिसाली काम किया जा सकता है। हाँ हमारे हिसाब से इसे अपनी ज़बान को भी इतनी ही ईमानदाराना सलाहियत से सीखना होगा। गीतों में जज़्बात की सही अक्कासी तभी हो सकती है।

नीरज

नीरज का पूरा नाम गोपालदास सक्सेना है। लेकिन शायरी उन्होंने 'नीरज' के नाम से की है। नीरज को अपनी आला शायरी के सबब अक्सर कवि 'नीरज' के नाम से पुकारा गया है। 4 जनवरी सन् 1924 को नीरज इटावा (उत्तर प्रदेश) में पैदा हुए।

नीरज ने हालाँकि शुरु में इंग्लिश में भी शायरी की लेकिन हिन्दी शायरी में और फ़िल्मी शायरी में उन्होंने अपना अलग स्थान बनाया है। नीरज उर्दू के भी जानकार हैं और कई जगह उनकी हिन्दी शायरी में भी उर्दू के अल्फ़ाज़ अपना रंग बिखेरते हैं। मिसाल के तौर पर उनका गीत "कारवाँ गुज़र गया, गुबार देखते रहे "। इस गीत को उनसे बरसों बात भी मुशायरों और कवि सम्मेलनों में सुनने की फ़रमाइश होती रही। राष्ट्र कवि रामधारी सिंह दिनकर ने भी नीरज की तारीफ़ की है। नीरज मुशायरों और कवि सम्मेलनों के पसन्दीदा शायरों में रहे। कविता या गीत पढ़ने का उनका अपना अन्दाज़ रहा है। उनका शेर मुलाहिजा हो:

अब तो मज़हब कोई ऐसा भी चलाया जाए
जिस में इंसान को, इंसान बनाया जाए

इसी गज़ल का उनका ये शेर भी ख़ूब सराहा गया है-

आग बहती है यहाँ गंगा में, झेलम में
कोई बतलाए, कहाँ जाकर नहाया जाए

इन अशआर से नीरज की सोच और उनके मिज़ाज का पता लगता है। उनके कामयाब गीतों की एक सूची इस तरह है।

- कारवाँ गुज़र गया, गुबार देखते रहे (नई उम्र की नई फसल)
- इक मुसाफ़िर हूँ (गुनाह)
- दिल आज शायर है (गैम्बलर-1971)
- मेरा बुझता दीप जला दे (सती नारी)

- शोख़ियों में घोला जाए फूलों का शबाब (प्रेम पुजारी, किशोर-लता)
- रंगीला रे, तेरे रंग में यूँ रंगा है (प्रेम पुजारी-लता)
- मेघा छाए आधी रात (शर्मीली-लता)
- सुबह न आई, शाम न आई (चा चाचा-मो. रफ़ी)
- खिलते हैं गुल यहाँ खिल के बिखरने को (शर्मीली-लता)
- ताक़त वतन की हम से है (प्रेम पुजारी-मन्नाडे-रफ़ी)
- बस यही अपराध मैं हर बार करता हूँ (पहचान-मुकेश)
- वो हम न थे वो तुम न थे (चा चा चा-मो. रफ़ी)
- ऐ भाई ज़रा देख के चलो (मेरा नाम जोकर-मुकेश)

आनन्द बख़्शी

आनन्द बख़्शी 21 जुलाई सन् 1930 में रावलपिन्डी पाकिस्तान में पैदा हुए और 30 मार्च 2002 में फ़िल्मों के इस मशहूर शायर का मुंबई में देहांत हुआ जहाँ उन्होंने कई दशकों तक दिलों पर राज किया। शायद यही वजह थी कि उन्होंने "फ़िल्म फेयर एवार्ड' भी जीते लेकिन वो फ़िल्म फेयर जैसे एवार्ड की नामीनेशन लिस्ट में अक्सर ही रहे। आनन्द बख़्शी ने फ़िल्मी गीतों में बोलचाल की ज़बान में बातचीत और सवाल जवाब का अन्दाज़ अक्सर अपनाया और इसमें वो कामयाब भी रहे। आनन्द बख़्शी की मसरूफियत और शौहरत का ये आलम रहा कि उन्होंने कोई 45 साल के अपने कैरियर में क़रीब 500 गीत लिखे।

दरअसल फ़िल्मों ने उन्हें शुरु से ही अपनी तरफ़ खींचा और इसीलिये अपने घर वालों की मर्ज़ी के विरुद्ध वह आगे बढ़े। पहले उन्होंने मिलेट्री ज्वाइन कर ली ताकि एक न एक दिन अपने ख़्वाब पूरे कर सकें।

फ़िल्मों के लिये अपनी लगन के दौरान वो कभी दिल्ली और कभी फ़िल्मों के लिये फिर मुंबई लौटे लेकिन सन् 1962 में उन्हें आख़िर फ़िल्म "मेंहदी लगी मेरे हाथ" के लिये गीत लिखने का मौक़ा मिला तो आनन्द बख़्शी ने अपनी शौहरत भी पा ली। सन् 1965 में 'जब जब फूल खिले' फ़िल्म से आनन्द बख़्शी ने अपनी मुस्तकिल पहचान बना ली। क़रीब 43 साल के फ़िल्म कैरियर में आनन्द बख़्शी मसरूफ शायर रहे और अब इस दुनिया से जाने के बाद भी उनके गीत उनकी याद दिलाते रहेंगे। उनकी कामयाब फ़िल्में रहीं जैसे:

फ़र्ज़ (67), दो रास्ते (69), बाबी (73), अमर अकबर एंथोनी (77), एक दूजे के लिए (81), अमर प्रेम (71), हरे रामा हरे कृष्णा (71), लव स्टोरी (81), कटी पतंग (70), आदि।

उनके कामयाब और यादगार गीतों की सूची लम्बी है लेकिन उनके कुछ गीत इस तरह हैं।

देवर	बहारों ने मेरा चमन लूट कर	मुकेश
मोम की गुड़िया	बागों में बहार आई	आनन्द बख़्शी
जब जब फूल खिले	एक था गुल और एक थी बुलबुल	मो. रफ़ी-नन्दा
कर्ज़	मेरी उमर के नौजवानों दिल न लगाना ओ दीवानों	किशोर
खिलौना	खिलौना जानकर तुम तो मेरा दिल तोड़ जाते हो	मो. रफ़ी
दो रास्ते	बिंदिया चमकेगी चूड़ी खनकेगी	लता
एक दूजे के लिए	सौलह बरस की बाली उम्र को सलाम	लता
चरस	आजा तेरी याद आई, ओ बालम हरजाई	लता
शोले	ये दोस्ती हम नहीं तोड़ेंगे	किशोर - मन्नाडे
अपनापन	आदमी मुसाफिर है / आता है जाता है	रफ़ी-लता
आप की क़सम	ज़िन्दगी के सफ़र में गुज़र जाते हैं जो मुक़ाम	किशोर

कटी पतंग भी आनन्द बख़्शी की कामयाब फ़िल्मों में से है। इस फ़िल्म के उनके लिखे सभी गीत मशहूर हुए-

- ये शाम मस्तानी, मदहोश किए जाए — किशोर
- प्यार दीवाना होता है / मस्ताना होता है — किशोर
- ये जो मोहब्बत है, ये उनका है काम — किशोर
- जिस गली में तेरा घर न हो बालमा, उस गली से — मुकेश
- न कोई उमंग है, न कोई तरंग है — लता
- मेरा नाम है शबनम — आशा
- आज न छोड़ेंगे हमजोली, खेलेंगे हम होली — (किशोर-लता-कोरस)

आनन्द बख़्शी ने अपने कई गीतों में ज़िन्दगी और ज़िन्दगी से जुडे विषयों पर अपने पैग़ाम भरे गीत लिखे हैं। जाहिर है उनका फ़िल्मों से सम्बन्ध भी रहा है लेकिन उन गीतों ने आज़ादाना तौर पर भी अवाम में लोकप्रियता पाई है और आम आदमी ने उन्हें पसन्द किया है और सराहा है जैसे :

- जिन्दगी के सफर में गुज़र जाते हैं जो मुक़ाम
- वो फिर नहीं आते (किशोर कुमार-आप की क़सम)

- आदमी मुसाफिर है आता है जाता है
  आते जाते रस्ते में यादें छोड़ जाता (रफ़ी-लता)

निम्नलिखित गीत देखें, जो सुनने वालों पर सीधा प्रभाव छोड़ते हैं:

ये जीवन है इस जीवन का / यही है, यही है / रंग रूप
थोड़े ग़म हैं, थोड़ी ख़ुशियाँ / यही है, यही है / छाँव धूप

ये न सोचो इसमें अपनी / हार है कि जीत है /
उसे अपना लो जो भी / जीवन की रीत है
ये ज़िद छोड़ो, यूँ न तोड़ो / हर पल, इक दर्पन है ......

धन से न दुनिया से / घर से न द्वार से
जीवन की डोर बंधी है / प्रीतम के प्यार से
दुनिया छूटे, पर न टूटे / ये ऐसा बंधन है

आनन्द बख़्शी ने सैंकड़ों ख़ूबसूरत गीत दिये हैं। इस वक़्त फ़िल्म आप आए बहार आई" का एक ख़ूबसूरत दोगाना याद आ रहा है। लक्ष्मीकांत प्यारेलाल के संगीत में आवाज़ें मो. रफ़ी और लता की हैं। इस ग़मज़दा गीत में डूबी शायरी को शायद आप भी सराहेंगे।

मो. रफ़ी : दिल शाद था, कि फूल खिलेंगे बहार में
मारा गया ग़रीब इस ही ऐतबार में

लता : मुझे तेरी मोहब्बत का सहारा मिल गया होता
अगर तूफ़ां नहीं आता किनारा मिल गया होता

लता : न था मंजूर क़िस्मत को, न थी मर्जी बहारों की
नहीं तो इस गुलिस्ताँ में कमी थी क्या नज़ारों की
मेरी नज़रों को भी कोई, नज़ारा मिल गया होता

मो. रफ़ी : ख़ुशी से अपनी आँखों को, मैं अश्कों से भिगो लेता
मेरे बदले तू हँस लेती, तेरे बदले मैं रो लेता
मुझे ऐ काश तेरा दर्द सारा मिल गया होता

लता : मिली है रोशनी जिन को, ये उनकी अपनी क़िस्मत है
मुझे अपने मुक़द्दर से फ़क़त इतनी शिकायत है

मो. रफ़ी : मुझे टूटा हुआ कोई, सितारा मिल गया होता
अगर तूफ़ां नहीं आता किनारा मिल गया होता

आनन्द बख़्शी ने अपनी शायरी से बराबर अपनी ख्याति बनाए रखी। फ़िल्म अब्दुल्ला के लिये मो. रफ़ी की आवाज़ में जो गीत रिकार्ड हुआ उसमें आनन्द बख़्शी ने अपने मेहबूब और उसके हुस्न की दलील में सादगी भी रखी और अपना दावा भी क़ायम रखा। गीत मुलाहिजा हो।

मैंने पूछा चाँद से देखा है कहीं / मेरे यार सा हसीं, चाँद ने कहा
चाँदनी की क़सम नहीं, नहीं, नहीं

मैंने पूछा बाग़ से फ़लक हो या ज़मीं / ऐसा फूल है कहीं, बाग़ ने कहा
हर कली की क़सम नहीं, नहीं, नहीं

ख़ूबसूरती जो तूने पाई, लुट गई ख़ुदा की बस ख़ुदाई
मीर की ग़ज़ल कहूं तुझे मैं, या कहूँ ख़य्याम की रुबाई
मैं जो पूछूं शायरों से, ऐसा दिलनशीं, कोई शेर है कहीं
शायर कहे, शायरी की क़सम नहीं, नहीं, नहीं

मैंने पूछा चाँद से देखा है कहीं / मेरे यार सा हसीं, चाँद ने कहा
चाँदनी की क़सम नहीं, नहीं, / नहीं मैंने पूछा चाँद से...

आनन्द बख़्शी का लिखा फ़िल्म "आप की क़सम" का ये गीत किशोर कुमार की आवाज़ में रिकार्ड हुआ हमेशा ही मेरा ध्यान अपनी तरफ़ खींचता रहा। गीत में जिन्दगी और दुनिया के फ़लसफ़े को ख़ूबसूरती से बयान किया गया है। गीत में छुपे पैग़ामात को आप भी मेहसूस कर सकते हैं।

आनन्द बख़्शी / किशोर कुमार / आप की क़सम / आर.डी.बर्मन

जिन्दगी के सफर में गुज़र जाते हैं जो मुक़ाम /
वो फिर नहीं आते, वो फिर नहीं आते

फूल खिलते हैं, लोग मिलते हैं / पतझड़ में जो फूल मुरझा जाते हैं
वो बहारों के आने से खिलते नहीं
कुछ लोग जो यूँ ही बिछड़ जाते हैं / वो हज़ारों के आने से मिलते नहीं
उम्र भर चाहे कोई पुकारा करे, उनका नाम
वो फिर नहीं आते, वो फिर नहीं आते

आँख धोका है, क्या भरोसा है, सुनो / दोस्तो, शक दोस्ती का दुशमन है
अपने दिल में इसे घर बनाने न दो

कल तड़पना पड़े / याद में जिनकी / रोक लो उनको जाने न दो
बाद में प्यार के चाहे भेजो / हज़ारों सलाम
वो फिर नहीं आते, वो फिर नहीं आते

सुबह आती है, रात जाती है / सुबह आती है रात जाती है
यूँ ही वक़्त चलता ही रहता है / रुकता नहीं
इक पल में / ये आगे निकल जाता है
आदमी ठीक से देख पाता नहीं / और पर्दे पे मंज़र बदल जाता
इक बार चले जाते हैं / जो दिन, रात / सुब-ओ-शाम
वो फिर नहीं आते, वो फिर नहीं आते

जिन्दगी के सफर में गुज़र जाते हैं जो मुक़ाम /
वो फिर नहीं आते, वो फिर नहीं आते

गुलज़ार

गुलज़ार 18 अगस्त सन् 1936 में पैदा हुए। आज फ़िल्मी दुनिया की बड़ी शख़्सियतों में उनका नाम है और ये नाम उनके काम की वजह से है। हालाँकि बहैसियत फ़िल्मी शायर हम उनकी संक्षिप्त बात कर रहे हैं लेकिन सच ये है कि वो एक शायरके अलावा एक ड्रामा निगार भी हैं। फ़िल्मों के लिए उन्होंने स्क्रीन प्ले भी लिखे। वो फ़िल्मों के डायरेक्टर भी रहे। उर्दू, हिन्दी और पंजाबी ज़बानों के जानकार रहे और इन भाषाओं में उन्होंने अपनी महारत साबित की। लेकिन ब्रज भाषा, खड़ी बोली, मारवाड़ी और हरियानवी में भी उन्होंने गीत लिखे।

दरअसल गुलज़ार का नाम आते ही कई फ़िल्मों के नाम ध्यान में आ जाते हैं। जिनमें किसी न किसी रूप में उनकी फ़िल्मों पर पकड़ नज़र आती है। आँधी, परिचय, अंगूर, कोशिश, मौसम, नमक हराम, इजाज़त, माचिस, नमकीन, मेरे अपने, किनारा। गुलज़ार के कई गीतों में निरालापन है जैसे कि पहले कहा की अलग अलग भाषाओं और बोलियों के जानकार होने के नाते गुलज़ार ने कई फ़िल्मी गीतों को अलग ही रंग दिया है। मिसाल के तौर पर फ़िल्म "लेकिन" का गीत "यारा सिली सिली" या फिर माचिस फ़िल्म का गीत "चप्पा चप्पा चरखा चले" आदि।

आर.डी. बर्मन की धुनों पर विशेष रूप से गुलज़ार के गीत बहुत चमके। फ़िल्म आँधी के सभी गीतों ने ख़ूब शौहरत पाई। शायद आज़ाद शायरी को इतनी कामयाबी से फ़िल्मों में जगह दिलवाने वाले वो नुमाइन्दा शायरों में शुमार किए जायें। फ़िल्म आँधी के लिये उनका गीत ख़ूब मक़बूल हुआ।

इस मोड़ से जाते हैं
कुछ सुस्त क़दम रस्ते, कुछ तेज़ क़दम राहें (लता किशोर)

"मासूम" फ़िल्म के लिये गीत "तुम से नाराज़ नहीं ज़िन्दगी हैरान हूँ" ख़ूब ही सराहा गया। बच्चों के लिये लिखा हुआ गीत "लकड़ी की काठी / काठी पे घोड़ा" आज भी बच्चों के साथ साथ बड़ों को भी भाता है। इस तरह बच्चों तक के बीच गुलज़ार पहुँचते हैं। वैसे उनके लिखे गीत "जंगल जंगल बात चली है / पता चला है" का ज़िक्र करने से अन्दाज़ा

हो जाएगा कि वो बच्चों की नफ़सियात को किस ख़ूबसूरती से समझते हैं और इसी लिए शायद परिचय फ़िल्म को वो इतनी कामयाबी से बना सके और फ़िल्म के शायक़ीन की खूब दाद हासिल हुई। उनकी फ़िल्म "कोशिश" ने वाक़ई साबित कर दिया कि उनमें नाजुक से नाजुक विषय को फ़िल्म में ढालने की सलाहियत है। फ़िल्म में संजीव कुमार और जया भादुड़ी ने गूँगे की कामयाब एक्टिंग से गुलज़ार को भी ख़ूब शौहरत दिलवाई। "अंगूर "फ़िल्म से जुड़ने के बाद गुलज़ार ने साफ़ कर दिया कि विषय चाहे संजीदा हो या मज़ाहिया गुलज़ार को इसे सिनेमा स्क्रीन के लिये ढालने की सलाहियत है। फिर चाहे वो मर्द औरत के रिश्तों की बात हो, बच्चों के पालने पोसने का मसला हो (परिचय) या बेरोज़गार नौजवानों के भटकने का मसला हो (फ़िल्म मेरे अपने) या फिर जुड़वा नौकरों के बीच कनफ्यूज़न की कामेडी हो (फ़िल्म अंगूर)। गुलज़ार सभी मौजू पर अपनी क़लम चलाना जानते हैं और अपनी पकड़ रखते हैं।

फ़िल्मी शायरी में भी उन्होंने अपना जुदागाना अन्दाज़ रखा। सलील चौधरी, आर.डी. बर्मन, हेमन्त कुमार जैसे बड़े संगीतकारों के साथ काम करके उन्होंने साबित किया कि सलाहियत होने पर फ़िल्म में रचनात्मकता की भरपूर गुंजाइश है।

फ़िल्म 'मौसम' के लिये उनका नग़मा हर एक के दिल को छू गया।

दिल ढूँढता है फिर वही फ़ुर्सत के रात दिन
बैठे रहें तसव्वुरे-जानाँ किए हुए

फ़िल्म 'गोलमाल' के लिये उन्होंने जिस तरह "पल" के होने का अहसास दिलाया है वो गुलज़ार के ही क़लम का जादू है।

आने वाला पल / जाने वाला है
हो सके तो इसमें / ज़िन्दगी बिता दो
पल जो ये जो जाने वाला है....

"घरौंदा' फ़िल्म में अपने घर के लिये दो दीवानों की तलाश की अक्कासी गुलज़ार ने बहुत ही ख़ूबसूरत अंदाज़ में की है।

दो दीवाने शहर में / रात में या दोपहर में
आबो-दाना ढूँढते हैं / एक आशियाना ढूंढते है (भूपेन्द्र, लैला)

फ़िल्म "आँधी" के लिये उनका नग़मा हरदिल अज़ीज़ बना।

तेरे बिना ज़िन्दगी से कोई शिकवा तो नहीं
तेरे बिना ज़िन्दगी भी लेकिन ज़िन्दगी तो नहीं

फ़िल्म "मेरे अपने'" के लिये भी उन्होंने ख़ूब शौहरत लूटी। इसके गीत मक़बूल हुए।

- हालचाल ठीक ठाक है / सब कुछ ठीक ठाक है
  बी.ए. किया है एम.ए. किया / लगता है वो भी ऐ वे किया
- कोई होता जिसको अपना, हम अपना कह लेते यारो (मेरे अपने)

यद्दपि गुलज़ार शुरुआत के दिनों में माली तौर पर परेशान रहे लेकिन वो अपने आपको भाग्यशाली गिनते हैं कि जिनको अली सरदार जाफ़री, कृष्ण चन्द्र और बेदी जैसे अदीबों के बहसो मुबाहिसा को सुनने का और समझने का मौका मिला। बम्बई में बिमल राय, हेमन्त कुमार और ऋषिकेश मुखर्जी के साथ उनको फ़िल्म माध्यम में काम करने सीखने का अवसर मिला। जाहिर है इन माहिरीन के बीच से रह कर रचनात्मकता की दुनिया में अपने आप को निखारने के लिये वो तैयार हो चुके थे। इसीलिये जब एस.डी. बर्मन के लिये उन्हें फ़िल्म 'बन्दिनी" का गीत लिखने का अवसर मिला तो उन्होंने इस गीत से अपनी पहचान करवा ली। गीत था-

'मोरा गौरा रंग लई ले, मोहे श्याम रंग दई दे"

1968 में उन्होंने फ़िल्म "आर्शीवाद" के लिये संवाद लिखे इसके बाद उन्हें पीछे मुड़कर देखना नहीं पड़ा और वो 1970 के दशक में एक मसरूफ अदीब, शायर, मकालमा-निगार और डायरेक्टर भी शुमार होने लगे।

ज़ाहिर है गुलज़ार के पास पुरस्कारों की बड़ी सूची है। उन्हें सन् 2004 में 'पदम भूषण" का सम्मान मिला। फ़िल्म "स्लिम डाग मिलेनियर" के गीत "जय हो" के लिये उनको "ग्रेमी एवार्ड" से भी सम्मानित किया गया। गुलज़ार के गीतों ने फ़िल्म फेयर एवार्डस भी हासिल किए। "खामोशी" फ़िल्म के लिये गुलजार के लिखे गीतों ने भी दिल को छुआ और ये गीत खूब सुने गए।

- हम ने देखी है इन आँखों की महकती ख़ुशबू (लता मंगेश्कर)
- तुम ही पुकार लो, तुम्हारा इंतेज़ार है (हेमन्त कुमार)

फ़िल्म "ख़ामोशी" के इस गीत को बेहद सराहा गया। इश्क़ को अहसास और ख़ुशबू जैसे रिश्तों से जोड़कर गुलज़ार ने पूरे गीत को ही जज़्बात व अहसासात की गहराइयों तक पहुँचा दिया है। गीत लता की आवाज़ में कुछ इस तरह आगे बढ़ता है।

हमने देखी है उन आँखों की महकती खुशबू
हाथ से छू के इसे रिश्तों का इल्ज़ाम न दो

सिर्फ़ अहसास है ये रूह से मेहसूस करो
प्यार को प्यार ही रहने दो, कोई नाम न दो

प्यार कोई बोल नहीं, प्यार आवाज़ नहीं
एक ख़ामोशी है सुनती है कहा करती है
न ये बुझती है न रुकती है न ठहरती है कहीं
नूर की बूँद है सदियों से बहा करती है
सिर्फ़ अहसास है ये रूह से मेहसूस करो

मुस्कुराहट सी खिली रहती है आँखों में कहीं
और पलकों पे उजाले से झुके रहते हैं
होन्ट कुछ कहते नहीं काँपते होन्टों पे मगर
कितने ख़ामोश से अफ़साने रुके रहते हैं
सिर्फ़ अहसास है ये इसे रूह से मेहसूस करो

(लता, हेमंत कुमार)

बम्बई में हाउसिंग प्रॉब्लम पर ख्वाजा अहमद अब्बास ने 'शहर और सपना' के नाम से पूरी फ़िल्म बनाई थी। लेकिन गुलज़ार ने इसी विषय पर एक ख़ूबसूरत गीत लिख दिया। अगर एक नए जोड़े को रहने के लिये घर मिल जाए तो हँसी ख़ुशी के साथ एक नई जिन्दगी मिलती है और एक नया परिवार बस जाता है। इसीलिये एक नए जोड़े के लिये एक आशियाना दिन रात का सपना होता है। गीत मुलाहिजा हो।

दो दीवाने शहर में / रात में या दोपहर में
आबो दाना ढूँढते हैं / एक आशियाना ढूँढते हैं

इन भूल भुलैया गलियों में अपना भी कोई घर होगा
अम्बर से खुलेगी खिड़की या खिड़की से खुला अम्बर होगा
असमानी (आसमानी) रंग की आँखों में / बसने का बहाना ढूँढते हैं

जब तारे ज़मीन पर चलते हैं आकाश ज़मीं हो जाता है
उस रात नहीं फिर घर जाता है, वो चाँद यहीं सो जाता है
पल भर के लिये इन आँखों में, हम एक ज़माना ढूँढते हैं

आशियाना ढूँढते हैं / दो दीवाने शहर में
रात में या दोपहर में / आबो दाना ढूँढते हैं / एक आशियाना ढूँढते हैं

(घरौंदा / गुलज़ार / भूपेन्द्र और रूना लीला)

"दो दीवाने शहर में "गीत से गुलजार ने 1978 का फ़िल्म फेयर एवार्ड भी जीता। 1961 में बनी "ख़ामोशी" फ़िल्म के लिये किशोर की आवाज़ में इस नग़मे को भी पसन्द किया गया। इस फ़िल्म के गीतों की धुनें हेमन्त कुमार ने तैयार कीं।

वो शाम कुछ अजीब थी / ये शाम भी अजीब है
वो कल भी पास पास थी, वो आज भी क़रीब है (2)

झुकी हुई निगाह में कहीं मेरा ख़्याल था
दबी दबी हँसी में इक हसीन सा गुलाल था
मैं सोचता था मेरा नाम / गुनगुना रही है वो (2)
न जाने क्यों लगा मुझे / कि मुस्कुरा रही है वो / वो शाम कुछ.....

मेरा ख़्याल है अभी / झुकी हुई निगाह में
खिली हुई हँसी भी है / दबी हुई सी चाह में
मैं जानता हूँ मेरा नाम गुनगुना रही है वो (2)
यही ख़्याल है मुझे / कि साथ आ रही है वो / वो शाम कुछ....

गुलज़ार अपनी शायरी में भी तजुर्बे से पीछे नहीं रहे हैं। फ़िल्म "दिल से" के लिये उन्होंने एक गीत से प्रभावित होकर उर्दू में गीत लिखा- "छैंया छैंया "तो इस गीत में अपने मेहबूब को उर्दू की ही तरह करीब बताया। सूफियाना तर्ज़ पर तैयार इस गीत को फ़िल्म फ़ेयर एवार्ड भी मिला। गुलज़ार आज भी एक मसरूफ़ शख्सियत हैं। फ़िल्म के डिपार्टमेंट के अलावा वो टी.वी. उर्दू ज़बान की तरक्क़ी और तरवीज के लिये भी कोशिश करते रहे हैं। अभी हाल ही में सितम्बर 2016 में भोपाल में आयोजित लिटरेचर और फ़िल्म फ़ेस्टिवल में भोपाल में उनकी नज़्मों का अंग्रेजी तर्जुमा पढ़ा गया। ऐसी मल्टिपल पर्सनलिटी से अभी और भी बहुत सी उम्मीदें हैं और नई पीढ़ी के लिये वो एक मशअले-राह हैं।

प्रेम धवन

प्रेम धवन को कई कामयाब फ़िल्मों में गीत लिखने का मौक़ा मिला या यूँ कहें कि उन्होंने फ़िल्मों को कई कामयाब गीत दिए। उनकी कुछ फ़िल्में हैं जैसे :

पवित्र पापी (70), मेरा नाम जोकर (70), एक फूल दो माली (69), शहीद (65), शबनम (64), वल्लाह क्या बात है (62), काबुली वाला (61), तेल मालिश, बूट पालिश (61), ज़बक (61), शोला और शबनम (61), गेस्ट हाउस (59), जागते रहो (56), वचन (55), आराम (51), जीत (49) आदि।

ख़ास बात ये है कि प्रेम धवन ख़ुद अच्छे मौसीक़ार भी रहे। यही वजह थी कि उनकी शायरी आमतौर पर रिदिम, मक़ामी धुनों और चुनिन्दा अल्फाज़ से भरी रही। संगीतकार की हैसियत से प्रेम धवन ने जिन फ़िल्मों में संगीत दिया उनमें से कुछ हैं :

रात के अंधेरे में, नानक दुखिया सब संसार, पवित्र पापी, शहीद आदि।

दरअसल प्रेम धवन की पढ़ाई के दौरान उनके साथियों में साहिर लुधियानवी और इन्द्र कुमार गुज़राल (प्राइम मिनिस्टर भी रहे) शामिल रहे। प्रेम धवन मार्कसवादी पार्टी के मेम्बर रहे और वो सियासत और आज़ादी की लड़ाई के दौरान भी सरगर्म रहे।

बाद में मुंबई (बंबई) में उन्होंने इप्टा (IPTA) भी ज्वाइन किया। बंबई में दरअसल उन्हें असिस्टेंट की हैसियत से म्यूजिक डायरेक्टर खुर्शीद अनवर के साथ काम करने का अवसर मिला जो उन दिनों फ़िल्म 'पगडंडी" (46) बना रहे थे। बहैसियत शायरउन्हें ज़िद्दी फ़िल्म के लिये गीत लिखने का अवसर मिला। इसी फ़िल्म के एक गीत के लिये पहली बार देव आनन्द के लिये किशोर कुमार ने आवाज़ दी। गीत था "मरने की दुआएं क्यों माँगू"। प्रेम धवन को बड़े बजट की फ़िल्में नहीं मिल पाईं लेकिन उन्होंने बड़े मौसीक़ारों के लिये जरूर गीत लिखे जैसे : सलील चौधरी, अनिल बिसवास, खेमचन्द्र प्रकाश, हँस राज बहल, रवि और चित्रगुप्त आदि।

क्यों न प्रेम धवन को उनके लिखे कुछ गीतों से याद करें कि हम उनकी शायरी और फ़िल्मों के लिये गीत लिखने की उनकी योग्यता की प्रशंसा कर सकें।

प्रेम धवन के लिखे कुछ गीत-

धड़कन : मैं तो चला / जिधर चले रस्ता (किशोर कुमार)

मैडम एक्स वाई ज़ेड : माने न / मनमोहन (लता)

प्यार का सागर: मुझे प्यार की ज़िन्दगी देने वाले (रफ़ी)

एक फूल दो माली : ओ नन्हें से फ़रिश्ते (रफ़ी)

एक फूल दो माली : तुझे सूरज कहूँ या चन्दा (मन्नाडे)

एक साल : सब कुछ लुटा के होश में आए / तो क्या किया (तलत मेहमूद)

दस लाख : आ, लग जा गले / दिलरुबा (रफ़ी)

अदा : आँखें आँखों में उनसे प्यार हो गया (लता)

अपना घर : आराम है हराम, भारत के नौजवानो..... (रफ़ी-आशा)

आधी रात के बाद : बहुत हसीं हैं तुम्हारी आँखें / कहो तो मैं इनसे प्यार कर लूँ (रफ़ी-सुमन कल्याणपुर)

सावन : भीगा भीगा प्यार का समाँ / बता दे तुझे जाना है कहाँ प्यार का (रफ़ी, शमशाद बेगम, संगीत-हंसराज बहल)

हम हिन्दोस्तानी : छोड़ो कल की बातें, कल की बात पुरानी (मुकेश साथी)

सावन : देखो बिना सावन / बरस रही बदली / (मो. रफ़ी-संगीत हंसराज बहल)

गेस्ट हाउस : दिल को लाख संभाला जी / फिर भी दिल मतवाला जी (लता)

वल्लाह क्या बात है : एक तो सूरत प्यारी और ऊपर से ये नाज़ / दिल लेने के तौबा कैसे हैं अन्दाज़ (आशा, रफ़ी)

दस लाख : तुम ग़रीबों की सुनो / वो तुम्हारी सुनेगा (मो. रफ़ी)

वल्लाह क्या बात है : खनके तो खनके, क्यों खनके (मो. रफ़ी-आशा)

तेल मालिश बूट पालिश : मेहलों में रहने वाली, दिल है गरीब का (तलत-लता)

प्यार का सागर : सदा ख़ुश रहे तू / जफ़ा करने वाले (मुकेश, संगीत-रवि)

चाँद मेरे आजा : सजना/सजना काहे भूल गए दिन प्यार के (लता, संगीत-चित्रगुप्ता)

तराना : सीने में सुलगते हैं अरमाँ (तलत मेहमूद, लता)

गेस्ट हाउस : तेरा जादू न चलेगा, ओ सपेरे (लता मंगेशकर)

ज़बक : तेरी दुनिया से दूर, चले हो के मजबूर (मो. रफ़ी-लता)

अपना घर : तुम से ही मेरी ज़िन्दगी, मेरी बहार हो तुम (गीता दत्त, मुकेश)

गेस्ट हाउस : तुम से कुछ कहना है / अगर तुम कुछ कहने दो (मुकेश-लता)

पूरब और पश्चिम : ट्विंकल ट्विंकल लिटिल स्टार (आशा-महेन्द्र कपूर)

एस.एच. बिहारी

एस. एच. बिहारी का पूरा नाम शम्सुल-हुदा बिहारी था लेकिन आमतौर पर और शायरी के लिये भी वो एस. एच. बिहारी के नाम से मशहूर हुए। एस.एच. बिहारी के नाम के साथ ओ. पी. नय्यर का नाम याद आ जाना स्वभाविक है क्योंकि उनके साथ एस. एच. बिहारी की कामयाब जोड़ी रही। फ़िल्म एक मुसाफिर एक हसीना, ये रात फिर न आएगी और कश्मीर की कली जैसी फ़िल्मों के गीतों के लिये उन्हें कोई भूल नहीं सकता है।

बिहार के भोजपुर जिले में वो सन् 1922 में पैदा हुए और 25 फरवरी सन् 1987 में उनका देहांत हुआ। उन्हें दिल का दौरा पड़ा था लेनि उनके लिखे गीत आज भी फ़िल्मी गीतों के रसिकों के दिलों पर राज कर रहे हैं।

सन् 1950 में दिलरुबा फ़िल्म के लिये उन्होंने फ़िल्म का पहला गीत लिखा जिसकी धुन ज्ञान दत्त ने तैयार की थी। इसके बाद कई संगीतकारों के साथ काम किया जिन में रोशन, मदन मोहन, श्याम सुन्दर, बसन्त प्रकाश, और जमाल हुसैन आदि शामिल रहे लेकिन हेमन्त कुमार के साथ 1953 में शर्त फ़िल्म के लिये उनका गीत ख़ूब मशहूर हुआ।

"देखो वो चाँद करता है क्या इशारे"

इसके बाद हेमन्त कुमार के संगीत में कई फ़िल्मों के लिये गाने लिखे जिनमें शामिल हैं, डाकू की लड़की (1950), बहू (1955), बन्दिश (1955), कितना बदल गया इंसान (1955), एक झलक (1956), हमारा वतन (1956), लालटेन (1956), हिल स्टेशन (1957), इंस्पेक्टर (1957), और 1957 में ही फ़िल्म यहूदी की लड़की।

हम ज़िक्र कर चुके हैं ओ. पी. नय्यर के संगीत में एस. एच. बिहारी के गीत आज भी रेडियो पर सुनवाए जा रहे हैं औरये गीत मकबूल हैं। आइये ऐसे ही कुछ गीतों की आपको याद दिलाएं कि ये गीत एस. एच. बिहारी के ही लिखे हुए हैं।

1962 में "एक मुसाफ़िर एक हसीना" के सभी गीत मक़बूल हुए लेकिन उनके दो गीत एस. एच. बिहारी ने लिखे।

- बहुत शुक्रिया बड़ी मेहरबानी, मेरी ज़िन्दगी में हुजूर आप आए (मो. रफ़ी-आशा)
- फिर तेरे शहर में लुटने को चला आया हूँ (मो. रफ़ी)

सन् 1964 में कश्मीर की कली फ़िल्म के सभी गीत एस.एच. बिहारी ने लिखे।

- इशारों इशारों में दिल लेने वाले (मो. रफ़ी-आशा)
- सुब्हान-अल्लाह / हसीं चेहरा / ये मस्ताना अदायें (मो.रफ़ी)
- है दुनिया उसी की ज़माना उसी का / मोहब्बत में जो हो गया हो किसी का (मो. रफ़ी)
- हाय रे हाय / ये मेरे हाथ में तेरा हाथ (मो. रफ़ी-आशा)
- तारीफ करूँ क्या उसकी, जिसने तुम्हें बनाया (मो. रफ़ी)

अपने देहांत से पहले (25 फरवरी 1987) को लक्ष्मीकांत प्यारेलाल के साथ फ़िल्म मज़लूम (1986) और जवाब हम देंगे (1987), के लिये गीत लिख चुके थे। एस.एच. बिहारी के सभी गीत यहां देना मुमकिन नहीं लेकिन उनके दो गीत जो आज भी अवाम में मक़बूल हैं मुलाहिज़ा हों।

एस. एच. बिहारी / ओ. पी. नय्यर / फ़िल्म कश्मीर की कली / मो. रफ़ी

है दुनिया उसी की ज़माना उसी का
मोहब्बत में जो हो गया हो किसी का

लुटा जो मुसाफ़िर दिल के सफ़र में / है जन्नत ये दुनिया, उसकी नज़र में
उसी ने है लूटा, मज़ा ज़िन्दगी का / मोहब्बत में जो हो गया हो किसी का

है सजदे के क़ाबिल हर वो दीवाना / कि जो बन गया हो तस्वीर ए जानाँ
करो एहतिराम उसकी दीवानगी का / मोहब्बत में जो हो गया हो किसी का

बरबाद होना जिसकी अदा हो / दर्दे मोहब्बत जिस की दवा हो
सताएगा ग़म क्या उसे ज़िन्दगी का / मोहब्बत में जो हो गया हो किसी का

दूसरा गीत: एस. एच. बिहारी / ओ. पी. नय्यर / फ़िल्म सावन की घटा

जुल्फों को हटा ले चेहरे से / थोड़ा सा उजाला होने दे
सूरज को ज़रा शर्मिन्दा कर / मुँह रात का काला होने दे

हो जो मौसम को पता, ये तेरी जुल्फ़ है क्या
चूम ले माँग तेरी सावन की घटा

ज़ुल्फ़ लहराए, लहरा के बादल बने / जो भी देखे तेरा पागल बने
ऐसा भी नज़ारा होने दे / ज़ुल्फ़ों को हटा ले ....

देखना रात न हो मेरे मासूम सनम
मैं कोई ग़ैर नहीं, तेरी आँखों की क़सम
दे इजाज़त कि तेरे क़दम चूम लूँ
साथ, मैं भी तेरे दो घड़ी झूम लूँ
हलका सा इशारा होने दे
ज़ुल्फ़ों को हटा दे.....   (मो रफ़ी)

क़मर जलालाबादी

क़मर जलालाबादी सन् 1917 में पैदा हुए और 9 जनवरी सन् 2003 में उनका देहांत हुआ। जलालाबाद में पैदा हुए इसीलिए क़मर के साथ उन्होंने जलालाबादी लिखा हालाँकि उनका असली नाम ओम प्रकाश भण्डारी था। छोटी उम्र से ही शायरी का शौक़ हुआ।

फ़िल्म के लिये जब वो बम्बई आए तो कोई चार दहाई तक उन्होंने फ़िल्मों के लिये काम किया। आकाशवाणी में हर पहली तारीख को आमतौर से उनका लिखा ये गाना बजाया गया "आज पहली तारीख है, आज पहली तारीख़ है"। आप अन्दाज़ कर सकते हैं कि आमदनी कम और खर्च के तक़ाज़ों से उन्होंने अपने बोल से क्या जान डाली है। किशोर ने उतनी ही ख़ूबसूरती से इसे गाया है।

बम्बई में दरअसल कई फ़िल्म प्रोडक्शन-हाउस से भी जुड़े रहे जैसे मिनरवा मूवी टोन, कमालिस्तान, एन. सी. सिप्पी फ़िल्म्स, प्रभात फ़िल्म कंपनी या प्रकाश पिक्चर्स आदि।

क़मर जलालाबादी '"फ़िल्म राईटर्स एसोसिएशन" और "आई.पी.आर.एस." के फाउण्डर मेम्बर भी रहे। उन्होंने अदबी शायरी में भी अपना मुक़ाम बनाया और फ़िल्मों के लिये भी वो बड़े संगीतकारों के साथ काम करते रहे। जैसे एस. डी. बर्मन, सी. राम. चन्द्र, हुस्नलाल भगत राम, रवि, खेमचन्द्र प्रकाश, ग़ुलाम हैदर, सज्जाद हुसैन, ओ. पी. नय्यर, कल्याण जी आनन्द जी, लक्ष्मीकांत प्यारेलाल आदि।

ज़ाहिर है उनके मशहूर गीतों की सूची भी लम्बी है इनमें से कुछ गीत इस तरह हैं-

- एक परदेसी मेरा दिल ले गया / जाते जाते मीठा मीठा ग़म दे गया (फ़िल्म फागुन)
- तेरी राहों में खड़े हैं दिल थाम के (फ़िल्म छलिया)
- आइये मेहरबाँ / बैठिये जाने जाँ (फ़िल्म हावड़ा ब्रिज)
- मैं तो एक ख़्वाब हूँ, इस ख़्वाब से तू प्यार न कर (फ़िल्म हिमालय की गोद में)

लेकिन ख़ुद कमर जलालाबादी को भी जो अपना गीत पसन्द था वो मो. रफ़ी की आवाज़ में फ़िल्म प्यार की जीत के लिये रिकार्ड हुआ। मौसीक़ी हुस्नलाल भगतराम की है बोल हैं-

इस दिल के टुकड़े हज़ार हुए / कोई यहाँ गिरा कोई वहाँ गिरा
बहते हुए आँसू रुक न सके / कोई यहाँ गिरा कोई वहाँ गिरा

आशाओं के तिनके चुन चुन कर / सपनों का महल बनाया था
तूफान से तिनके बिखर गए / कोई यहाँ गिरा कोई वहाँ गिरा

रफ़ी और ऊषा खन्ना ने क़मर जलालाबादी के गीत को जितनी ख़ूबसूरती से गाया क़मर जलालाबादी ने बोल उतने ही ख़ूबसूरती से लिखे। गीत मुलाहिजा हो फ़िल्म है "ये दिल किसको दूँ।" इस गीत की धुन भी इक़बाल कुरैशी ने बहुत ही ख़ूबसूरत बनाई

फिर आने लगा याद वही / प्यार का आलम
इंकार का आलम कभी / इक़रार का आलम

वह पहली मुलाक़ात में / रंगीन इशारे
फिर बातों ही बातों में / वो तकरार का आलम

वो झूमता बल खाता हुआ / सर्वे-ख़रामाँ
मैं कैसे भुला दूँ तेरी / रफ़्तार का आलम

कब आए थे वो कब गए / कुछ याद नहीं है
आँखों में बसा है वही / दीदार का आलम

निदा फ़ाज़ली

निदा फ़ाज़ली (असली नाम मुक़तदा हसन), शायरी का नाम "निदा फ़ाज़ली" को सन् 2013 में अपनी उर्दू, हिन्दी शायरी के लिये पदमश्री के सम्मान से नवाज़ा गया। उन्होंने फ़िल्मों के लिए संवाद भी लिखे। निदा 12 अक्टूबर 1938 में देहली में पैदा हुए और देहली यूनिवर्सिटी से पढ़ाई की। फ़िल्मी गीत और फ़िल्म संवाद के अलावा उन्होंने किताबें भी लिखीं। फ़िल्म 2004 में "देव" फ़िल्म के लिये ओर 2006 में 'यात्रा' फ़िल्म के लिये संवाद भी लिखे।

- तू इस तरह से मेरी ज़िन्दगी में शामिल है / जहाँ भी जाऊँ ये लगता है तेरी मेहफ़िल है (आप तो ऐसे न थे-मो. रफ़ी)
- कभी किसी को मुकम्मल जहाँ नहीं मिलता / कहीं ज़मीं तो कहीं आसमाँ नहीं मिलता (आहिस्ता आहिस्ता)
- अजनबी कौन हो तुम / जब से तुम्हें देखा है (स्वीकार किया मैंने)
- चाँद के पास जो सितारा है / वो सितारा हसीन लगता है (स्वीकार किया मैंने)

जैसे गीतों से निदा को आसानी से पहचाना जा सकता है। 8 फरवरी 2016 में यह शायर हम से जुदा हो गया लेकिन उनकी अदबी और फ़िल्मी शायरी ने मौजूदा दौर में भी अच्छी शायरी की लौ जलाए रखी। उनकी अदबी शायरी को भी जगजीत सिंह और दूसरे बड़े ग़ज़ल गायकों ने अपनी आवाज़ में रिकार्ड करवाया।

1969 में उनका इंतेख़ाब छप हो चुका था। फ़िल्मी शायरी को उन्होंने पहले फ़िल्म की बंदिशों की वजह से पसन्द नहीं किया, जहाँ रचनात्मकता में फ़िल्म डायरेक्टर आदि का दख़ल होता है। लेकिन फिर माली जरूरतों को देखते हुए उन्होंने फ़िल्मों के लिये भी लिखा।

उनकी इस ग़ज़ल के सभी अशआर एक फ्लासफ़ी लिये हुए शेर हैं। इसी लिये उनकी निम्नलिखित ग़ज़ल देरपा है। फ़िल्म आहिस्ता आहिस्ता के लिये इस ग़ज़ल को लता और भूपेन्द्र की अलग अलग आवाज़ों में रिकार्ड किया।

कभी किसी को मुकम्मल जहाँ नहीं मिलता
कहीं ज़मीं तो कहीं आसमाँ नहीं मिलता

बुझा सका है भला कौन वक़्त के शोले
ये ऐसी आग है जिसमें / धुआँ नहीं मिलता

जिसे भी देखिये वो अपने आप में गुम है
जुबाँ मिली है मगर / हम-जुबाँ नहीं मिलता

तेरे जहाँ में ऐसा नहीं कि प्यार न हो
जहाँ उम्मीद हो इसकी / वहाँ नहीं मिलता (आहिस्ता आहिस्ता-भूपेन्द्र)

उनकी शायरी में बचपन की मासूमियत, फ़ितरी और अमली दुनिया की कश्मकश है। उन्हें ग़ैर-अमली तौर पर वाइज़ से भी अपनी शिकायतें थीं। इन सभी चीज़ों का असर उनकी शायरी में भी देखने को मिलता है। उनके निम्नलिखित अशआर में छुपे पैग़ामात को मेहसूस किया जा सकता है।

उनके कुछ शेरी मजमुए हैं।

लफ़्ज़ों का पुल, दीवारों के बाहर, दुनिया मेरे आगे,

फ़िल्मी नग़मों में उनका नग़मा फ़िल्म "आप तो ऐसे न थे" के लिये रिकार्ड हुआ और मशहूर हो गया हेमलता की आवाज़ में रिकॉर्ड गीत के बोल इस तरह है:-

तू इस तरह से मेरी ज़िन्दगी में शामिल है
जहाँ भी जाऊँ ये लगता है तेरी मेहफ़िल है

ये आसमाँ ये बादल / ये रास्ते ये हवा
हर एक चीज़ है अपनी जगह / ठिकाने पे
कई दिनों से शिकायत नहीं / ज़माने से
ये ज़िन्दगी है सफ़र / तू सफ़र की मंज़िल है
जहाँ भी जाऊँ ये लगता है तेरी मेहफ़िल है

हर एक शै है मोहब्बत के नूर से रोशन
ये रोशनी जो न हो ज़िन्दगी अधूरी है
रहे-हयात में / हमसफ़र कोई ज़रूरी है
ये रास्ता कही तन्हा कटे तो मुश्किल है
जहाँ भी जाऊँ ये लगता है / तेरी मेहफ़िल है (आप तो ऐसे न थे)

बहैसियत गीतकार उन्होंने अपनी शायरी के ख़ास अन्दाज़ को क़ायम रखा है।

सन्	फ़िल्म	नग़मा
1997	तमन्ना	घर से मस्जिद है
1999	सरफ़रोश	होश वालों को ख़बर क्या
2000	देहली मेट्रो आफ लाइफ़	आ भी जा, ऐ सुबह आ भी जा

उनकी कामयाब शायरी को फ़िल्म "आप तो ऐसे न थे' (1980), नाख़ुदा (1982), हरजाई (1981), अनोखा बंधन (1982), रज़िया सुल्तान (1983), विजय (1988), इस राह की सुबह नहीं (1996), तमन्ना (1997), देव (2004), और यात्रा (2006) के नग़मों में भी सुना जा सकता है।

फ़िल्म "स्वीकार किया मैंने" के लिए उनके नग़मों की धुन ऊषा खन्ना ने तैयार की। इन गीतों में उनका अलग रंग नज़र आता है।

> चाँद के पास जो सितारा है / वो सितारा हसीन लगता
> जब से तुम हो मेरी निगाहों में / हर नज़ारा हसीन लगता है
>
> ज़िन्दगी दो दिलों की चाहत है / हर ख़ुशी प्यार की अमानत है
> प्यार के पास जो सहारा है / वो सहारा हसीन लगता है
>
> रात तन्हाइयों की दुश्मन है / हर सफ़र हम सफ़र से रोशन
> मौज के पास जो किनारा है / वो किनारा हसीन लगता है
>
> आज की रात है मुरादों की / रोशनी है / नए इरादों की
> शमा के पास जो शरारा है / वो शरारा हसीन लगता है
>
> चाँद के पास जो सितारा है / वो सितारा हसीन लगता है
> जब से तुम हो मेरी निगाहों में / हर नज़ारा हसीन लगता है (लता-किशोर)

निदा का दूसरा गीत इस तरह है :

लता मंगेशकर का गाया निदा का गीत खूब पसंद किया गया धुन उषा खन्ना की है:-

> अजनबी कौन हो तुम / जब से तुम्हें देखा है
> सारी दुनिया मेरी आँखों में सिमट आई है
> तुम तो हर गीत में शामिल थे / तरन्नुम बनके
> तुम मिले हो मुझे / फूलों का तबस्सुम बन के

ऐसा लगता है कि बरसों से / शनासाई है
अजनबी कौन हो तुम.......

ख़्वाब का रंग हक़ीक़त में नज़र आया है
दिल में धड़कन की तरह / कोई उतर आया है
आज हर साँस में शहनाई सी लहराई हैं
अजनबी कौन हो तुम........

कोई आहट सी अंधेरों में / चमक जाती है
रात आती है तो तन्हाई / महक जाती है
तुम मिले हो या मोहब्बत ने ग़ज़ल गाई है
अजनबी कौन हो तुम / जब से तुम्हें देखा है
सारी दुनिया मेरी आँखों में सिमट आई है
अजनबी कौन हो तुम.... (लता-स्वीकार किया मैंने)

फ़िल्म 'स्वीकार किया मैंने' के एक और गीत में निदा फ़ाज़ली ने ग़म को छुपाने और उसे मुस्कुराहट में दबाने के लिये नया अन्दाज़ अपनाया है। लता की आवाज़ में ये गीत रिकार्ड हुआ। ऊषा खन्ना की ही धुन है मुलाहिजा हो।

प्यार तो सपना है, दर्द ही अपना है

नीन्द जहाँ खुलती है ख़्वाब पिघल जाते हैं
दर्द वही रहते हैं नाम बदल जाते हैं / प्यार तो......

मुस्कुराना तो ग़म छुपाना है / हर ख़ुशी दूर का तराना है
होश की राह में दिल ही दीवाना है / प्यार तो सपना है...........

जो भी दिल के क़रीब आता है
ज़ख्म बन के सदा सताता है
दिल जो गाता है ग़म को बहलाता है
प्यार तो सपना है, दर्द ही अपना है

कैफ़ भोपाली

कैफ़ भोपाली का एक शेर है:

आग का क्या है पल दो पल में लगती है
बुझते बुझते, एक ज़माना लगता है

कैफ़ भोपाली सन् 1917 में पैदा हुए। सन् 1991 में भोपाल में उनका देहांत हुआ। कैफ़ भोपाली ने अपनी पहचान के लिये अपने उपनाम के साथ भी भोपाली ही लिखा।

कैफ़ भोपाली ने गीत भी लिखे और ग़ज़लें भी। दरअसल वो मुशायरों के पसंदीदा शायर रहे और उनका क़लाम पढ़ने का जुदाग़ाना अन्दाज़ लोगों ने पसन्द किया। उनकी गज़ल के दो शेर, बल्कि यूँ कहें एक मतला और एक शेर कुछ इस तरह हैं:

सलाम उन पर अगर ऐसा कोई / जानकार हो जाए
स्याही खून बन जाए / क़लम तलवार हो जाए

मोहब्बत से तुम्हें सरकार कहते हैं वगरना हम
निगाहें डाल दें जिस पर / वो सरकार हो जाए

इसी तरह फ़िल्मों में भी कैफ़ ने पुर-असर गीत लिखे और वो मक़बूल होते रहे। सन् 1983 में "रज़िया सुल्तान' फ़िल्म के लिये उन्होंने एक सेहरा भी लिखा।

ऐ ख़ुदा शुक्र तेरा / शुक्र तेरा
लो मेरा यार चला / बाँध कर सेहरा

लेकिन उनके लिखे इस फ़िल्म के निम्नलिखित गीत ने जैसे शायक़ीन के दिलों में आग लगा दी। मुलाहिजा हो:

जलता है बदन, जलता है बदन / जलता है बदन, जलता है बदन
प्यास भड़की है सरे शाम से / जलता है बदन
इश्क़ से कह दो कि ले आए / कहीं से सावन
प्यास भड़की है सरे शाम / जलता है बदन
जलता है बदन..........

जाने कब रात ढले / सुबह तक कौन जले
दौर पर दौर चले / आओ लग जाओ गले
कम हो सीने की जलन / जलता है बदन / जलता है बदन ....

देख, जल जायेंगे हम / इस तबस्सुम की क़सम
अब निकल जाएगा दम / तेरी बाँहों में सनम
दिल पे रख हाथ के, थम जाए दिल की धड़कन
प्यास भड़की है सरे शाम / जलता है बदन
जलता है बदन, जलता है बदन / जलता है बदन, जलता है बदन

कैफ़ भोपाली के यहां प्यार मोहब्बत का अपना अन्दाज़ है। ख़्यालात की नाजुकी है, एहसासात का भोलापन है। कैफ़ भोपाली के यहां इस्तेआरात का ख़ूबसूरत इस्तेमाल है, नाजुक जज़्बात की अक्कासी है। फ़िल्म शंकर हुसैन के लिये कैफ़ ने जो गीत लिखा ख़य्याम की धुन पर उसे लता ने आवाज़ दी।

अपने आप रातों में / चिलमनें सरकती हैं
चौंकते हैं दरवाज़े, सीढ़ियां धड़कती हैं
अपने आप / अपने आप रातों में....

एक अजनबी आहट / आ रही हैं कम कम सी
जैसे दिल के पर्दों पर गिर रही है शबनम सी
बिन किसी की याद आए दिल के तार / हिलते हैं
बिन किसी के खनकाए चूड़ियाँ / खनकती हैं
अपने आप-अपने आप......

कोई पहले दिन जैसे घर किसी के जाता हो
जैसे ख़ुद मुसाफ़िर को / रास्ता बुलाता हो
पाँव जाने किस जानिब / बे उठाए उठते हैं
और छम छमा छम, पायलें झनकती हैं
अपने आप अपने आप रातों में....

जाने कौन बालों में उँगलियाँ पिरोता है
खेलता है पानी से, तन बदन भिगोता है
जाने किस के हाथों से / गागरें झलकती हैं
जाने किसकी बाँहों से / बिजलियाँ लपकती हैं

अपने आप-अपने आप रातों में ......
अपने आप रातों में / चिलमनें सरकती हैं
चौंकते हैं दरवाज़े, सीढ़ियां धड़कती हैं
अपने आप / अपने आप....

फ़िल्म पाकीज़ा के लिये कैफ़ ने दो गीत लिखे और दोनों ही गीतों ने लोगों के दिलों में कैफ़ की याद ताज़ा कर दी।

- चलो दिलदार चलो, चाँद के पार चलो (लता-रफ़ी)
- आज हम अपनी दुआओं का असर देखेंगे तीरे नज़र देखेंगे, ज़ख्मे-जिगर देखेंगे

इस गीत के सभी बंद जज़्बात की नज़ाकत लिये हुए हैं।

प्यार करना दिले बेताब बुरा होता है
सुनते आए हैं कि ये ख्व़ाब बुरा होता है
आज इस ख्व़ाब की ताबीर, मगर देखेंगे
तीरे नज़र देखेंगे, ज़ख्मे जिगर देखेंगे

आप तो आँख / मिलाने से भी शरमाते हैं
आप तो दिल के धड़कने से भी डर जाते हैं
फिर भी ये ज़िद है / कि ज़ख्मे-जिगर देखेंगे
तीरे नज़र देखेंगे, ज़ख्मे-जिगर देखेंगे
आज हम अपनी दुआओं का असर देखेंगे

प्यार करना / दिले-बेताब बुरा होता है (२)
सुनते आये हैं कि / ये ख़्वाब बुरा होता है
आज इस ख़्वाब की ताबीर / मगर देखेंगे
तीरे-नज़र देखेंगे....

जान-लेवा है मोहब्बत का समां / आज की रात
शम्मा हो जाएगी जल जल के धुँआ / आज की रात
आज की रात बचेंगे / तो सेहेर देखेंगे
तीरे नज़र देखेंगे.... ज़ख्मे-जिगर देखेंगे....

असद भोपाली

असद भोपाली (असली नाम असद उल्ला ख़ाँ) 10 जुलाई सन् 1921 में भोपाल में पैदा हुए और 9 जून 1990 को उनका देहांत हुआ। सन् 1949 से सन् 1990 तक अपने फ़िल्मी कैरियर में असद उल्ला भोपाली ने कोई 400 गीत लिखे।

असद भोपाली के कई कामयाब गीत, उनकी याद दिलाते रहेंगे और उनके गीतों से अन्दाज़ होता है कि उन्होंने भी अपने गीतों में अपनी बेहतरीन शायरी की छाप छोड़ी है। वाक़ई :

वो जब याद आए / बहुत याद आए
ग़मे ज़िन्दगी के अंधेरों में हम ने / चराग़े-मोहब्बत जलाए / बुझाए (पारसमणी)

एक ग़मगीन दिल को इससे बेहतर क्या तसल्ली दी जा सकती है:

ऐ मेरे दिले-नादाँ तू ग़म से न घबराना / एक दिन तो समझ लेगी दुनिया तेरा अफ़साना (टावर हाउस)

शुरु में ही बी. आर. चौपड़ा की अफसाना फ़िल्म के लिये गीत लिखने के बाद उनकी पहचान बन गई थी। इस फ़िल्म के कोई 9 गीतों में से क़रीब 6 गीत असद भोपाली के थे जिनके लिये शमशाद बेगम, मुकेश और लता ने आवाज़ें दी हैं।

पारसमणी के गीत (63) में "हँसता हुआ नूरानी चेहरा" ने फ़िल्म को भी शौहरत दिलाई। कुछ और उनके गीत जिन्हें शायद असद भोपाली ने दिल से लिखा।

- दिल की बातें दिल ही जाने (रूप तेरा मस्ताना)
- दोस्त बन के आए हो, दोस्त बन के ही रहना (फ़िल्म बिन फेरे हम तेरे)

और सन् 1990 में उनका लिखा गीत जिसके लिये असद भोपाली को फ़िल्म फेयर एवार्ड भी मिला यद्दपि अपनी बीमारी के कारण वो ख़ुद हासिल नहीं कर सके। फ़िल्म "मैंने प्यार किया" का ये गीत मक़बूल भी खूब हुआ।

- कबूतर जा, जा, जा (मैंने प्यार किया)

असद भोपाली ने करीब 100 फ़िल्मों के लिये 400 गीत लिखे। उनमें से कुछ हैं:-

फ़िल्म	गीत	गुलूकार	संगीतकार
माई लव	दिल है कि दर्दे मोहब्बत	लता	लक्ष्मीकांत प्यारेलाल
मैंने प्यार किया	दिल दीवाना बिन सजना के माने ना	एस.पी.बाला सुब्रमण्यम	राम लक्ष्मण
मैंने प्यार किया	मैंने प्यार किया	लता	राम लक्ष्मण
हम सब उस्ताद हैं	अजनबी तुम जाने पहचाने से लगते हो	किशोर	लक्ष्मीकांत प्यारेलाल
हम सब उस्ताद हैं	सुनो जाना / सुनो जाना	किशोर कुमार	लक्ष्मीकांत प्यारेलाल
इंसाफ	दो दिल धड़क रहे हैं आवाज़ एक है	आशा-तलत	चित्रगुप्त
रंगीला राजा	हम तुम्हारे हो चले	तलत-सुरैया	श्याम कृष्ण
टावर हाउस	मैं खुशनसीब हूँ / मुझ को किसी का प्यार मिला	मुकेश	रवि
छेला बाबू	तेरे प्यार ने मुझ पे किया असर	मोहम्मद रफ़ी	लक्ष्मीकांत प्यारेलाल
एक सपेरा एक लुटेरा	हम तुमसे जुदा होके / मर जाएंगे रो-रो के	मोहम्मद रफ़ी	उषा खन्ना
एक नारी दो रूप	दिल का सूना साज तराना ढूंढेगा	मोहम्मद रफ़ी	गणेश
मिस बाम्बे	ज़िन्दगी भर गम जुदाई का मुझे तड़पाएगा....	मोहम्मद रफ़ी	हंसराज बहल
एक नारी दो रूप	तेरे भी किसी पे दिल आए	मोहम्मद रफ़ी	उषा खन्ना

मैं वही हूँ	बहुत हसीन हो / बहुत जवां हो	मोहम्मद रफ़ी	ऊषा खन्ना
रूप तेरा मस्ताना	दिल की बातें दिल ही जाने	लता-किशोर	लक्ष्मीकांत प्यारेलाल
उस्तादों के उस्ताद	सौ बार जनम लेंगे सौ बार फ़ना होंगे	मोहम्मद रफ़ी	रवि
ठाकुर जनेरल सिंह	हम तेरे बिन जी न सकेंगे सनम	आशा भोसले	गणेश

असद भोपाली की लिखी ग़ज़ल फ़िल्म "फ्री लव" के लिये लता मंगेश्कर की आवाज़ में रिकार्ड हुई। ग़ज़ल में ग़म की गहराई, नग़मगी और जज़्बात की अक्कासी का कमाल है-

हम कश्मकशे ग़म से गुज़र क्यों नहीं जाते
मरना तो बहरहाल है, मर क्यों नहीं जाते

इस ग़ज़ल के अगले शेर से पहले साहिर की वो नज़्म का हिस्सा शायद आप को भी याद आ गया हो।

तंग आ चुके हैं कश्मकश ज़िन्दगी से हम
ठुकरा न दें जहाँ को कहीं / बे दिली से हम

लो आज हम ने तोड़ दिया रिश्ता-ए-उम्मीद
लो अब कभी / गिला न करेंगे किसी से हम

आईये असद भोपाली की ग़ज़ल के बाक़ी अशआर दोहराएं।

ये वक़्त के हाथों में / चमकते हुए खंजर
एक साथ कलेजे में / उतर क्यों नहीं जाते

बहके हुए क़दमों पे / ये साँसों के जनाज़े
आख़िर किसी मंज़िल पे / ठहर क्यों नहीं जाते

और आख़िरी शेर यूँ है कि :

सोचा ही नहीं था कभी / ये हाल भी होगा
हम अपनी ही तस्वीर से / डर क्यों नहीं जाते

जो लोग कहते हैं फ़िल्मों में साहित्यिक शायरी की गुंजाइश नहीं वो इस नग़मे को अदबी मैयार पर तोल सकते हैं।

असद भोपाली के इस नग़मे को कौन भुला सका है भला।

असद भोपाली / उस्तादों के उस्ताद / मो रफ़ी / रवि

सौ बार जनम लेंगे, सौ बार फ़ना होंगे
ऐ जाने वफ़ा फिर भी हम तुम न जुदा होंगे

ये कैसी उदासी है जो हुस्न पे छाई है
हम दूर नहीं तुम से कहने को जुदाई है
अरमान भरे दो दिल फिर एक जगह होंगे
सौ बार जनम लेंगे, सौ बार फ़ना होंगे
ऐ जाने वफ़ा फिर भी हम तुम न जुदा होंगे

क़िस्मत हमें मिलने से रोकेगी भला / कब तक
इन प्यार की राहों में भटकेगी वफ़ा / कब तक
क़दमों के निशाँ ख़ुद ही मंज़िल का पता होंगे

इस ख़ूबसूरत नग़मे की इब्तिदा इन चार मिसरों से होती है, मुलाहिज़ा हो

वफ़ा के दीप जलाए हुए निगाहों में

भटक रही हो भला क्यों उदास राहों में

तुम्हें ख़्याल है तुम मुझ से दूर हो गए

मैं सामने हूँ, चली आओ मेरी बाँहों में (उस्तादों के उस्ताद / मो. रफ़ी)

असद भोपाली भी फ़िल्मी दुनिया के उन शायरों में से रहे जिन्होंने अपनी शायरी और अपने फन से बहरहाल प्रभावित किया।

फ़िल्म उस्तादों के उस्ताद के लिये असद भोपाली की लिखी क़व्वाली कई मायनों में ख़ास रही और क़ाबिले मिसाल बन गई। आमतौर पर क़व्वाली को दो ग्रुप में मुक़ाबले के तौर पर दिखाया जाता है लेकिन "उस्तादों के उस्ताद' फ़िल्म की इस सिच्युएशन में प्रदीप कुमार और शेख़ मुख़्तार छुपते-छुपाते भागते हुए ऐन वक़्त पर क़व्वालों का मेकअप लेकर स्टेज पर उस वक़्त पहुँचते हैं जब शकीला बानो भोपाली अपने ग्रुप के साथ मुक़ाबले के लिये दूसरे ग्रुप की मुन्तज़िर थीं। इस सिच्यूएशन पर प्रदीप कुमार और शेख मुख़्तार के

लिये शायरी और क़व्वाली के लिये मुक़ाबले के अल्फ़ाज़ देना असद भोपाली जैसे शायर की फ़नकारी है। बहरहाल क़व्वाली से शायद आप ख़ुद बहुत कुछ अन्दाज़ लगा सकें। कोरस के साथ आवाजें मो रफ़ी, आशा, मन्नाडे की हैं। धुन रवि की है

रफ़ी-मन्नाडे : आ-आ-आ-आ / आ-आ-आ-आ
मिलते ही नज़र तुम से हम हो गए दीवाने
आग़ाज़ तो अच्छा है / अंजाम ख़ुदा जाने
मिलते ही नज़र तुम से / हम हो गए दीवाने

आशा : अंजामे-मोहब्बत से तुम हो अभी बेगाने
शोलों से उलझते हो दीवाने हो दीवाने
अंजामे-मोहब्बत से तुम हो अभी बेगाने

रफ़ी-मन्नाडे : तुम हुस्ने-मुजस्सिम हो / रंगीन क़यामत हो

मन्नाडे : फूल जुल्फ़ों में चुने माँग भरी तारों से
रंग मिलता है दहकते हुए / अंगारों से

रफ़ी : आ-आ
मस्त आँखों पे गुमाँ होता है मैख़ानों का
हर नज़र में है नशा सैंकड़ों पैमानों का

मन्नाडे: आ-आ

मन्नाडे/रफ़ी: जाने क्या हुस्न के जलवों में / नज़र आता है
अरे / देखने वालों का ईमान चला जाता है
इसीलिए तो कहा था...

मन्नाडे/रफ़ी: तुम हुस्ने मुजस्सिम हो / रंगीन क़यामत हो
तुम हुस्ने मुजस्सिम हो / रंगीन क़यामत हो

मन्नाडे/रफ़ी: बैठे हैं मुक़ाबिल में / अरे बैठे हैं मुक़ाबिल में / हम, तीरे नज़र ताने
आग़ाज़ तो अच्छा है / अंजाम ख़ुदा जाने /हाय मिलते ही नज़र तुम से...

आशा: नादान हो जानो क्या / तुम हुस्न की फ़ितरत को, (२)
अंदाज़ ही देखे हैं / तेवर नहीं पहचाने (२)

जो घटाओं की तरह शानों पे लहराती हैं
हाँ वही जुल्फ़े / कभी नाग भी बन जाती हैं

आँखें मैख़ाने हैं लेकिन इन्हीं मैख़ानों में / ज़हर भी मय की जगह होता है, पैमानों में
वक़्त की ताब न हो जिस में / वो इंसान ही क्या
एक नज़र में जो चला जाए / वो ईमान ही क्या (२)
नादान हो जानो क्या / तुम हुस्न की फ़ितरत को (२)
अंदाज़ ही देखे हैं / तेवर नहीं पहचाने / शोलों से उलझते हो, दीवाने हो दीवाने

हाय, अंजाम मोहब्बत से तुम हो अभी दीवाने
मन्नाडे/रफ़ी: मिलते ही नज़र तुम से हम हो गए दीवाने
रफ़ी : आ-आ-आ-आ
आ-आ-आ-आ....
मन्नाडे/रफ़ी : मिलते ही नज़र तुम से हम हो गए दीवाने...(मो रफ़ी, आशा, मन्नाडे)
कोरस: अंजाम-ए-मोहब्बत तुम हो अभी बेगाने

फ़ारुक़ क़ैसर

फ़ारूक़ क़ैसर ने कई फ़िल्मों के लिये गीत लिखे। उनमें से कुछ हैं 'ओ तेरा क्या कहना'", "वतन से दूर", "देहली जंक्शन", "लोहा", आया तूफ़ान', मोर्चा (1980), "काश' (1987), "अजी बस शुक्रिया", "फ़ौलाद", "ऐतबार" (1985), आदि। लेकिन "पारसमणी "के लिये उनके लिखे गीतों ने उन्हें मक़बूल बना दिया जैसे : "चोरी चोरी / जो तुम से मिले / तो लोग क्या कहेंगे" (लता-मुकेश)।

फ़िल्म "अजी बस शुक्रिया'' का ये गीत इन्तिहाई पुर-असर साबित हुआ और इसकी आज भी मक़बूलियत बनी हुई है और शायद आइन्दा भी बनी रहेगी। रोशन ने इसकी धुन बनाई:-

सारी सारी रात तेरी याद सताए / प्रीत जगाए हमें नीन्द न आए रे
इक तो बलम तेरी याद जलाए / दूजे, चंदा आग लगाए

आग लगाए, तेरी प्रीत जगाए रे, नीन्द न आए / सारी सारी रात....
तेरी लगन बनी रोग साँवरिया / कैसे बीते बाली उमरिया

बाली उमर / मोहे बड़ा तड़पाए रे, नीन्द न आए / सारी सारी रात...
प्रीत लगा के तुम तो हुए पराए, प्यास जिया की कौन बुझाए

कौन बुझाए, कोई ये समझाए, नीन्द न आए रे
सारी सारी रात तेरी याद सताए.............. (लता मंगेशकर)

अनजान

"अनजान" का असली नाम लालजी टंडन पाण्डेय रहा फ़िल्मी गीतों के लिए वो अनजान के नाम से जाने गए पूर्वी भाषा पर उनकी अच्छी पकड़ रही जिन फ़िल्मों के लिए आपने गीत लिखे उनमे शामिल है:-

डॉन, मुकद्दर का सिकंदर, गौदान आदि

संगीतकार ओ पी नैय्यर, कल्याण जी-आनंद जी, राजेश रोशन, शंकर जयकिशन, बप्पी लहरी के साथ भी उन्होंने काम किया

आपका काव्य संग्रह "गंगा तट का बंजारा" भी प्रकाशित हुआ है

13 सितम्बर 1997 को आपका देहांत हुआ और उनके नए गीतों का सिलसिला समाप्त हो गया उनके बेटे "समीर" ने भी फ़िल्मों के लिए गीत लिखे हैं

फ़िल्म "बहारें फिर भी आयेंगी" के लिये ओ. पी. नय्यर की धुन पर रफ़ी की आवाज़ में ये नग़मा भी खूब मक़बूल हुआ। इस नग़मे में अहम मिसरा है- "मेरा दिल मचल गया तो मेरा क्या क़ुसूर है"। हुस्न की तारीफ़ का ये भी एक ख़ूबसूरत अन्दाज़ है कि सुनने वालों ने रफ़ी के गुनगुनाते हुए अन्दाज़ को भी ख़ूब सराहा। नग़मा मुलाहिजा हो-

आप के हसीन रुख़ पे / आज नया नूर है / मेरा दिल मचल गया तो मेरा क्या क़ुसूर है
आप की निगाह ने कहा तो कुछ ज़रूर है / मेरा दिल मचल गया तो मेरा क्या क़ुसूर है

खुली लटों की छाँव में खिला खिला ये रूप है / घटा से जैसे छन रही सुबह सुबह की धूप है
जिधर नज़र मिल रही बस सुरूर है / मेरा दिल मचल गया तो मेरा क्या क़ुसूर है

झुकी-झुकी निगाह में भी हैं बला की शोख़ियाँ (2) / दबी-दबी हँसी में भी तड़प रही हैं बिजलियाँ
शबाब आप का (3) / नशे में ख़ुद ही चूर चूर है / मेरा दिल मचल गया तो मेरा क्या क़ुसूर है

जहाँ जहाँ पड़े क़दम / वहाँ फ़िज़ा बदल गई (2) / कि जैसे सर-ब-सर बहार आप ही में ढल गई

किसी में ये कशिश कहाँ हुजूर है / मेरा दिल मचल गया तो मेरा क्या कुसूर है

अनजान को सन् 1953 में फ़िल्म के लिये गीत लिखनेका पहला मौक़ा मिला जब उन्होंने फ़िल्म "प्रिंस आफ गोलकुण्डा' के लिये गीत लिखा-

- लहर ये डोले, कोयल ये बोले और
- शहीदों अमर है तुम्हारी कहानी

इसके बाद अनजान को फ़िल्मों के लिये लिखने का मौक़ा मिलता रहा लेकिन ज़्यादातर उन्हें शुरू में छोटे बजट की फ़िल्में ही मिल सकीं। हमने जिस तरह से 1950 और 1960 के गीतकारों का मुख्तसिर जायज़ा लिया है। इससे आप को अन्दाज़ा हो गया होगा कि अच्छे गीतकारों में भी एक ज़बर्दस्त मुक़ाबला था और सिर्फ़ बेहतर गीत ही किसी नग़मा निगार को संगीतकार के लिये क़ाबिले क़ुबूल थे और इसके बावजूद भी लोगों को वहां स्ट्रगल करना पड़ रहा था। बहरहाल अनजान को फ़िल्म "गऊदान" में रवि शंकर की मौसीकी में गीत लिखने का मौक़ा मिला तो इसके बाद वो तलाशे नज़र बन गए। उनके कई कामयाब गीतों की अच्छी ख़ासी फेहरिस्त है। जैसे अमिताभ पर पिक्चाराईज गाना "खाई के पान बनारस वाला' से अनजान को कोई भी पहचान सकता है। कुछ और मशहूर गीत इस तरह हैं।

- बिना बदरा के बिजुरिया कैसे चमके (फ़िल्म बंधन)
- रोते हुए आते हैं सब (मुक़द्दर का सिकंदर)
- ओ साथी रे तेरे बिना भी क्या जीना (मुक़द्दर का सिकंदर)
- दिल तो है दिल (मुक़द्दर का सिकंदर)
- जिसका मुझे था इंतेज़ार (डान)
- ई है बम्बई नगरिया तू देख बबुआ (डान)
- कब के बिछड़े हुए (लावारिस)

इस शौहरत के बीच अनजान को कई मशहूर संगीतकारों के साथ काम करने का मौक़ा मिला।

कल्याण जी आनन्द जी मुक़द्दर का सिकन्दर, डॉन

बप्पी लहरी	:	नमक हलाल, शराबी
राजेश रोशन	:	दो और दो पाँच, याराना
आर. डी. बर्मन	:	मेहमान

प्रकाश मेहरा की फ़िल्मों के लिये अनजान पसन्द बने रहे। दरअसल 1980 के बाद अनजान का शुमार प्रसिद्द गीतकारों में था। फ़िल्में रहीं जैसे डिस्को डाँसर, आँधी और तूफ़ान, इल्ज़ाम, आग ही आग, पाप की दुनिया या फिर टार्ज़न, बदलते रिश्ते, ईश्वर आदि।

करीब 20 साल के अपने सफ़र में अनजान को फ़िल्में मिलती रहीं और उनके गीत शौहरत पाते रहे। फिर ज़बान पर उनको अच्छी पकड़ थी और अपने कई गीतों में उन्हें इससे मदद मिली। अन्दाज़ ये हुआ कि एक से ज़्यादा ज़बाने जानना भी गीतकार के लिये हमेशा फ़ायदामन्द रहा है।

तनवीर नक़वी

तनवीर नक़वी 4 फरवरी सन् 1919 में पैदा हुए। हालाँकि बटवारे के बाद वो पाकिस्तान चले गए लेकिन जाने से पहले उनके लिखे हुए नग़मे हमारे लिये मिसाल हैं। वो एक नवम्बर सन् 1972 में देहांत कर गए। हिन्दोस्तानी फ़िल्मों में उन्होंने फ़िल्मकारों के लिए मलिका, अलाउद्दीन का बेटा, नई दुनिया फ़िल्मों के लिये भी गीत लिखे।

फ़िल्म "अनमोल घड़ी" जो सन् 1946 में बनी! यानी सन् 1946 के लिखे इस फ़िल्म के नग़में आज भी पसंद किए जा रहे हैं और सुने जा रहे हैं। और इस फ़िल्म के सभी गीत मक़बूल हुए। तनवीर नक़वी जिन्होंने इसके गीत लिखे उन गीतों के संगीत के लिए मौसीकार नौशाद को भी इसकी दाद देना होगी।

- जवाँ है मोहब्बत हसीं है ज़माना
- आवाज़ दे कहाँ है, दुनिया मेरी जवाँ है
- मेरे बचपन के साथी, मुझे भूल न जाना / देखो देखो हँसे न ज़माना, हँसे न ज़माना
- क्यों याद आ रहे हैं गुज़रे हुए ज़माने (आवाज़ सुरेन्द्र)
- आजा मेरी बरबाद मोहब्बत के सहारे / है कौन जो बिगड़ी हुई तक़दीर सँवारे
- सोचा था क्या-क्या हो गया (आवाज़-सुरैया)
- क्या मिल गया भगवान / तुम्हें दिल को दुखा के / अरमानों की नगरी में मेरी आग लगा के
- मन लेता है अँगड़ाई (आवाज़-सुरैया)
- अब कौन है मेरा / कहो अब कौन है मेरा (आवाज़-सुरेन्द्र)
- मैं दिल में दर्द बसा लाई (आवाज़-सुरैया)
- उड़न खटोले पे उड़ जाऊँ, तेरे हाथ न आऊँ
- तेरा खिलौना टूटा बालक -तेरा खिलौना टूटा बालक

जावेद अख़्तर

जावेद अख़्तर सन् 1945 में ग्वालियर में एक अदबी घराने में पैदा हुए। वालिद जाँ निसार अख़्तर फ़िल्मों में गीत लिखने के अलावा अपनी शायरी के लिये उर्दू अदब में भी अपना मुक़ाम बना चुके थे और वालिदा सफ़िया अख़्तर उर्दू अदब की अच्छी नस्र निगार थीं। जावेद अख़्तर का "लव स्टोरी" फ़िल्म का लिखा नग़मा बहुत पसंद किया गया।

कुछ न कहो / कुछ भी न कहो / क्या कहना है, क्या सुनना है
मुझ को पता है, तुम को पता है / समय का ये पल थम सा गया है
और इस पल में कोई नहीं है / बस एक मैं हूँ, बस एक तुम हो

कितने गहरे कितने हलके / शाम के रंग है झलके
पर्बत से यूँ उतरे बादल जैसे आँचल झलके और इस पल में....

सुलगी सुलगी साँसें, बहकी बहकी धड़कन
महके महके शाम के साय, पिघले पिघले तन मन

और इस पल में कोई नहीं है / बस एक मैं हूँ, बस एक तुम हो

(1942 ए लव स्टोरी / जावेद अख़्तर / कुमार शानू / आर. डी. बर्मन)

जावेद अख़्तर दरअसल एक मसरूफ़ शख्सियत रहे हैं। फ़िल्मों के लिये उन्होंने संवाद लिखे, स्क्रीन प्ले लिखे और गीत लिखे। इसके अलावा टेलीविज़न पर भी वो फ़िल्मों से सम्बन्ध प्रोग्राम देते रहे। राज्य सभा के मेम्बर रहे। उन्हें सन् 1999 में "पदमश्री और सन् 2007 में "पदम भूषण'' के एज़ाज़ से भी नवाज़ा गया। जावेद अख़्तर को "साहित्य एकेडमी" और "फ़िल्म फेयर" अवार्डस भी मिले हैं।

जावेद अख़्तर ने कुछ दिन सलीम के साथ मिलकर फ़िल्मों की कहानी, संवाद और स्क्रीन प्ले लिखे। "शोले" फ़िल्म से इन दोनों ने फ़िल्मों में कहानी, संवाद और स्क्रीन प्ले को अहमियत दिलवाई लेकिन फिर जावेद ने फ़िल्मों के लिये अपने ही नाम से भी काम किया।

जावेद ने सलीम ख़ान के साथ जिन फ़िल्मों के लिये स्क्रीन प्ले लिखे उनमें से कुछ हैं:- अंदाज़, यादों की बारात, जंज़ीर, हाथी मेरे साथी, दीवार, त्रिशूल, डान, काला पत्थर, दोस्ताना, क्रांति, शक्ति, और मिस्टर इंडिया आदि।

ब-हैसियत शायर जावेद ने कई फ़िल्मों के लिये गीत लिखे इनमें से कुछ हैं: सिलसिला, दुनिया, सागर, साथ साथ, अर्जुन पण्डित और दिल जले आदि।

मशाल फ़िल्म के लिये किशोर कुमार की आवाज़ में ज़िन्दगी से भरपूर ये गीत भी ख़ूब मशहूर हुआ। हृदयनाथ मंगेश्कर ने फ़िल्म मशाल के गीतों की कामयाब धुनें तैयार कीं।

(मशाल / जावेद अख़्तर / किशोर / हृदयनाथ मंगेश्कर)

लिये सपने निगाहों में / चला हूँ तेरी राहों में / ज़िन्दगी आ रहा हूँ मैं ...

तेरी सौ दास्तानें हैं / तेरे कितने फ़साने हैं
मगर एक वो कहानी है / जो अब मुझ को सुनानी है
ज़िन्दगी आ रहा हूँ मैं...

इस गीत का बंद मुलाहिज़ा हो-

मेरे हाथों की गर्मी से / पिघल जायेंगी ज़ंजीरें
मेरे क़दमों की आहट से / बदल जायेंगी तक़दीरें
उम्मीदों के दिये लेकर / ये सब तेरे लिये लेकर / ज़िन्दगी आ रहा हूँ....

इसी फ़िल्म मशाल का ये दोगाना भी खूब मशहूर हुआ। आवाज़ें लता और किशोर की हैं-

लता : मुझे तुम याद करना और मुझ को याद आना तुम

किशोर : मैं एक दिन लौट के आऊँगा / ये मत भूल जाना तुम

किशोर : अकेली होगी तुम देखो, कभी ऐसा न हो जाए
जो अब होन्टों पे है मुस्कान, वो मुस्कान न खो जाए
ज़रा लोगों से मिलना तुम, ज़रा हँसना, हँसाना तुम
लता : मगर तुम लौट के आओगे / ये मत भूल जाना तुम

फ़िल्म "साथ साथ" के लिये जावेद अख़्तर की ख़ूबसूरत धुनें कुलदीप ने तैयार कीं और जगजीत और चित्रा ने उन्हें अपनी आवाज़ों से मधुर बनाया। सभी गीत पुर-असर रहे।

- प्यार मुझ से किया तुम ने / तो क्या पाओगी
- तुम को देखा तो ये ख़्याल आया / ये बता दे मुझ को ज़िन्दगी
- ये तेरा घर / ये मेरा घर
- यूँ जिन्दगी की राह में मजबूर हो गए

फ़िल्म साथ साथ के लिये जावेद अख़्तर के लिखे गीत बहुत मशहूर हुए। निम्नलिखित ग़ज़ल के सभी अशआर मुलाहिजा हों:

तुम को देखा तो ये ख़्याल आया
ज़िन्दगी धूप / तुम घना साया

आज फिर दिल ने इक तमन्ना की
आज फिर दिल को हम ने समझाया

तुम चले जाओगे तो सोचेंगे
हम ने क्या खोया, हमने क्या पाया

हम जिसे गुनगुना नहीं सकते
वक़्त ने ऐसा गीत, क्यों गाया

फ़िल्मों में नग़मा निगारी के अहम अवार्ड्स

फ़िल्म फ़ेयर अवार्ड

फ़िल्म फेयर मेगज़ीन की ओर से 1954 से फ़िल्मों में सबसे अच्छे काम और सबसे बेहतरीन फ़िल्म के लिये वार्षिक अवार्ड की शुरुआत हुई लेकिन इसमें सबसे अच्छे गीतकार का इनाम सन् 1959 से शुरु हुआ और फिल्मों के लिए गीत लेखक को मान्यता दे गई।

सबसे पहले शैलेन्द्र को फ़िल्म "यहूदी" के गीत के लिये पुरस्कार मिला। "ये मेरा दीवानापन है" जबकि सन् 1959 के "सबसे बेहतरीन नग़मा निगार" के एवार्ड के लिये साहिर लुधियानवी को नज़्म "औरत ने जन्म दिया मर्दो को' (फ़िल्म साधना) और शैलेन्द्र ही को फ़िल्म यहूदी फ़िल्म के गीत "मेरी जाँ, मेरी जाँ / प्यार किसी से" के लिये भी नामीनेट किया गया था। यह सूची गीतों के बहतरीन स्वर को दर्शाती है।

1959 के बाद से कुछ-एक साल को छोड़कर अभी भी "बेहतरीन गीतकार" का पुरस्कार दिया जा रहा है। इस इनाम के लिये चुने नामों में से बेहतरीन का चुनाव करने के लिये अवाम की राय को भी शामिल किया जाता है। इसी लिये फ़िल्म फ़ेयर पुरस्कार की शौहरत और अहमियत रही। शुरु में कुछ साल तो इस आयोजन का टेलीविज़न पर लाइव ब्राड कास्ट भी हुआ। बाद में इसे रिकार्ड करके दिखाया जाने लगा।

बेहतरीन नग़मा निगार के लिये किस साल किन-किन गीतकारों के नाम सामने आए और उनमें से किस ने इनाम हासिल किया इस सब की जानकारी के लिये हम बेहतरीन गीतकार फ़िल्म फ़ेयर एवार्ड की सूची शामिल कर रहे हैं ताकि आप को अन्दाज़ हो सके कि फ़िल्मी गीतों में किस किस तरह फ़र्क आता रहा है। क्या पुराने गीत आज के गीतों से ज़्यादा बेहतर थे? ये इंतेखाब हम आप पर छोड़ते हैं। हाँ, फ़िल्मी गीतों को किस तरह बेहतर और बेहतर बनाया जा सकता है इस सवाल पर भी हम ने संक्षिप्त बहस की है। लेकिन ख़ुद आप की अपनी राय का भी हमें सम्मान है।

List of Filmfare Awards for Best Lyricist

Year	Poet	Film	Song
1959	**Shailendra**	**Yahudi**	**Yeh mera deewanapan hai**
	Sahir Ludhyanvi	Sadhna	Aurat ne janam diya mardon ko
	Shailendra	Yahudi	Meri jaan, meri jaan
1960	**Shailendra**	**Anari**	**Sab kuch seekha ham ne**
	Majrooh	Sujata	Jalte hain jiske liye
	Sahir	Dhool ka Phool	Tu hindu banega, na
1961	**Shakeel Badayuni**	**Chaudhvin ka Chand**	**Chaudhvin ka Chand ho**
	Shailendra	Dil Apna Aur Preet Parayee	Dil Apna Aur Preet Parayee
	Shakeel	Mughal-e-Azam	Pyaar kiya to darna kya
1962	**Shakeel**	**Gharana**	**Husn wale tera jawab nahin**
	Hasrat Jaipuri	Sasural	Teri pyari pyari surat ko
	Shailendra	Jis Desh Men Ganga Behti Hai	Hoton pe sachai rehti hai
1963	**Shakeel**	**Bees Saal Bad**	**Kahin deep jale kahin dil**
	Hasrat Jaipuri	Jungli	Ae gulbadan, ae gulbadan
	Raja Mehdi Ali Khan	Anpadh	Aapki nazron ne samjha
1964	**Sahir**	**Taj Mahal**	**Jo wada kiya woh nibhana**
	Sahir	Gumrah	Chalo ek baar phir se
	Shakeel	Mere Mehboob	Mere mehboob tujhe meri
1965	**Majrooh Sultanpuri**	**Dosti**	**Chahunga main tujhe saanjh savere**
	Shailendra	Sangam	Dost dost na raha
	Bharat Vyas	Sant Gyaneshwar	Jyot se jyot jagate chalo

1966	**Rajendra Krishn**	**Khandan**	**Tum hi mere Mandir**
	Hasrat	Arzoo	Aji ruthkar ab kahan
	Indeevar	Himalaya ki god men	Ek tu na mila
1967	**Hasrat Jaipuri**	**Suraj**	**Baharon phool barsao**
	Shailendra	Teesri Qasam	Sajan re jhoot mat bolo
	Shakeel	Do Badan	Naseeb men jis ke jo likha tha
1968	**Gulshan Kumar Mehta**	**Upkar**	**Mere desh ki dharti**
	Anand Bakshi	Milan	Sawan ka Mahina
	Sahir Ludhyanvi	Hamraz	Neele gagal ke tale
1969	**Shailendra**	**Brahmachari**	**Main gaon tum so jao**
	Hasrat Jaipuri	Brahmachari	Dil ke jharoke men
	Sahir Ludhyanvi	Aakhen	Milti hai zindagi men mohabbat
1970	**Neeraj**	**Chanda aur Bijli**	**Kal ka Pahiya**
	Anand Bakshi	Jeene Ki Rah	Badi mastani hai
	Anand Bakshi	Aaradhna	Kora kaghaz tha yeh man mera
1971	**Verma Malik**	**Pehchan**	**Sabse bade naadan**
	Anand Bakshi	Do Raaste	Bindiya chamkegi
	Neeraj	Pehchan	Bas yahi apraadh
1972	**Hasrat Jaipuri**	**Andaz**	**Zindagi ek safar hai suhana**
	Anand Bakshi	Kati Patang	Na koi umang hai
	Neeraj	Mera nam jokar	Ae bhai zara dekh ke chalo
1973	**Verma Malik**	**Beimaan**	**Jai bolo Beimaan ki**
	Anand Bakshi	Amar Prem	Chingari koi badhke
	Santosh Anand	Shor	Eik pyar ka naghma hai

5 Nomination Criteria adopted from 1974			
1974	**Gulshan Kumar Mehta**	**Zanjeer**	**Yaari hai iman mera**
	Anand Bakshi	Boby	Hum tum ek kamre men
	Anand Bakshi	Boby	Mai shayar to nahin
	Indeevar	Samjhota	Samjhota ghamon se kar lo
	Bithal Bhai Patel	Boby	Jhoot bole kauva kate
1975	**Santosh Anand**	**Roti Kapda Aur Makan**	**Main na bhoolunga**
	Anand Bakshi	Dost	Gadi bula rahi hai
	Indeevar	Resham Ki Dori	Behna ne bhai ki kalai
	M.G. Hashmat	Kora Kaghaz	Kora kaghaz tha
	Santosh Anand	Roti Kapda Aur Makan	Aur nahin, bas aur nahin
1976	**Indeevar**	**Amanush**	**Dil aisa kisi ne mera toda**
	Anand Bakshi	Dulhan	Ayegi zaroor chitthi mere
	Anand Bakshi	Sholay	Mehbooba o mehbooba
	Gulzar	Aandhi	Tere bina zindagi se
	Vishweshwar Sharma	Sanyasi	Chal sanyasi mandir men
1977	**Sahir Ludhyanvi**	**Kabhi Kabhi**	**Kabhi kabhi mere dil men**
	Anand Bakshi	Mehbooba	Mere naina sawan bhadon
	Gulzar	Mausam	Dil dhoondta hai phir wohi
	Piyush	Dharam Karam	Ek din bik jaayega
	Sahir	Kabhi Kabhi	Main pal do pal ka shayar
1978	**Gulzar**	**Gharonda**	**Do deewane shehar men**
	Anand Bakshi	Amar Akbar Anthany	Parda hai parda
	Gulzar	Kinara	Naam gum jaayega
	Majrooh	Ham Kisi Se Kam Nahin	Kya hua tera wada

	Neeti Sagar	Manthan	Mera gaon kadhpare
1979	**Anand Bakshi**	**Apnapan**	**Aadmi musafir hai**
	Anand Bakshi	Main Tulsi Tere Aangan Ki	Main Tulsi Tere Aangan Ki
	Anjaan	Don	Khai ke paan banaras wala
	Pt. Narendra Sharma	Satyam Shivam Sundaram	Satyam Shivam Sundaram
	Ravindra Jain	Akhyon Ke Jharokon Se	Akhyon Ke Jharokon Se
1980	**Gulzar**	**Golmal**	**Aane wala pal**
	Anand Bakshi	Sargam	Dafli wale dafli baja
	Anand Bakshi	Jurmana	Sawan ke jhoole pade
	Jan Nisar Akhtar	Noori	Aaja re mere dilbar aaja
	Sahir Ludhyanvi	Dada	Dil ke tukde tukde karke
1981	**Gulzar**	**Thodi Si Bewafai**	**Hazar rahen mudke dekhin**
	Anand Bakshi	Qarz	Dard-e-dil, dard-e-jigar
	Anand Bakshi	Qarz	Om shanti om
	Anand Bakshi	Dostana	Salamat rahe dostana hamara
	Anand Bakshi	Asha	Sheesha ho ya dil ho
1982	**Anand Bakshi**	**Ek Dooje Ke Liye**	**Tere mere beech men**
	Anand Bakshi	Ek Dooje Ke Liye	Solah baras ki bali umar ko salaam
	Anand Bakshi	Love Story	Yaad aa rahi hai
	Gulzar	Basera	Jahan pe savera ho
1983	**Santosh Anand**	**Kranti**	**Zindagi ki na toote ladi**
	Santosh Anand	Prem Rog	Mohabbat hai kya cheez
	Amir Qazalbash	Prem Rog	Meri qismat men tu nahin

	Anjaan/ Prakash Mehra	Namak Halaal	Pag ghungroo bandh Meera
	Hasan Kamal	Nikah	Dil ke arman
	Hasan Kamal	Nikah	Dil ki yeh arzoo thi koi
1984	**Gulzar**	**Masoom**	**Tujhse naraz nahin zindagi**
	Anand Bakshi	Betaab	Jab ham jawan honge
	Gulshan Kumar Mehra	Agar Tum Na Hote	Hamen aur jeene ki
	Sawan Kumar Tak & Pradeep Kaushik	Soutan	Shayad meri shadi ka
	Sawan Kumar Tak & Pradeep Kaushik	Soutan	Zindagi pyar ka geet hai
1985	**Hasan Kamal**	**Aaj Ki Awaz**	**Aaj ki Aawaz**
	Anand Bakshi	Soni Mahiwal	Sohni Chinam de
	Anjaan/ Prakash Mehra	Sharabi	Manzilen apni jagah hain
	Anjaan/ Prakash Mehra	Sharabi	Log kahte hain
	Indeevar	Tohfa	Pyar ka tohfa laya
1986	**Vasant Dev**	**Utsav**	**Man kyon behka re**
	Anand Bakshi	Meri Jung	Zindagi har qadam ek nai jang hai
	Anjaan	Saheb	Yaar bina chain kahan re
	Hasan Kamal	Tawaif	Bahut der se
	Hasrat Jaipuri	Ram Teri Ganga Meli	Sun sahiba sun
1987	**No Award Given**		
1988	**No Award Given**		
1989	**Gulzar**	**Ijazat**	**Mera kuch saaman**
	Javed Akhtar	Tezaab	Ek, do, teen
	Majrooh	Qayamat Se Qayamat Tak	Papa kehte hain

1990	**Asad Bhopali**	**Maine Pyar Kiya**	**Dil deewana, bin sajna ke**
	Anand Bakshi	Chandni	Lagi aaj sawan
	Dev Kohli	Maine Pyar Kiya	Aate jate, hanste gate
1991	**Sameer**	**Aashiqui**	**Nazar ke saamne**
	Ram Malik	Aashiqui	Dheere dheere se
1992	**Gulzar**	**Lekin**	**Yaara seeli seeli**
	Faiz Anwar	Dil Hai Ke Manta Nahin	Dil Hai Ke Manta Nahin
	Ravindra Jain	Hina	Main hoon khushrang Hina
1993	**Sameer**	**Deewana**	**Teri ummeed tera intezaar karte hain**
	Majrooh	Jo Jeeta Wohi Sikandar	Woh sikandar hi dosto
	Sameer	Deewana	Aisi deewangi
1994	**Sameer**	**Ham Hain Rahi Pyaar Ke**	**Ghunght ki aad se rahi pyaar ke**
	Anand Bakshi	Khalnayak	Choli ke peechhe
	Anand Bakshi	Darr	Jadu teri nazar....
	Dev Kohli	Baazigar	Yeh kaali kaali aankhen
	Gulzar	Rudaali	Dil hum hum kare
1995	**Javed Akhtar**	**1942 A Love Story**	**Ek ladki ko dekha to**
	Anand Bakshi	Mohra	Too cheez badi hai
	Dev Kohli	Ham Aapke Hain Kaun	Ham Aapke Hain Kaun
	Sameer	Yeh Dillagi	Ole Ole
1996	**Anand Bakshi**	**Dil Wale Dulhaniya Le Jayenge**	**Tujhe dekha to yeh jana sanam**
	Anand Bakshi	Dil Wale Dulhaniya Le Jayenge	Ho gaya hai tujhko to pyar

	Majrooh	Akele Ham Akele Tum	Raja ko rani se pyar
	Mehboob	Rangeela	Kya kare
	Mehboob	Rangeela	Tanha tanha
1997	**Javed Akhtar**	**Papa Kehte Hain**	**Ghar se nikalte hi**
	Gulzar	Maachis	Chappa chappa charkha chale
	Majrooh	Khamoshi The Musical	Aaj main upar
	Poet	Film	Song
	Nida Fazli	Is Raat Ki Subah Nahin	Jeevan kya hai
	Sameer	Raja Hindustani	Pardesi pardesi jana nahin
1998	**Javed Akhtar**	**Border**	**Sandese aate hain**
	Anand Bakshi	Dil To Pagal Hai	Bholi si surat
	Anand Bakshi	Pardes	I love my India
	Anand Bakshi	Pardes	Zara tasveer se
	Javed Akhtar	Yes Boss	Chand tare tod ke laaun
1999	**Gulzar**	**Dil Se**	**Chaiyan chaiyan**
	Gulzar	Dil Se	Ae ajnabi
	Javed Akhtar	Duplicate	Mere mehboob mere sanam
	Sameer	Kuch kuch hota hai	Ladki badi anjani hai
	Sameer	Kuch kuch hota hai	Tum paas aaye
2000	**Anand Bakshi**	**Taal**	**Ishq bina kya jeena yaaro**
	Anand Bakshi	Taal	Taal se taal mila
	Israr Ansari	Sarfarosh	Zindagi maut na ban jaye
	Mehboob	Ham Dil De Chuke Sanam	Aankhon ki gustakhiyan

	Mehboob	Ham Dil De Chuke Sanam	Tadap Tadap ke
2001	**Javed Akhtar**	**Refugee**	**Panchi nadiya**
	Anand Bakshi	Mohabbaten	Ham ko hamin se churalo
	Gulzar	Fiza	Aja mahiya
	Ibrahim Ashk	Kaho Na Pyar Hai	Na tum jano na hum
	Sameer	Dhadkan	Tum dil ki dhadkan men
2002	**Javed Akhtar**	**Lagaan**	**Radha kaise na jale**
	Anand Bakshi	Gadar-ek-Prem Kahani	Udja kale kawan
	Anil Pandey	Kabhi Khushi Kabhie Gham	Suraj hua maddham
	Javed Akhtar	Lagaan	Mitwa sun mitwa
	Sameer	Kabhi Khushi Kabhi Gham	Kabhi Khushi Kabhi Gham
2003	**Gulzar**	**Saathiya**	**Saathiya**
	Nusrat Badr	Devdas	Dola re dola
	Sameer	Raaz	Aap ke pyar men
	Sudhakar Sharma	Hamraaz	Sanam mere hamraz
	Sudhakar Sharma	Hamraaz	Tune zindagi men aake
2004	**Javed Akhtar**	**Kal Ho Na Ho**	**Kal Ho Na Ho**
	Javed Akhtar	Chalte Chalte	Tauba tumhare ye ishare
	Javed Akhtar	LOC Kargil	Ek saathi
	Sameer	Andaaz	Kisi se tum pyar karo
	Sameer	Tere Naam	Tere Naam
2005	**Javed Akhtar**	**Veer Zara**	**Tere liye ham bhi jeeye**
	Javed Akhtar	Veer Zara	Aisa des hai mera
	Javed Akhtar	Main Hoon Na	Main Hoon Na
	Javed Akhtar	Swades	Yeh tara woh tara
2006	**Gulzar**	**Bunty Aur Babli**	**Kajrare kajrare**

	Gulzar	Bunty Aur Babli	Chup Chupke
	Gulzar	Paheli	Dheere jalna
	Sameer	Aashiq Banaya Aapne	Aashiq Banaya Aapne
	Swanand Kirkire	Parineeta	Piyu bole
2007	**Prasoon Joshi**	**Fana**	**Chand sifarish jo karta hamari**
	Gulzar	Omkara	Beedi jalale le
	Javed Akhtar	Kabhi Alvida Na Kehna	Kabhi Alvida Na Kehna
	Javed Akhtar	Kabhi Alvida Na Kehna	Mitwa
	Prasoon Joshi	Rang de Basanti	Ru-ba-roo
	Poet	Film	Song
2013	**Gulzar**	**Jab Tak Hai Jaan**	**Challa hans-da**
	Amitabh Bhattacharya	Agneepath	Abhi Mujh men kahin
	Gulzar	Jab Tak Hai Jaan	Saans
	Javed Akhtar	Talaash	Jee le zara
	Swanand Kirkire	Barfi	Aashiyan
2014	**Prasoon Joshi**	**Bhag Milkha Bhag**	**Zinda hai toh**
	Amitabh Bhattacharya	Lootera	Shikayaten
	Amitabh Bhattacharya	Yeh Jawani Hai Deewani	Kabira
	Mithoon	Aashiqui-2	Tum hi ho
	Swanand Kirkire	Lal poche	Manja
2015	**Rashmi Singh**	**City Lights**	**Muskurane ki wajah**
	Gulzar	Haider	Bismil
	Irshad Kamil	Highway	Patha ke guddi

	Kausar Mahir	Youngistan	Suno na sang-e-marmar
	Amitabh Bhattacharya	Hasee to Phansi	Zah naseeb
2016	**Irshad Kamil**	**Tamasha**	**Agar tum saath ho**
	Amitabh Bhattacharya	Dilwale	Garve
	Anvita Duh Guptan	Shaandar	Gulabo
	Gulzar	Talvaar	Zinda
	Kumar	Roy	Suraj dooba hai
	Varun Grover (Writer)	Dum laga ke Haisha	Moh moh ke dhage

नेशनल फ़िल्म फ़ेस्टिवल अवार्ड्स

हिन्दुस्तान में फ़िल्मों में बेहतर कार्य के लिये डायरेक्टरेट ऑफ फ़िल्म फ़ेस्टिवल (डी.एफ.एफ.) की ओर से भी वार्षिक समारोह का आयोजन शुरु हुआ लेकिन फ़िल्मों में बेहतरीन शायरी और बेहतरीन गीतों के लिए इनामात 16वीं नेशनल फ़िल्म फ़ेस्टिवल से शुरु किए गए। 1969 से लगभग दस साल के बीच पुरस्कार नहीं दिये जा सके (1976-1985)। हालांकि इसके बाद सिर्फ़ 1987 को छोड़कर हर वर्ष ये पुरस्कार दिये जाते रहे हैं। नेशनल फ़िल्म फेस्टिवल में बेहतरीन शायरी के पुरस्कार के लिये, पुरस्कार को केवल हिन्दी भाषा तक सीमित नहीं रखा गया बल्कि हिंदुस्तान में बोली जाने वाली सभी भाषाओं में से केवल 7 से अधिक बोली जाने वाली भाषाओ की शायरी के लिये इस साल के दौरान मुक़ाबले में आना होता है।

इस तरह बेहतरीन गीत या फ़िल्मी शायरी में किसी प्रमुख वर्ष के दौरान जिन भाषाओ की फ़िल्मों और उनके गीतों के बीच मुक़ाबला होता है वो 7 ज़बानें इस तरह हैं।

हिन्दी, तेलगू, तमिल, बंगाली, मलयालम, कन्नड़ और पंजाबी भाषओं के लिये लिखे हुए फ़िल्मी गीतों के बीच वार्षिक मुक़ाबला होता है। 2016 तक बेहतरीन शायरी के लिये 36 वार्षिक फ़िल्म फेस्टिवल में कई शायरों ने अपनी अपनी ज़बान में इस पुरस्कार को जीता है जिन का विवरण हम नीचे दे रहे है।

हिन्दी में 15, तमिल में 15, तेलगू में 3, मलयालम में 3, बंगाली में 2, कन्नड़ में 2 और पंजाबी में 1 पुरस्कारों को बांटा गया।

नेशनल फ़िल्म फेस्टिवल अवार्ड्स (बेहतरीन शायरी के लिए) की सूची नीचे दी गई है।

Festival	Language	Lyricist	Film	Song
1968 (16th)	Tamil	Lannadasa	Kughan thaikkare	-
1969 (17th)	Hindi	Kaifi Azmi	Saat Hindu-stani	Andhi Aaye ke Toofan
1970	**No Awards**			
1971	Punjabi	Prem Dha-warn	Nanak Dukhiya sab sansar	-
1972	Malayalam	Vaylar Rama Verma	Achanum Bappaum	-
1973	**No Awards**			
1974	Telgu	Sri Sri	Allupi Seathavama-raju	-
1975-1983	**No Awards**			
1984 (32nd)	Hindi	Vasant Dev	Saaransh	-
1985 (33rd)	Tamil	Vairamuthu	Muthal Mariyathal	-
1986	**No Awards**			
1987 (35th)	Hindi	Gulzar	Ijaazat	Mera Kuch Saman
1988 (35th)	Malayalam	D.N.V. Kump	Vaishali	-
1989 (37th)	Bengali	Satarupa Sanyal	Chhandneer	For Rare Poetic heights in all the lyrics of the films
1990 (38th)	Hindi	Gulzar	Lekin	For evoking beautiful im-agery, created through lyrical poetry

1991 (39th)	Kannad	K.S. Narsimha Swami	Mysove Millige	For the depth and poetic quality of the lyrics
1992 (42nd)	Tamil	Varamuthu	Roja	For his charming simple poem "Chinna Chinna Aawaai"
1993 (41st)	Telgu	Vturi Sundararama murthy	Mathru Devo Bhava	"Raali poje Purva" for poetic imagination
1994 (42nd)	Tamil	Vira methu	Kuruththa Pairtra	"Uyirum Neeye" "Poralae Ponnuthay" For rich repertory of poetic expression
1995 (43rd)	Hindi	Amit Khanna	Bhairavi	Kuch is tarah For meaningful and overall mood of the song
1996 (44th)	Hindi	Javed Akhtar	Saaz	For poetic and traditional expression
1997 (45th)	Hindi	Javed Akhtar	Border	For its evocative wording
1998 (46th)	Hindi	Javed Akhtar	God mother	Maati re maati For lucid and thought provoking
1999 (47th)	Tamil	Vaira muthai	Sangaman	Mudhai mural killipartheem
2000 (48th)	Malayalam	Yusuf Ali Kechery	Magha	Gayam Hari Nama
2000 (48th)	Hindi	Javed Akhtar	Refugee	Panchi Nadiya

2001 (49th)	Hindi	Javed Akhtar	Lagaan	Radha kaise na jale Ghan-am-Ghanam For bringing rich-ness of kutch locale
2002 (50th)	Tamil	Vaira muthy	Kannathil Muthamittal	For realms of poetry
2003 (51st)	Telgu	Suddala Ashok Teja	Tagore	Nena saitham For awaking masses against social evils
2004 (52nd)	Tamil	P.Vijay	Autograph	"Ovorora Pookalume" For meaning and powerful lyrics
2005 (53rd)	Kannad	Baraguru Rama chan-drarappa	Thaayi	"Baru Theve" Lyric hightened the effect of the film
2006 (54th)	Hindi	Swanand Kirkire	Lage Raho Munna Bhai	"Bande me the dum" for lyrical working
2007 (55th)	Hindi	Prasoon Joshi	Taare Zamin Par	"Maa" For the soulful poetry
2008 (56th)	Bengali	Anindya and Chandi	Antaheen	"Pherari Mon" Contributing meaningfully to the film
2009 (57th)	Hindi	Swanand Kirkire	3 Idiots	"Behti Hawa sa tha woh" Cov-ering through imaginative poetry
2010 (58th)	Tamil	Vairamuthu	Thenmerku Paruvakaatry	"Kallikaatil" For simplification of emotion

2011 (59th)	Hindi	Amitabh Bachchan	Law	"Agar Zindagi" For bringing sense of completeness in life
2012 (60th)	Hindi	Prasoon Joshi	Chillagong	"Bolona" For evoking imagery of varied dimensions
2013 (61st)	Tamil	Na. Muthu Kumar	Thanza Meenkal	"Ananda Yaaghai" For amplification of emotions
2014 (62nd)	Tamil	Na. Muthu Kumar	Selvam	"Aghagu" Appeal to and adult world from a child
2015 (63rd)	Hindi	Varun Grover	Dum Laga ke Haisha	"Moh Moh ke Dhage" For expressing love

फ़िल्मी गीतों में रचनात्मकता

हम बात कर चुके हैं कि फ़िल्मी गीत, फ़िल्म का ज़रूरी हिस्सा समझे जा रहे हैं। ऐसे में ज़ाहिर है फ़िल्मी गीत की रचना करते समय हम को जिस विशेष फ़िल्म के लिये गीत लिखना है उसे समझना ज़रूरी होगा। सच्चाई ये है कि फ़िल्म की कोई तो भाषा होगी उस भाषा के कुछ संस्कार भी होंगे और उससे जुड़ी फ़िल्म की कहानी होगी। तो कुल मिलाकर फ़िल्मी गीत का पहला सामना फ़िल्म की भाषा और उस भाषा के संस्कार से होता है।

फ़िल्मी गीत : भाषा और संस्कार

हमने ज़िक्र किया है कि फ़िल्म मीडियम "मास कम्युनिकेशन" का एक माध्यम है और फ़िल्मी गीत क्योंकि फ़िल्म का हिस्सा हैं इसलिए ये निजी तौर पर भी (यानी फ़िल्म से अलग हट कर भी) लोगों के मनोरंजन और उनके लिये पैग़ाम पहुचाने का माध्यम हैं इसलिये "फ़िल्मी गीत" को भी हम जनसंचार का एक हिस्सा तो ज़रूर मान सकते हैं। ये हुआ हमारी बातचीत का पहला हिस्सा।

अब आइये दूसरे भाग की बात की जाए। फ़िल्मी गीत बहरहाल बोल (अल्फ़ाज़) के बग़ैर मुमकिन नहीं। यानी उन्हें भाषा की आवश्यकता है। आप इस बात का अन्दाज़ा यूँ लगाइये कि "नेशनल एवार्ड" जो डायरेक्टरेट ऑफ फ़िल्म्स की ओर से हर साल दिये जाते हैं उनमें सबसे अच्छे गीत यानी बेहतरीन नग़मों का अवार्ड हिंदुस्तान की सात बड़ी ज़बानों को मिलाकर दिया जाता है। यानी कभी पंजाबी फ़िल्म का गीत पुरस्कार जीत लेता है तो किसी साल कोई तमिल गीतकार इस पुरस्कार का विजेता बनता है। और किसी साल हिन्दी वाला भी इस पुरस्कार का विजेता बनता है। यानी कुल मिलाकर गीत की तख़्लीक़ (क्रीएशन) में ज़बान की अहमियत है। अब ज़बान क्योंकि एक संस्कृति (एक कल्चर) का हिस्सा है इसलिये गीत की रचना में हमारी राय में संस्कृति व कल्चर का लिहाज़ रखना भी ज़रूरी हो जाता है।

इस तरह कुल मिलाकर फ़िल्मी गीत कई चीजों से एक दूसरे से धागे में पिरोया हुआ होता है और इसकी रचनात्मकता में हमें इन सबका ध्यान रखना मददगार होता है।

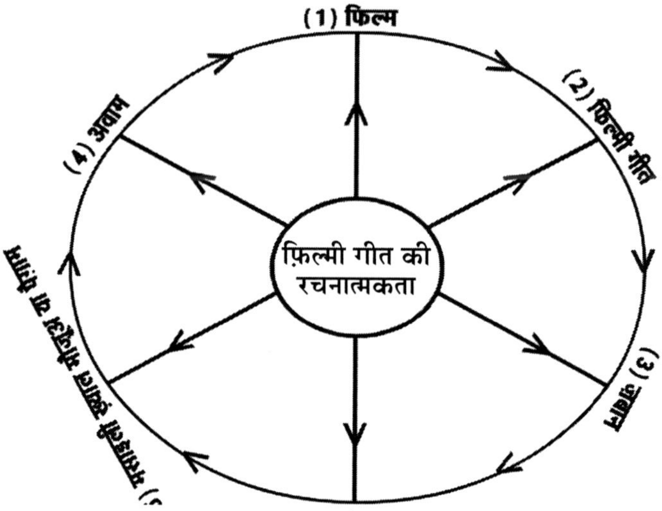

आप ने अन्दाज़ किया होगा कि चार्ट के अनुसार कोई भी फ़िल्मी गीत:-

1 और 2 - गीत फ़िल्म से जुड़ा होता है : इसमें प्लाट, कहानी, किरदार, सिच्युएशन होती हैं। कभी गीत डायलॉग और फ़िल्म के मैसेज (पैग़ाम) या तफ़रीही पहलू से भी जुड़ा होता है।

2 और 3 - फ़िल्म भाषा से जुड़ी होती हैं :

अगर गीत फ़िल्म से जुड़ा होता है यानी फ़िल्म का हिस्सा होता है तो ख़ुद फ़िल्म किसी भाषा से जुड़ी होती है। हमारे हिन्दोस्तान में ही कई भाषाओं और बोलियों में फ़िल्में तैयार होती हैं।

3 और 4 - ज़बान ही से संस्कृति और कल्चर जुड़ा होता है :

इसीलिए बंगाली, मराठी ज़बानों की वजह से वहाँ की ज़बान और तहज़ीब में भी फ़र्क है। यहाँ तक कि ख़ुद उर्दू ज़बान का किसी विशेष स्थान से ताल्लुक़ नहीं लेकिन ख़ुद उर्दू ज़बान की एक तहज़ीब अवश्य है।

4 और 5 तहज़ीब और कल्चर ही में रस्में, त्यौहार, आदि होते है:

यदि बंगाली इलाक़े की भाषा अलग है तो वहाँ का पहनावा, रस्में आदि भी भिन्न हैं। इसी तरह मराठी, पंजाबी, राजस्थानी और दूसरी ज़बानों के साथ ही वहाँ की तहज़ीब, पकवान,

त्यौहार, पहनावा और रस्में अलग होती हैं। पंजाबी का भाँगड़ा मशहूर है तो उत्तर प्रदेश की लोक धुनें। इन सब का असर भी गीतों पर रहता है और उनमें भाषा व संस्कृति से जुड़ा कोई ख़्याल, कोई सन्देश छुपा होता है।

5 और 6 – ख़्याल, पैग़ाम व फ़्लासफी से गीतकार का नज़रिया अवाम तक पहुँचता है। किसी ख़ास गीत में गीतकार की सोच, उसका ख़्याल, फ़लासफी या पैग़ाम अवाम तक पहुँचता है और इसी से गीत को शौहरत मिलती है।

6 और 7 - ख़्याल व पैग़ाम व फ़लासफी बहरहाल फ़िल्म का हिस्सा होता है।

क्योंकि गीत किसी ख़ास फ़िल्म के लिये लिखा जाता है इसलिये गीत में बयान किया हुआ ख़्याल, सन्देश या फ़लासफी बहरहाल उस फ़िल्म के मीडियम से हम तक पहुँचता है। इसीलिये अक्सर अपनी पसन्द के गीत के बारे में हम जानकारी ले रहे होते हैं कि ये किस फ़िल्म का गीत है और हम जानते हैं कि फ़िल्म जन संचार का एक मीडियम है।

दरअसल जन के मायने अवाम के हैं। क्योंकि फ़िल्मों के माध्यम से हम एक ही वक़्त में कई लोगों तक अपनी बात पहुँचाते हैं। जी हाँ एक हाल या थिएटर में एक ही वक़्त में सैंकड़ों लोग इस फ़िल्म को देखते हैं फिर एक ही वक़्त में यही फ़िल्म कई कई थिएटर में कई बार दिखाई जाती है। फिर यही फ़िल्म एक ही वक़्त में मुल्क और कभी दुसरे मुल्क के भी कई-कई शहरों के कई कई थिएटर में कई कई वक़्त दिखाई जाती है इस तरह आप अन्दाज़ लगा सकते हैं कि फ़िल्मों का माध्यम अपनी बात या अपना सन्देश आम लोगों तक यानी अवाम तक पहुँचाने का कितना अहम माध्यम हैं। इसी लिये फ़िल्मों को भी हम "अवामी ज़राये तरसील (मीडियम आफ मास कज़्यूनिकेशन)" कहते हैं।

अब ये बात हमें मान लेने में कोई दुश्वारी नहीं कि फ़िल्मी गीत भी किसी ख़ास फ़िल्म का एक हिस्सा होते हैं। लेकिन किसी फ़िल्म के गीत, अलग से भी दूसरे मास मीडियम के माध्यम से अवाम तक पहुँचाए जाते हैं। जैसे रेडियो पर हम ये गीत सुनते हैं, टी.वी. पर एक ही वक़्त में अलग अलग जगहों पर यही गीत दिखाए जा रहे होते हैं। इसी तरह अब सोशल मीडियम पर भी यही गीत आम आदमी या अवाम के लिये इन्टरनेट की मदद से उसके कंप्यूटर या मोबाइल में कभी भी मौजूद रहते हैं। इस तरह कुल मिलाकर हमें यह नहीं भूलना है कि फ़िल्मी गीत एक तरफ़ तो फ़िल्म का हिस्सा होते हैं कि फ़िल्म ख़ुद ही मास कम्युनिकेशन का एक ज़रिया (मीडियम) है। लेकिन फ़िल्म से जुड़ा गीत अलेहदा से भी यानी दूसरे मास मीडियम जैसे रेडियो, टी.वी. या सोशल मीडिया आदि पर अवाम तक बार बार पहुँचता है। इसीलिये गीत में दिये गए बोल या अल्फाज़ या उन अल्फाज़ के माध्यम से दिया गया पैग़ाम अहम होता जाता है। आईये अब इन्हीं बातों को कुछ मिसालों से समझें:-

एक फ़िल्मी गीत है :

किसी की मुस्कुराहटों पे हो निसार
किसी का दर्द मिल सके तो ले उधार
किसी के वास्ते हो तेरे दिल में हो प्यार
जीना इसी का नाम है (फ़िल्म अनाड़ी, शैलेन्द्र)

ज़रा सोचिए शायर ने इस फ़िल्मी गीत में भी क्या पैग़ाम अवाम तक पहुँचाने की कोशिश की है। लगभग तीन मिनट के गाने में शायर ने कुछ और भी इसी तरह के सन्देश दिए हैं जैसे बंद मुलाहिजा हो-

रिश्ता दिल से दिल के ऐतबार का
ज़िन्दा है हमीं से नाम प्यार का
कि मर के भी किसी को याद आएंगे
किसी के आँसुओं में मुस्कुराएंगे
कहेगा फूल हर कली से बार बार
जीना इसी का नाम है

अब "जीने के" यानी जिन्दगी को समझने और ज़िन्दगी को गुज़ारने के एक ही जैसे विषय पर कितने गीतकारों ने फ़िल्मी गीतों के माध्यम से भी कई सन्देश जानता तक पहुँचाए हैं। उन्हें शायद एक ही वक़्त में गिन पाना मुश्किल है। चन्द मिसालें निम्नलिखित हैं।

दुनिया में हम आए हैं तो जीना ही पड़ेगा
जीवन है अगर ज़हर तो पीना ही पड़ेगा (शकील-मदर इण्डिया)

या जीवन चलने का नाम, चलते रहो सुबह शाम (इन्द्रजीत सिंह, तुलसी-शोर)

या ये जीवन है इस जीवन का यही है रंग रूप
थोड़े ग़म हैं थोड़ी ख़ुशियाँ
यही है, यही है छाँव धूप (आनन्द बख़्शी-पिया का घर)

या धूप थी नसीब में तो धूप में लिया है दम
चाँदनी मिली तो हम चाँदनी में सो लिये
हम हैं राही प्यार के हम से कुछ न बोलिये
जो भी प्यार से मिला हम उसी के हो लिये (नौ दो ग्यारह-मजरूह)

या मैं ज़िन्दगी का साथ निभाता चला गया
हर फ़िक्र को धुँए में उड़ाता चला गया (साहिर-हम दोनों)

या   मैंने कहा फूलों से हँसो तो वो खिलखिला कर हँस दिये
और ये कहा जीवन है भाई / मेरे भाई हँसने के लिये (योगेश-मिली)

या   चल अकेला / चल अकेला
तेरा मेला पीछे छूटा राही / चल अकेला (प्रदीप-सम्बन्ध)

या   ये ज़िन्दगी के मेले / ये ज़िन्दगी के मेले
दुनिया में कम न होंगे अफ़सोस हम न होंगे (शकील बदायूँनी-मेला)

या   ज़िन्दगी के रंग कई रे / साथी रे / ज़िन्दगी के रंग कई रे
ज़िन्दगी की राह में ख़ुशी के फूल भी/ज़िन्दगी की राह में ग़मों की धूल भी
ज़िन्दगी के रंग कई रे साथी रे (साहिर-आदमी और इंसान)

या   जब जानवर कोई इंसान को मारे / कहते हैं दुनिया में वहशी उसे सारे
एक जानवर की जान आज इंसानों ने ली है
चुप क्यों है संसार (आनन्द बख़्शी-हाथी मेरे साथी)

या   एक प्यार का नग़मा है, मौजों की रवानी है
ज़िन्दगी और कुछ भी नहीं, तेरी मेरी कहानी है (संतोष आनन्द-शोर)

कई फ़िल्में ऐसी रही हैं जिनकी कहानी को और पूरी फ़िल्म के क्रम को इस फ़िल्म के गीतों ने बराबरी का साथ दिया है। ऐसी फ़िल्मों के गीतों से हम अच्छे गीतों की मिसाल अपने सामने रख सकते हैं। ऐसी फ़िल्में रहीं जैसे मधुमती, नागिन, छोटी बहन, कटी पतंग, श्री 420, जिस देश में गंगा बहती है, प्रोफ़ेसर, वक़्त, हमराज़, धूल का फूल, आराधना, चौधवीं का चाँद, मुग़ले आज़म, राम और श्याम, गंगा जमना, मेरे मेहबूब आदि।

ऐसी कुछ फ़िल्मों के सभी गीतों की हम ने सूची भी दी है और उनमें से कुछ एक पर हम ने बात भी की है।

फ़िल्मी गीत की रचनात्मकता : टीम वर्क

कई फ़िल्म विशेषज्ञों ने ये बात भी कही है कि मौसीकी तो तमाम क़ुदरत में मौजूद है। भाषा के शब्दों में भी संगीत है। शायद यही बात है कि बहुत सी भाषा के शब्द हमारी समझ में नहीं आने पर भी हमें भली लगते हैं जैसे कि बंगाली ज़बान। ये भी सभी माहिरीन ने माना है कि ख़ुद उर्दू ज़बान में शीरीनी और मिठास है। ख़ैर, तो हम बात कर रहे थे कि जब पुर-मायने और पुर-असर शब्द बनाना हो तो उन शब्दों के मायने और उनमे छुपे सन्देश को तुरंत ही समझ में आना आवश्यक है यहाँ गायक कलाकारों से शब्दों की अदायगी ओर शब्दों में छुपे रिदिम, तरन्नुम और संगीत के सहारे की ज़रूरत होती है। यही कारण है कि शायद मुशायरों में अक्सर हम शायरों से तरन्नुम की फ़रमाइश करते हैं ताकि हमें इस ग़ज़ल या नज़्म के लफ्ज़ तुरंत समझ में आ सकें और इसके शब्द आसानी से याद रह सकें। फिर फ़िल्मी गीतों में तो हमें संगीत के तमाम संगीत यांत्रिकी के साज़ो का भी सहारा होता है लेकिन पिछले कुछ वक़्त से हमारे फ़िल्मी गीतों में ये बात नहीं यानी बात साफ़ है।

1. मौसीक़ी तैयार करने वालों को भाषा के सही शब्दों, उनके मायने को समझना होगा ताकि उसी सुर और ताल में वो साज़ों के सुरों में बाँध सके और उन शब्दों को और भी पुर-असर बना सके। सही साज़ों के सही इस्तेमाल को भी बोलों के हिसाब से तरतीब देना एक संगीतकार की ज़िम्मेदारी है।

2. गायक कलाकारों को ज़बान समझना होगी। उस ज़बान के अल्फ़ाज़ और उनकी अदायगी, उनमें छिपे मायनों के साथ समझना होगा। आवाज़ के उतार चढ़ाव को अल्फाज़ के सही उतार चढ़ाव के साथ किस मौक़े पर, किस जगह, किस माहौल में, किन जज़्बात के साथ वो लफ्ज़ बोले जाते हैं उन पर अपनी महारत बनानी होगी। के. एल. सहगल, मो. रफ़ी, किशोर कुमार, मुकेश या महेन्द्र कपूर जैसे कलाकारों के हज़ारों, लाखों गीतों से हमें ये बात सीखना होगी। मो. रफ़ी ने तो अपने छुटपन में एक फ़कीर को सुन कर ही अपने में भी वो फ़न पैदा कर लिया कि वो ख़ुद दुनिया के लिये मिसाल बन गए। नूरजहाँ, लता मंगेश्कर और आशा

भौंसले ने भी अपनी गायकी में निखार लाकर हमारे सामने मिसाल पेश कर दी है। अल्फ़ाज़ की साफ़ अदायगी, उनके छिपे मायनों का इज़हार ये सब उनके फ़न की मिसाल बन गए तो फिर हमारे आज के फ़नकार ये बात क्यों नहीं पैदा कर सकते?

3. जब शब्दों में ख़ुद ही मायनी छुपे हैं और उन्हीं में तरन्नुम छुपा है तो अब सिर्फ़ हमें उचित जगह, सिच्यूएशन, किरदार और मुनासिब वक़्त जैसे हालात को नज़र रखते हुए ही अपनी बात कहना होगी और हाँ शायद बहुत ख़ास बात ये है कि अक्सर हमारे अल्फ़ाज़ दरअसल हमारे न होकर उन किरदारों के होते हैं जिन्हें फ़िल्म में उतारना होता है।

हमारा ख़्याल ये है हम ने जिन शायरों के हवालों से बेहतर और बेहतरीन गीतों की बात की है उनमें हम ख़ुद गीतकार के फ़न को, उसके पीछे छुपे उसके अपने जज़्बात को अहसासात और उसकी अपनी ज़बान पर पकड़ को सराह सकते हैं कि वो अपनी इस योग्यता के बल पर गीतों की सभी ज़रूरतों को पूरा करते हुए गीत की रचना करते रहे हैं। शायद इन शायरों के नाम यहां फिर से दोहराने की आवश्यकता नहीं।

आप ने ग़ौर किया होगा कि 50 से 80 के दशक तक विशेष रूप से संगीतकार जैसे शंकर जय किशन के यहां शायरों से टाइटल गीत लिखने को कहा गया। वाक़ई बहुत ख़ूबसूरत टाइटल गीत लिखे गए और न केवल उन्हें सुना गया बल्कि कुछ गीतों ने अपने बोल से फ़िल्म की पहचान भी बना दी। यहाँ हम सिर्फ ऐसे चन्द गीतों की ही मिसाल ले सकते हैं जैसे राज कपूर की फ़िल्मों के टाइटल गीत आप को याद होंगे।

- सब कुछ सीखा हम ने (अनाड़ी)
- आवारा हूँ या गर्दिश में हूँ / आसमान का तारा हूँ (आवारा)
- हम उस देश के वासी हैं / जिस देश में गंगा बहती है (जिस देश में गंगा बहती है)
- मेरे मन की गंगा और तेरे मन की जमना का
  बोल राधा बोल संगम होगा कि नहीं (संग़म)

राज कपूर से अलग हटकर कुछ और फ़िल्मों के टाइटल गीत भी आइये देखें-

- बदल जाए अगर माली चमन होता नहीं ख़ाली (बहारें फिर भी आएंगी)
- अंखियों के झरोकों से मैंने देखा (अंखियों के झरोकों से)
- जाने वाले ज़रा होशियार/हम हैं यहाँ के राजकुमार (राजकुमार)

- ज़िन्दगी भर नहीं भूलेगी वो बरसात की रात (बरसात की रात)
- उस मुल्क की सरहद को कोई छू नहीं सकता
  जिस मुल्क की सरहद की निगेहबान हैं आँखें (आँखें)
- चौदहवीं का चाँद हो या आफ़ताब हो (चौदहवीं का चाँद)

लेकिन अब जो टाइटल गीत तैयार हो रहे हैं उस गीत की शायरी को याद रखना भी मुश्किल है। दूसरे उनकी धुनें भी इन्तिहाई मेहनत से तोड़ तोड़ कर और जोड़ जोड़ कर बनाई लगती हैं। इसीलिये इन गीतों के सिर्फ़ मुखड़े ही हमें याद रह पाते हैं। अव्वल तो अच्छे गीत हमें ढूँढने से भी मिल नहीं रहे हैं सिर्फ़ हम ही यह बात नहीं कहते बल्कि सोशल मीडिया से हम ने कई बड़े फ़नकारों को भी यही बात अपने अपने तरीके से कहते हुए सुना है। जिनमें आनन्द बख़्शी मरहूम से लेकर जावेद अख़्तर और ख़ुद लता जी ने भी यही बात कही है कि अब फ़िल्मों में सब कुछ बदल गया है। लेकिन हमारा मानना है और हम उन आलोचकों की तरफ़ हैं जिनका मानना है कि इंसान के फ़ितरी जज़्बात और इंसानों के आपस के रिश्ते आज भी वही हैं अगर हम मेहनत करते हुए अच्छी शायरी और हमारे संगीतकार अपनी मेहनत से अच्छी धुनें बनायें तो आज के गीतों में भी (कम से कम कुछ ही गीतों में) वही मेलोडी, अच्छी ज़बान, अच्छे ख़्याल और बेहतर तरीक़े से अपनी बात रखी जा सकती है और उसे अवाम निश्चित ही पसंद करेगी। भई आज भी माँ बाप बच्चों की बेहतर शिक्षा के लिये फिक्रमंद हैं। आज भी एक माँ रोते हुए बच्चे को चुप कराने के वही अन्दाज़ अपनाती है। आज भी प्यार, मोहब्बत और इश्क़ के जज़्बात, इंसानी भावनाओं से अलग नहीं हैं। संगीतकारों को भी थोड़ी मेहनत और संजीदगी लाना होगी। क्यों भला इस गीत को भी लोगों ने इतनी दिलचस्पी और शौक़ से सुना।

- जब कोई बात बिगड़ जाए / जब कोई मुश्किल पड़ जाए (फ़िल्म जुर्म)

संगीतकार रवि को अमीन सयानी के एक सवाल के जवाब में कहते हुए सुना कि मैं ज़्यादा मुश्किल और काम्प्लेक्स धुनों पर विश्वास नहीं करता हूँ। मैं वो धुन बनाना पसन्द करता हूँ जिसे आम आदमी भी गुनगुना सके। उनकी इस बात के बाद रवि की बनाई धुनों पर ग़ौर या तो हैरत हुई इन सादा धुनों पर किया।

- इन हवाओं में, इन फ़िज़ाओं में तुझ को मेरा प्यार पुकारे (गुमराह)
- लो आ गई उनकी याद, वो नहीं आए (दो बदन)
- दादी अम्मा, दादी अम्मा मान जाओ (घराना)
- तुम अगर साथ देने का वादा करो (हमराज़)

और रवि ने ऐसे सैंकड़ों गीतों की धुनें बनाईं। लेकिन उनकी सादा धुनों में भी ऐसी क्या ख़ास बात थी कि उनके पास शायद सबसे अधिक कामयाब गीतों का रिकार्ड है।

मजरूह सुल्तानपुरी ने अमीन सायानी को इन्टरव्यू देते हुए कहा कि अमीन साहब क्या प्यार के इज़हार के लिये 'आई लव यू' ही कहना जरूरी है। प्यार के इज़हार के और भी तो कई तरीके हो सकते हैं। उनके इस ख़्याल के बाद ग़ौर किया तो सच में कुछ ऐसे गीतों के संगीतकारों की क़द्र और बढ़ गई जिन्होंने ये गीत भी लिखे जैसे :

- तुझे क्या सुनाऊँ मैं दिलरुबा/तेरे सामने मेरा हाल है (आख़िरी दाँव)
- हुस्न वाले तेरा जवाब नहीं (घराना-शकील बदायूनी)
- तेरे हुस्न की क्या तारीफ करूँ (लीडर-शकील बदायूनी)
- ये दिल तुम बिन कहीं लगता नहीं हम क्या करें (इज़्ज़त-साहिर)

देखिये सन् 2006 में फ़िल्म "कृष" के लिये नासिर फ़राज़ का लिखा एक गीत श्रेया घोषवाल और सोनू निग़म की आवाज़ों में एक अच्छा गीत सुनने को मिला। राजेश रोशन ने इसकी अच्छी धुन तैयार की लेकिन क्या इस गीत में आधे आधे मिसरों को दो और तीन तीन बार दोहराते हुए गीत और शायरी को याद रखने की मुश्किल पसन्दी नहीं नज़र आती। हालाँकि शायद इक्का दुक्का तजुर्बाती गीत के नाते हम इस गीत को अच्छे गीतों की सूची में शुमार करने के लिये तैयार हो सकते हैं। लेकिन ध्यान दें तो गीत में बात को तीन तीन बार आधे आधे जुमले से दोहरा कर आगे बढ़ाया गया है। बहरहाल ये एक नया और निराला अन्दाज़ है।

धूप निकलती है जहाँ से / धूप निकलती है जहाँ से
धूप निकलती है जहाँ से / चाँदनी रहती है जहाँ पे
ख़बर ये आई है वहाँ से / कोई तुम सा नहीं
कोई तुम सा नहीं / हो कोई तुम सा नहीं

फूल तितली और कलियाँ / हो गए तुम से ख़फ़ा
हो, फूल, तितली और कलियाँ / हो गए तुम से ख़फ़ा
छीन ली जो तुम ने उनसे / प्यार की हर एक अदा
प्यार की हर एक अदा / रंग बनता है जहाँ पे
रंग बनता है जहाँ पे / ख़बर ये आई है वहाँ से
कोई तुम सा नहीं / कोई तुम सा नहीं
कोई तुम सा नहीं / कोई तुम सा नहीं

मेरे दिल के चोर हो तुम / क्या तुम्हें अहसास है
हाँ, मेरे दिल के चोर हो तुम / क्या तुम्हें अहसास है
इश्क़ था दुनिया में जितना / सब तुम्हारे पास है
सब तुहारे पास है / है दीवानापन जहाँ पे
है दीवानापन जहाँ पे / है दीवानापन जहाँ पे
बनते हैं आशिक़ जहाँ पे / ख़बर ये आई है वहाँ से
कोई तुम सा नहीं / हो कोई तुम सा नहीं
कोई तुम सा नहीं / हो कोई तुम सा नहीं

"कोई मिल गया" फ़िल्म के लिये राजेश रोशन ने ही एक और अच्छे गीत की मुश्किल धुन बनाई कि इस धुन में शायरी के बोलों को याद करना और याद रखना मुश्किल नज़र आता है। इब्राहीम अश्क का ये गीत एक टाइटल गीत भी है।

- ख्याबों, ख़्यालों, ख्वाहिशों का चेहरा मिला
  मेरे होने का मतलब मिला, कोई मिल गया (चित्रा सिंह, उदित नारायण)

ख़ास बात ये है कि राजेश रोशन अपने पिता रोशन की बनाई धुनों से 'ताज महल' बरसात की रात' जैसी फ़िल्मों के गीतों की धुनों से ख़ुद बहुत कुछ सीख सकते हैं या फिर आर. डी. बर्मन ने अगर "आँधी" फ़िल्म के गीतों को किस तरह अपनी धुनों में पिरोया है कि सुनने वाला इन गीतों की तरफ़ ख़ुद ही आकर्षित हो जाता है। हालाँकि बात हम शायरी की कर रहे हैं। लेकिन संगीत की इसलिये बात की कि गीत बहरहाल एक टीम वर्क है और गीत की रचना गीतकार और संगीतकार की मिली जुली कोशिश से ही बेहतर होकर सामने आ सकता है।

आख़िर कोई तो बात थी कि शकील और नौशाद की जोड़ी कामयाब रही। हसरत और शैलेन्द्र ने शंकर जय किशन के साथ बेहतर गीत दिये। साहिर के गीतों को रोशन, रवि और ख़य्याम ने एक अलग ही तरह का अन्दाज़ दिया और साहिर की शायरी लोग दोहराते रहे।

गीत की रचना में धुन और मात्राओं आदि की ज़रूरत के हिसाब से अक्सर लफ़्ज़ों में मामूली तबदीली करनी पड़ती है बशर्ते कि इस लफ्ज़ के मायने समझ में आते रहें। हसरत जयपुरी ने अपने एक गीत में शायद इसी ज़रूरत के तहत लफ्ज़ नीला या नीले की जगह नील शब्द का प्रयोग किया है हालाँकि इससे सही मायने समझ लेने में किसी को दिक्क़त न हुई। गीत है "आ नील गगन के तले/प्यार हम करें" (लता-हेमन्त कुमार)

ओ.पी. नय्यर साहब ने जय माला प्रोग्राम पेश करते हुए कहा कि "बोल गीत की रूह होते हैं, मौसीक़ी इसका जिस्म और आवाज़ गीत का लिबास।

अब आप ख़ुद अन्दाज़ा कर सकते हैं कि बिना रूह के जिस्म को अगर लिबास पहना दिया जाए तो कैसा रहता है। इसी तरह बिना संगीत के बोल सिर्फ़ रूह होते हैं जिस्म नहीं और संगीत ख़ूबसूरत जिस्म हो सकती है लेकिन उसे रूह की ज़रूरत होती है।

इस तरह की बातें फलसफ़ियाना लग सकती हैं लेकिन सच्चाई ये है कि अच्छे गीत की तख़लीक़ के लिये सभी फ़नकारों को संजीदा होना पड़ेगा और वाक़ई अपने फ़न को निखारना होगा तभी अच्छे गीत रचित हो सकते है वरना आज के गीतों में तो आवाज़ कुछ इस तरह होती है कि उस गीत के बोल ही समझ में नहीं आते हैं। क्यों न आख़िर गायक लफ़्ज़ों की अदायगी में अन्थक मेहनत करें कि वह लफ्ज़ समझ में आएं और मौसीक़ी कुछ इस तरह की हो कि सुनने वाला इस शायरी का भी पूरा पूरा मज़ा ले सके। कुछ गीत सन् 1990 में लिखे गए और आज भी प्रभावित कर रहे हैं जैसे सन् 1990 में भी फ़िल्म जुर्म के लिये इंदीवर का लिखा ये गीत हर नौजवान और बुजुर्ग ने पसन्द किया।

जब कोई बात बिगड़ जाए जब कोई मुश्किल पड़ जाए
तुम देना साथ मेरा ओ हम नवा
न कोई है, न कोई था / जिन्दगी में, तुम्हारे सिवा / तुम देना साथ मेरा /ओ हम नवा

हो चाँदनी जब तक रात, देता है हर कोई साथ
तुम मगर अंधेरों में न छोड़ना मेरा हाथ
जब कोई बात बिगड़ जाए.....

वफ़ादारी की वो रस्में निभायेंगे हम तुम क़समें
एक भी साँस ज़िन्दगी की जब तक हो अपने बस में
जब कोई बात बिगड़ जाए...

दिल को मेरा हुआ यक़ीं, हम पहले भी मिले कहीं
सिलसिला ये सदियों का, कोई आज की बात नहीं
जब कोई बात बिगड़ जाए जब कोई मुश्किल पड़ जाए
तुम देना साथ मेरा ओ हम नवा

फ़िल्म "हम तुम" के लिये अलका याज्ञनिक ने रानी मुखर्जी को उनकी ही आवाज़ देने की कामयाब कोशिश की है।

- ये गोरे गोरे से छोरे, ये गोरे गोरे से छोरे (फ़िल्म हम तुम)

आशा भौंसले ने साधना पर अपनी आवाज़ को इस गीत के लिये ढाला।

- जहाँ में ऐसा कौन है कि जिसको/ग़म मिला नहीं (फ़िल्म हम दोनों)

लता ने साधना को फ़िल्म "मेरे मेहबूब" के टाइटल गीत की आवाज़ दी।

- मेरे मेहबूब तुझे मेरी मोहब्बत की क़सम (मेरे मेहबूब)

आज के गुलूकारों को भी फ़िल्मी गीतों के लिये "प्ले बैक" के लिये अपने आप को सही मायनों में तैयार करना होगा। हर हाल में ये फ़िल्म की ज़रूरत है और इसका असर फ़िल्म से अलग हटकर भी होता है। इसका ज़िक्र हम पहले भी कर चुके हैं।

फ़िल्मी गीतों में शायरी की रचनात्मकता पर हम बात कर रहे हैं यानी एक नग़मा निगार के सहयोग को सराहना है। हालाँकि इस किताब में अपनी बातचीत के दौरान कई जगह ज़िक्र किया गया है कि फ़िल्मी गीतों की रचना दरअसल एक टीम-वर्क है जिसमें डायरेक्टर, प्रोड्यूसर के मशवरों के साथ कभी कभी कहानी कार और संवाद लेखक के काम या मशवरों से भी मदद मिल जाती है लेकिन रिकार्डिंग के वक़्त बोलों को आख़िरी शक्ल देते वक़्त संगीतकार और गायक की सहूलत और उनके मशवरों को भी ध्यान में रखना होता है।

आइये क्यों न हम कुछ उन कामयाब नग़मा निगार और रचना के अनुसार कमयाब गीतों का ज़िक्र कर लें। इस जानिब नज़र करते ही फ़िल्म "मधुमती" के सभी गीत सबसे पहले मेरे ज़हन में आते हैं। हमारा ख़्याल है कि शैलेन्द्र अगर सिर्फ "मधुमती' फ़िल्म के ही गीत लिखते तो भी उनका नाम एक कामयाब गीतकार की हैसियत से सरे फेहरिस्त गिना जाता। तो आइये क्यों न "मधुमती" फ़िल्म के कुछ गीतों पर एक नज़र डाल ली जाए। सभी गीतों की धुनें बनाने में निश्चित ही सलील चौधरी का बड़ा कारनामा है। लेकिन इस फ़िल्म के गीतों में गीतकार अपनी छाप अलग छोड़ता है।

सुहाना सफ़र और ये मौसम हसीं/हमें डर है हम खो न जाएं कहीं
वो आसमाँ झुक रहा है ज़मीं पर / ये मिलन हमने देखा यहीं पर
मेरे सपने / मेरे अपने मिलेंगे शायद यहीं
सुहाना सफ़र और ये मौसम हसीं (फ़िल्म 'मधुमती' आवाज़ मुकेश)

शैलेन्द्र का ये गीत कुदरत के हुस्न का ख़ूबसूरत बयान है। फ़िल्म का हीरो रोज़गार के लिये किसी नए शहर या नए मुक़ाम पर पहुँचता है। वो नौजवान है जल्दी ही उसे अपने रोज़गार और अपने एक जीवन साथी की भी तलाश है। इस मौक़े के लिए कई फ़िल्मों में

कई शायरों ने गीत लिखे लेकिन शैलेन्द्र के इस गीत में अन्दाज़े बयान और शायरी दोनों ही अपना रंग बिखेरते हैं। शैलेन्द्र आसान ज़बान के लिये बेमिसाल शायर रहे हैं और ज़बान की सादगी और रवानी हमें इस गीत में नज़र आती है। हमें बार बार ये कहने की ज़रूरत नहीं होगी कि फ़िल्म 'मधुमती' के सभी गीतों की मौसीकी के लिये सलील चौधरी को बस हम सलामी ही दे सकते हैं।

इसी कुदरती हुस्न के बीच जानी वाकर के रूप में एक मज़ाहिया किरदार है जो ख़ुद भी इस ख़ूबसूरत वादी में ही अपने को खोया रखता है और शायद इन वादियों में अगर उसका कोई साथी है तो वह है शराब। गीत आप शायद समझ गए होंगे जी हाँ:

जंगल में मोर नाचा / किसी ने न देखा
हम जो पी के ज़रा झूमे / सब ने देखा

एक ही फ़िल्म के लिये शैलेन्द्र ने दूसरा गीत मज़ाहिया यानी कामेडी गीत लिखा और वो भी कामयाब रहा।

लता और मुकेश की आवाज़ में "मधुमती' फ़िल्म का अगला गीत एक रोमांटिक युगलगीत दोगाने है। गीत का एक एक बंद सादा लफ़्ज़ों में वो हुस्न लिये है कि गीत का रोमांस ख़त्म होने में नहीं आता। ये गीत है जिसका एक बंद यूँ है कि :

तू नहीं तो ये बहार क्या बहार है
गुल नहीं खिले कि तेरा इंतेज़ार है / कि तेरा इंतेज़ार है
दिल तड़प तड़प के / कह रहा है / आ भी जा
तू हम से आँख न चुरा तुझे क़सम है आ भी जा

इसी फ़िल्म में एक गीत है जिसमें सलील चौधरी ने लोक धुन का ख़ूबसूरत इस्तेमाल किया है। लता और साथियों की आवाज़ों में शैलेन्द्र ने इस गीत के बोल ज़बरदस्त महारत से लिखे हैं, गीत है:

जुल्मी संग आँख लड़ी, जुल्मी संग आँख लड़ी
सखी मैं का से कहूं/लागे दिन छोटा और रात बड़ी
जुल्मी संग आँख लड़ी, जुल्मी संग आँख लड़ी

इस गीत की इस लाइन में एक देसी भोली लड़की के सारे अल्हड़पन को किस ख़ूबसूरती से लाया गया है:

मेरा पागलपना तो कोई देखो / पुकारूँ मैं साजन को चन्दा के नाम से

या फिर :

लागे दिन छोटा और रात बड़ी
जुल्मी संग आँख लड़ी, जुल्मी संग आँख लड़ी

इसी फ़िल्म के लिये शैलेन्द्र ने ग़मगीन (सेड साँग) भी लिखा। इसे भी अच्छे गीतों में ही शुमार किया गया है।

टूटे हुए ख़्वाबों ने हम को ये सिखाया है
दिल ने जिसे पाया था / आँखों ने गँवाया है
हम ढूँढते हैं उनको / जो मिल के नहीं मिलते
रूठे हैं न जाने क्यों /मेहमाँ वो मेरे दिल के
दिल ने जिसे पाया था, आँखों ने गँवाया है

फ़िल्म का एक नाटकीय गीत भी शैलेन्द्र ने लिखा। हालाँकि इस गीत के अन्दाज़ में फिर कई गीत लिखे गए लेकिन वो इस गीत का मुक़ाबला नहीं कर सके। गीत है-

दय्या रे दय्या रे / चढ़ गया पापी बिछुआ
हाय हाय री मर गई / कोई उतारो बिछुआ

फ़िल्म के क्लाइमेक्स सिच्यूएशन पर विलन को 'मुज़रा' सुनते दिखाया गया है। शैलेन्द्र ने इसे भी इतनी ख़ूबसूरती से लिखा। मुबारक बेगम ने इसे आवाज़ दी।

हम हाले दिल सुनायेंगे, सुनिये कि न सुनिये
हम हाल दिल सुनायेंगे....

इस मुजरे के ये दो मिसरे भी कमाल के हैं, मुलाहिजा हो-

मेरा दिल, तेरे दिल के बराबर हो नहीं सकता
वो शीशा हो नहीं सकता, ये पत्थर हो नहीं सकता
हम हाले दिल सुनायेंगे, सुनिये कि न सुनिये

सबसे ख़ूबसूरत और कमाल शैलेन्द्र ने जो गीत लिखा वो इस फ़िल्म का थीम गीत था। दहाइयों के बाद भी ये गीत उतना ही भला और ख़ूबसूरत लगता है और आने वाली दहाइयों तक भी इस गीत के मुक़ाबले का कोई गीत आएगा कहना मुश्किल है। सलील चौधरी की धुन पर लता ने इतनी ही ख़ूबसूरती से इसे आवाज़ दी।

आ जा रे / मैं तो कब से खड़ी इस पार/ये अँखियाँ थक गईं पंथ निहार

मैं नदिया फिर भी मैं प्यासी/भेद ये गहरा बात ज़रा सी

बिन तेरे हर साँस उदासी/आ जा रे मैं तो कब से खड़ी इस पार
ये अँखियाँ थक गईं पंथ निहार/आ जा रे..............परदेसी

एक ही फ़िल्म में इस तरह वैरायटी आफ सांग देना शायर की महारत का इशारा करता है। फ़िल्म मधुमती में शैलेन्द्र ने जो गाने लिखे, आइये उनकी वैरायटी पर ग़ौर करें।

1. सोलो गीत नेचर की ख़ूबसूरती के साथ, सुहाना सफ़र और ये मौसम हसीं।
2. कॉमेडी गीत : जंगल में मोर नाचा किस ने देखा
3. दोगाना : दिल तड़प तड़प के कर रहा है
4. लोक गीत (कोरस) : जुल्मी संग आँख लड़ी
5. ग़मगीन गीत : टूटे हुए ख्वाबों ने हम को
6. नाटकीय गीत : दय्या रे/दय्या रे
7. मुज़रा : हम हाले दिल सुनायेंगे, सुनिये कि न सुनिये
8. थीम गीत : आ जा रे/मैं तो कब से खड़ी इस पार

फ़िल्मी गीतों के विभिन्न रंग
Songs of different sheds

यह हम सब जानते हैं कि अधिकतर एक ही फ़िल्म की कहानी में विभिन्न किरदार, कहानियाँ और सिच्यूएशन होती हैं। इन सभी को उभारने के लिए विभिन्न स्थानों पर अलग अलग तरह के गीत लिखने की सलाहियत एक गीतकार में होनी चाहिए। हमें इस बात पर फिर भी ध्यान देना है कि एक गीत को पेश करते समय कितने किरदार इसकी अदायगी करेंगे। या किसी समय विशेष पर मनाज़िर और किरदारों के साथ फ़िल्मी गीत को बेक ग्राउण्ड में ही फ़िल्माना होता है। लिहाजा हम इस तरह के कुछ विभिन्न गीतों का जायज़ा लेते हैं।

सोलो - एक ही आवाज़ वाले गीत (Solo Song):

- फ़लसफ़ा प्यार का तुम क्या जानो / तुम ने कभी प्यार न किया
  (रफ़ी-दुनिया-हसरत)
- मुसाफ़िर हूँ यारों, न घर है न ठिकाना (किशोर कुमार-परिचय-गुलज़ार)
- कभी तन्हाइयों में यूँ / हमारी याद आएगी (मुबारक बेगम-केदारनाथ शर्मा)
- ओ बेक़रार दिल हो चुका है मुझ को / आँसुओं से प्यार
  (लता-कोहरा-कैफ़ी आज़मी)
- मैं शायर बदनाम चला / मैं चला (किशोर कुमार-नमक हराम-आनंद बख्शी)

दोगाना (Duet) : इसमें दो आवाज़ों का इस्तेमाल होता है कुछ गीत:

- भीगा भीगा प्यार का समाँ / बता दे तुझे जाना है कहाँ
  (रफ़ी, शमशाद बेगम-सावन-प्रेम धवन)
- आसमाँ के नीचे हम आज अपने पीछे / प्यार का निशाना बनके चले
  (किशोर, लता-ज्वेलथीफ़-मजरुह)

- आवाज़ दे कहां है / दुनिया मेरी जवाँ है

(सुरेन्द, नूर जहाँ-अनमोल घड़ी-तनवीर नक़वी)

- ये देश है वीर जवानों का / अलबेलों का मस्तानों का / मस्तानों का
इस देश का यारो क्या कहना / ये देश है दुनिया का गहना (रफ़ी, बलबीर-साहिर)

- आज की मुलाक़ात बस इतनी / कर लेना बातें कल चाहे जितनी

(महेन्द्र कपूर, लता-साहिर)

दो आवाज़ों से ज़्यादा वाले गीत : ऐसे भी गीत रहे हैं जिनमें दो से भी ज़्यादा आवाज़ों का इस्तेमाल होता है जैसे :

- हो के मजबूर मुझे उस ने भुलाया होगा
ज़हर चुपके से दवा जान के खाया होगा

(रफ़ी, तलत, भुपेन्द्र, बलवीर-हक़ीकत-कैफ़ी आज़मी)

- दिल ने फिर याद किया बर्क़ सी लहराई है
फिर कोई चोट मोहब्बत की उभर आई है

(मुकेश, रफ़ी, सुमन कल्यानपुर-दिल ने फिर याद किया-जी.एस.रावल)

- मोहब्बत बड़े काम की चीज़ है (किशोर, लता, येसूदास-त्रिशूल-साहिर)

कोरस गीत (Chorus Songs) : कोरस गीत के कुछ हिस्से में कई आवाज़ें मिल कर उस गीत को आगे बढ़ाती हैं।

- ज़िन्दाबाद - ज़िन्दाबाद (मो. रफ़ी, कोरस-मुग़ले आज़म-शकील)
- मेरी जाँ मेरी जाँ - प्यार किसी से हो ही गया है। (लता, कोरस-यहूदी-शैलेन्द्र)
- आ हा आई मिलन की बेला/देखो आई

(रफ़ी, लता, कोरस-आई मिलन की बेला-शैलेन्द्र)

बैक ग्राउण्ड गीत (Background Songs): यहाँ किरदार या तस्वीरों पर आवाज़ सुनाई देती है:-

- कोई दूर से आवाज़ दे / चले आओ (गीता दत्त-साहब बीबी और ग़ुलाम-शकील)
- ये लखनऊ की सरज़मीं / ये लखनऊ की सरज़मीं

(रफ़ी-चौधवीं का चाँद-शकील)

- कल चमन था-आज एक सेहरा हुआ / देखते ही देखते ये क्या हुआ
(रफ़ी-राजेन्द्र कृष्ण)
- कहीं दीप जले कहीं दिल (लता-20 साल बाद-शकील)
- आएगा-आएगा-आएगा - आने वाला (लता-महल-नख़्शब जार्थी)

विभिन्न मूड और विभिन्न अवसरों पर लिखे गए कुछ गीत

1. ख़ुशी के गीत (Happy Mood):

- गाड़ी वाले गाड़ी धीरे हाँक रे (शमशाद बेगम, रफ़ी, कोरस-मदर इण्डिया-शकील)
- सपने सुहाने लड़कपन के / मेरे नैनों में डूबे बहार बन के
(लता-20 साल बाद-शकील)
- बाग़ों में बहारों में इठलाता गाता - आया कोई (लता-छोटी बहन-शैलेन्द्र)
- अहा रिमझिम के ये प्यारे प्यारे गीत लिये / आई रात सुहानी देखो प्रीत लिये
(लता, तलत-छाया-शैलेन्द्र)

2. ग़मज़दा गीत (Sad Songs):

- हम बेख़ुदी में तुम को पुकारे चले गए (मो. रफ़ी-काला पानी-मजरूह)
- लो आ गई उनकी याद वो नहीं आए (लता-दो बदन-शकील बदायूंनी)
- सीने में जलन आँखों में तूफ़ान सा क्यों है
इस शहर में हर शख़्स परेशान सा क्यों है (सुरेश वाडेकर-गमन-शहरयार)
- बदले बदले मेरे सरकार नज़र आते हैं
घर की बरबादी के आसार नज़र आते हैं (लता-चौधवीं का चाँद-शकील)
- हो के मजबूर मुझे उसने भुलाया होगा
(रफ़ी, तलत, भुपेन्द्र-हक़ीकत-कैफ़ी आज़मी)

3. ख़ुशी के कोरस (Happy Chorus Songs) :

- आहा / आई मिलन की बेला / देखो आई / बन के फूल हर कली मुस्काई
(मो. रफ़ी, लता, कोरस-आई मिलन की बेला)
- ज़ुल्मी संग आँख लड़ी ज़ुल्मी संग आँख लड़ी (लता, कोरस-मधुमती-शैलेन्द्र)

- नैन लड़ जई हैं तो मनवा मा कसक होई वे करी
  (रफ़ी, कोरस-गंगा जमना-शकील)

4. भजन (Bhajan) :

- बड़ी देर भई नन्दलाला - तेरी राह तके है / ब्रज बाला
  (रफ़ी, कोरस-ख़ानदान-राजेन्द्र कृष्ण)
- तोरा मन दर्पन कहलाए (आशा भौंसले-काजल-साहिर)
- अल्लाह तेरो नाम ईश्वर तेरो नाम (लता-हम दोनो-साहिर)

5. हमदो नात (Hamd-o-Naat) :

- बेकस पे करम कीजिये/सरकारे मदीना (लता-मुग़ले आज़म-शकील)
- या नबी सलाम अलेका.... (आशा-शान-ए-ख़ुदा-एस एच रिज़वी)

6. वतन परस्ती के गीत (Patriotic Songs) :

- वतन की राह में वतन के नौजवाँ/शहीद हो
  (रफ़ी, कोरस-शहीद-राजा मेहदी अली खां)
- हो यारा दिलदारा मेरा दिल करता
  (बलबीर, रफ़ी, कोरस-आदमी और इंसान-साहिर)
- है प्रीत जहाँ की रीत सदा (मुकेश-पूरब पश्चिम-इन्दीवर)
- ऐ मेरे प्यारे वतन - ऐ मेरे बिछड़े चमन (मन्नाडे-काबुली वाला-प्रेम धवन)

वतन से मोहब्बत इंसानी जज़्बात और उनकी फितरत है। इस विषय पर अलग अलग शायरों ने कमाल के गीत फ़िल्मों को दिए हैं। कुछ एक की की सूची निम्न है।

इक़बाल	:	सारे जहाँ से अच्छा हिन्दोस्ताँ हमारा (धर्म पुत्र)
साहिर	:	ये देश है वीर जवानों का अलबेलों का मस्तानों का
कैफ़ी आज़मी	:	अब तुज्हारे हवाले वतन साथियो (हकीकत)
शकील बदायूँनी	:	अपनी आज़ादी को हम / हर्गिज़ मिटा सकते नहीं (लीडर)
साहिर	:	दिल करता - ओ यारा दिलदारा मेरा दिल करता (आदमी और इंसान)

जावेद अख़्तर : संदेसे आते हैं (बार्डर)

इसरार अंसारी : ज़िन्दगी मौत न बन जाए (सरफ़रोश)

जावेद अख़्तर : ये जो देश है मेरा (स्वदेश)

7. बच्चों के गीत (Children Songs) :

- चलो चले माँ- सपनों के गाँव में (आशा-जागृति-कवि प्रदीप)
- गुड़िया हम से रूठी रहोगी (लता-दोस्ती-मजरूह सुल्तानपुरी)
- दादी अम्मा दादी अम्मा मान जाओ (घराना-लता, ऊषा-शकील)
- मैं एक नन्हा सा/एक छोटा सा बच्चा हूँ (लता-सरस्वती चन्द्र-कवि प्रदीप)

8. बच्चों में वतनपरस्ती (Children's Patriotism) :

- नन्हा मुन्ना राही हूँ- देश का सिपाही हूँ (सन् आफ इण्डिया-शकील)
- इंसाफ की डगर पे बच्चों दिखाओ चल के (हेमन्त कुमार-गंगा जमना-शकील)
- आओ बच्चों तुम्हें दिखायें झांकी हिन्दोस्तान की (प्रदीप, कोरस-जागृति-कवि प्रदीप)

9. त्यौहार के गीत (Festival Songs) :

- भैया मेरे राखी के बंधन को निभाना (लता-छोटी बहन-शैलेन्द्र)
- तन रंग लो जी आज मन रंग लो (रफ़ी, लता, कोरस-कोहेनूर-शकील)
- होली आई रे कन्हाई (शमशाद बेगम-मदर इण्डिया-शकील बदायूंनी)

10. एकतरफ़ा इज़हारे मोहब्बत (Expressing love at one side) :

- आप से प्यार हुआ जाता है (सुरैया-शमा-कैफ़ी आज़मी)
- कौन आया के निगाहों में चमक जाग उठी (आशा-वक्त-साहिर)
- हम बेख़ुदी में तुम को पुकारे चले गए (मो. रफ़ी-काला पानी-मजरूह सुल्तानपुरी)
- तस्वीर बनाता हूँ तेरी ख़ूने जिगर से (मो. रफ़ी-दीवाना-शकील बदायूंनी)

11. इज़हारे मोहब्बत (Expressing Love) :

- तुम अगर साथ देने का वादा करो (महेन्द्र कपूर-वक़्त-साहिर)
- तुमसे इज़हारे मोहब्बत कर बैठे (मो रफ़ी-मेरे महबूब-शकील बदायूंनी)

12. शादी के गीत (Marriage Songs) :

- मेरा यार बना है दूल्हा/और फूल खिले हैं दिल के (चौधवीं का चाँद-शकील)
- आज मेरे यार की शादी है (मो. रफ़ी-आदमी सड़क का)
- गौरी ससुराल चली (शगुन-साहिर)
- पी के घर आज प्यारी दुल्हनिया चली (शमशाद, कोरस-मदर इण्डिया-शकील)
- डोली चढ़के दुल्हन ससुराल चली (महेंद्र कपूर-डोली-राजेन्द्र कृष्ण)

13. मुज़रा (Mujra) :

- इन आँखों की मस्ती के मस्ताने हज़ारों हैं (आशा-उमराव जान-शहरयार)
- साक़िया - आज मुझे नीन्द नहीं आएगी / सुना है तेरी मेहफिल में रतजगा है (आशा-कोरस-चौधवीं का चाँद-शकील)
- तोरा मन बड़ा पापी - साँवरिया रे (आशा-गंगा जमना-शकील)
- ठाड़े रहियो - ओ बाँके यार रे (लता-पाकीज़ा-मजरूह सुलतानपुरी)

14. क़व्वाली (Qawwali) :

- ये इश्क़ इश्क़ है (बरसात की रात-साहिर लुधियानवी)
- तेरी मेहफ़िल में क़िस्मत आज़मा कर हम भी देखेंगे (मुग़ले आज़म-शकील)
- मिलते ही नज़र तुम से हम हो गए दीवाने/आग़ाज़ तो अच्छा है अंजाम ख़ुदा जाने (उस्तादों के उस्ताद-असद भोपाली)

15. इंतेज़ार (Waiting)

- मायूस तो हूँ वादे से तेरे / कुछ आस नहीं और आस भी है (मो. रफ़ी-बरसात की रात-साहिर)

- लो आ गई उनकी याद वो नहीं आए (लता-दो बदन-शकील)
- तुझको पुकारे मेरा प्यार (मो. रफ़ी-नील कमल-साहिर)

16. वक़्त जुदाई (At the time of Depart) :

- अभी ने जाओ छोड़कर कि/दिल अभी भरा नहीं (रफ़ी, आशा-हम दोनों-साहिर)
- दिन सारा गुज़ारा तोरे अंगना (रफ़ी-जंगली-लता हसरत जयपुरी)
- अच्छा तो हम चलते हैं (किशोर, लता-आन मिलो सजना-आनंद बख्शी)
- आज की मुलाक़ात बस इतनी/कर लेना बातें कल चाहे जितनी (महेन्द्र कपूर, लता-भरोसा-राजेन्द्र कृष्ण)

17. मज़ाहिया गीत (Comedy Songs) :

- मैं बम्बई का बाबू - नाम मेर अनजाना (मो. रफ़ी-नया दौर-साहिर)
- साला मैं तो साब बन गया (मो. रफ़ी-नगीना किशोर कुमार-मजरूह)
- हम काले हैं तो क्या हुआ, दिल वाले हैं ... (गुमनाम-रफ़ी, पंकज मित्रा)
- सर जो तेरा चकराए या दिल डूबा जाए (प्यासा-रफ़ी, साहिर)

18. जन्मदिन के गीत (Birthday Songs) :

- तुम्हें और क्या दूँ मैं दिल के सिवा (लता-आई मिलन की बेला-हसरत जयपुरी)
- हम भी अगर बच्चे होते - नाम हमारा होता बबलू गुबलू (रफ़ी, कोरस-दूर की आवाज़-शकील)
- बार बार दिन ये आए - बार बार दिल ये गाए/तू जिये हज़ारों साल- ये मेरी है आरजू (रफ़ी, कोरस-फ़र्ज़-आनंद बख्शी)

19. लोरी (Lori)

- सपनों की डोर बंधी पलकों का पालना
  सोजा मेरी रानी / तू मेरा कहना न टालना (लता-मजरूह)
- धीरे से आ जा री आँखों में/निन्दया आजा रे आजा (अलबेला-राजेन्द्र कृष्ण)
- मैं गाऊँ तुम सो जाओ/सुख सपनों में खो जाओ (रफ़ी-ब्रह्मचारी-शैलेन्द्र)

- आ आरी आ निन्दया तू ले चल कहीं उड़न खटोले

(किशोर, लता-कँवारा बाप-मजरूह सुल्तानपुरी)

20. क्लासिकल गीत (Classical Songs) :

- मधुबन में राधिका नाचे रे (मो. रफ़ी-कोहेनूर-शकील)
- नैन से नैन / न ही मिलाओ

(लता, हेमन्त कुमार-झनक-झनक पायल बाजे-वसंत देसाई)
- ज्योति कलश झलके (लता-भाभी की चूड़ियां-सुधीर फड़के-नरेंद्र शर्मा)
- फुल गेन्दवा - ना मारो न मारो (मन्नाडे-दूज का चाँद-रोशन, साहिर)

21. रोमांटिक गीत (Romantic Songs) :

- आ-नील गगन तले / प्यार हम करें (हेमन्त, लता-बादशाह-हसरत जयपुरी)
- दो सितारों का ज़मीं पर है मिलन / आज की रात

(लता, रफ़ी-कोहेनूर-शकील)
- कोई बता दे दिल है जहाँ / क्यों होता है दर्द वहाँ

(लता, रफ़ी-मैं चुप रहूँगी-राजेंद्र कृष्ण)
- परबतों के पेड़ों पर / शाम का बसेरा है

(रफ़ी, सुमन कल्याणपुर-शगुन-साहिर)

22. शिकायती गीत :

- संय्याँ झूटों का बड़ा सरताज निकला

(लता-वसंत देसाई-दो आँखें बारह हाथ-भारत व्यास)
- ये दिल तुम बिन कहीं लगता नहीं / हम क्या करें

(लता, रफ़ी-इज़्ज़त-साहिर)
- क्या से क्या हो गया / बेवफ़ा / तेरे प्यार में

(रफ़ी-गाइड-एस डी बर्मन-शैलेन्द्र)
- तेरी गलियों में न रखेंगे क़दम आज के बाद

(रफ़ी-हवस-उषा खन्ना-सावन कुमार)
- ऐ नर्गिसे मस्ताना / बस इतनी शिकायत है (रफ़ी-आरजू-हसरत जयपुरी)

23. याद में डूबे गीत :

- हम बेख़ुदी में तुम को पुकारे चले गए (रफ़ी-काला पानी-मजरूह सुल्तानपुरी)
- बेदर्दी बालमा तुझ को / मेरा मन याद करता है (लता-आरजू-शकील)
- तुम क्या जानो तुम्हारी याद में/हम कितना रोए
(लता-शिन शिनाके बुबला बू-प्यारेलाल संतोषी)
- याद न जाए बीते दिनों की (मो. रफ़ी-दिल एक मंदिर-शैलेन्द्र)

24. हौसला अफजाई के गीत :

- दुनिया में हम आए हैं तो जीना ही पड़ेगा (मदर इण्डिया-शकील)
- रात भर का है मेहमाँ अंधेरा / किस के रोके रुका है सवेरा
(फिर सुबह होगी-साहिर)
- ये जीवन है इस जीवन का यही है / यही है रंग रूप.....
(किशोर-पिया का घर-आनंद बख्शी)
- ज़िन्दगी के रंग कई रे (आशा-आदमी और इंसान-साहिर)

25. नेचर से भरपूर गीत :

- नीले गगन के तले - धरती का प्यार पले (हमराज़-साहिर)
इन हवाओं में, इन फिज़ाओं में (आशा, महेन्द्र कपूर, साहिर)
- ओह-रे ताल मिले नदी के जल में/नदी मिले सागर में (अनोखी रात-इंडीवर)

26. फ़िलासफ़ी गीत (Philosophy Songs) :

- ओह-रे ताल मिले नदी के जल में नदी मिले सागर में
(अनोखी रात-रोशन इंडीवर)
- संसार की हर शय का बस इतना फ़साना है (महेन्द्र कपूर-हमराज़-साहिर)
- दुनिया बनाने वाले क्या तेरे मन में समाई
(मुकेश-तीसरी क़सम-हसरत जयपुरी)
- इक दिन बिक जाएगा/माटी के मोल (मुकेश-धरम करम-मजरूह सुलतानपुरी)
- ये ज़िन्दगी के मेले / दुनिया में कम न होंगे (रफ़ी-मेला-शकील)

सन् 1964 में बनी फ़िल्म दोस्ती के लिये मजरूह सुल्तानपुरी को लक्ष्मीकांत प्यारेलाल के लिये गीत लिखने थे। किसी भी गीत की रचना में संगीतकार और गीतकार का चोली दामन का साथ होता है और अक्सर गीतों की अदायगी में गुलूकारों ने भी अपना कमाल दिखाया है। मो. रफ़ी ऐसे ही गुलूकारों में से रहे हैं जिन्होंने गीत के शब्दों की अदायगी में अपना अलग स्थान बनाया है। ख़ैर।

फ़िल्म दोस्ती के एक गीत की तख़्लीक़ के बारे में ख़ुद प्यारेलाल जी अपनी कथा यूँ बताते हैं कि फ़िल्म दोस्ती के गीत "चाहूँगा मैं तुझे सांझ सवेरे / फिर भी कभी नाम को तेरे आवाज़ / मैं न दूँगा, आवाज़ मैं न दूँगा।" के लिये फ़िल्म फ़ेयर एवार्ड भी दिया गया। लेकिन इस गीत की धुन पर दरअसल किसी फ़िल्म का टाइटल गीत फीमेल आवाज़ में था। जिसका ज़िक्र प्यारेलाल जी ने मजरूह साहब से किया तो मजरूह ने इस धुन पर गीत को मेल-वाइस में लिख देने का मशवरा दिया जिसे मो. रफ़ी की आवाज़ में रिकार्ड करवाना तय हुआ क्योंकि फ़िल्म में ये गीत एक मेल किरदार पर ही फ़िल्माना जाना था। लेकिन ये मजरूह साहब थे कि जिन्होंने कहा कि "नहीं हमें इस गाने के लिये ज़रूर रफ़ी साहब से बात करनी चाहिये क्योंकि इसी धुन पर ये एक अच्छा गाना तैयार हो सकता है। बिलआख़िर मजरूह साहब ने गीत लिखा और मो. रफ़ी साहब की आवाज़ में ये गीत रिकार्ड हुआ तो इस साल का फ़िल्म फेयर एवार्ड तक जीता। जिसका सारा सेहरा प्यारेलाल जी मजरूह साहब के सर बाँधते हैं।'

अब अगर आप को दोस्ती फ़िल्म के इस गीत की धुन याद है तो पहले इस गीत के मुखड़े को धुन में गुनगुनायें ताकि आप फिर इस गीत के बोल भी इस धुन पर गुनगुना सकें जिसे बहरहाल प्यारेलाल जी ने अपनी आवाज़ में उसी धुन पर सुनाया भी है।

> चाहूँगा मैं तुझे शाम सवेरे / फिर भी कभी नाम को तेरे
> आवाज़ मैं न दूँगा, आवाज़ मैं न दूँगा (फ़िल्म : दोस्ती)

वो गीत जो उसी धुन पर औरत की आवाज़ में गाया गया था वो था-

> रुत पावन मेरे जी को जलाए / छुप छुप रोऊँ मैं, लाज ये आए
> पिया लोग क्या कहेंगे-पिया लोग क्या कहेंगे......

आइये क्यों न अब दोस्ती फ़िल्म के लिये मजरूह के लिखे हुए पूरे गीत को ही दोहराया जाए।

> चाहूँगा मैं तुझे शाम सवेरे / फिर भी कभी नाम को तेरे
> आवाज़ मैं न दूँगा-आवाज़ मैं न दूँगा...

देख मुझे सब है पता / सुनता है तू मन की सदा
मितवा मेरे यार- तुझ को / बार बार आवाज़ मैं न दूँगा

चैन भी तू-दर्द भी तू / नैन भी तू-दर्स भी तू
मितवा - तुझ को बार बार आवाज़ / मैं न दूँगा - आवाज़ मैं न दूँगा
(फ़िल्म दोस्ती / मजरूह सुल्तानपुरी / लक्ष्मीकांत प्यारेलाल / मो. रफ़ी)

हम अपनी बात के इस हिस्से को इसी बात पर ख़त्म करेंगे कि अवाम आज भी अच्छे गीतों में रचनात्मकता की मुन्तज़िर है। वो गीत जिसे वो याद रख सकें। ख़ुद इसी धुन में गुनगुना सकें और इसकी शायरी और उसकी मौसीक़ी में मैलोडी को मेहसूस कर सकें और हाँ, अगर इस गीत में कोई पैग़ाम या फ़लासफी है तो वो फौरन ही सुनने वालों को ज़हन नशीं हो सके और समझ में आ सके। जिसे वह बराबर सराहते गुनगुनाते रहें।

फ़िल्मी गीत और उर्दू ज़बान

उर्दू ज़बान इलेक्ट्रॉनिक मीडिया और फ़िल्मों के लिये एक जरूरी ज़बान बनी रही है। रेडियो और टी.वी. में उर्दू ज़बान का ज़िक्र करते हुए सुहैल अन्जुम अपनी किताब में एक जगह लिखते हैं।

> "कुछ लोग कहते हैं कि इलेट्रानिक मीडिया ने उर्दू को सहारा दिया है और इसके फ़रोग़ में अहम रोल अदा किया है। मगर मैं कहता हूँ कि उर्दू को किसी सहारे की जरूरत नहीं। इसने (उर्दू ने) ख़ुद दूसरों को सहारा दिया है और जब भी इलेट्रानिक मीडिया को जरूरत पड़ी है उर्दू ने इसकी रगों में अपना खून दौड़ाया है और इसके चेहरे के ज़र्द होते रंग को हुस्न की तमाज़त में तब्दील किया है। हाँ एक हद तक आप ये कह सकते हैं कि मीडिया ने उर्दू के अल्फ़ाज़ को अपनाकर जहाँ एक तरफ़ ख़ुद को जिन्दगी की हरारत दी है वहीं दूसरी तरफ इसने ज़बान के हुस्न से लोगों को आशना किया है।"

(किताब मीडिया रूप और बहरूप से)

आइये, अब ज़बान के हवाले से भी फ़िल्मी गीतों की बात कर ली जाए। शायद हमें ये साबित करने की जरूरत नहीं है कि जिस ज़माने तक के फ़िल्मी गीतों की हम बात कर रहे हैं कि उनमें हम कलामी है, उनमें जज़्बात व अहसासात हैं, उनमें नग़मगी है, ज़बान व अदब की शमूलियत और उनकी चाश्नी है। यही वजह है कि ये गीत देर तक याद रहे हैं और इन गीतों को सुनते ही हम अपने आप से दूर होकर इन गीतों में छुपी ज़बान जज़्बात व अहसासात से जुड़ जाते हैं।

यहाँ शकील बदायूँनी और राजेन्द्र कृष्ण के नग़मे पेश करने का दिल होता है देखे:

ज़रा सुन हसीना ए नाज़नीं, मेरा दिल तुझे पे निसार है
तेरे दम से ही मेरे दिलरुबा मेरी ज़िन्दगी में बहार है

हुई जब से तुझ पे मेरी नज़र, मैं हूँ अपने आप से बेख़बर
हुआ जब से तेरा गुजर, मुझे चैन है न क़रार है

तेरे हुस्न से जो सँवर गईं, वो फिज़ायें मुझ को अज़ीज़ हैं
तेरी जुल्फ़ से जो लिपट गईं, मुझे इन हवाओं से प्यार है

ये हसीन फूलों की डालियाँ, तुझे दे रही हैं सलामियाँ
मुझे क्यों न रश्क हो ऐ सनम मेरे साथ फसले बहार है
ज़रा सुन हसीना नाज़नी...

(शकील-कौन अपना कौन पराया-मो. रफ़ी)

शकील के नग़मे में हसीना ए नाज़नीन जैसे लफ्ज़ में बाक़ायदा इज़ाफ़त का इस्तेमाल किया गया है। दीगर उर्दू लफ्ज़ हैं जैसे निसार, बेख़बर, चैन, क़रार, सँवर गईं, फिज़ाएं, अजीज़ हैं, जुल्फ़, सलामियाँ, रश्क, सनम, और फ़सले बहार आदि।

दूसरा नग़मा राजेन्द्र कृष्ण का है। आइये इस नग़मे में भी क्यों न उर्दू अल्फाज़ ढूँढने की कोशिश की जाए। सच तो ये है कि इसमें उर्दू ही के अल्फ़ाज़ का जादू है।

ये ख़ामोशियाँ, ये तन्हाइयाँ / मोहब्बत की दुनिया है कितनी जवाँ
ये ख़ामोशियाँ, ये तन्हाइयाँ...

ये सर्दी का मौसम, बदन काँपे थरथर / ये हैं बर्फ के ढेर या संगे मरमर
बना लें क्यों न अपनी जन्नत यहाँ / ये ख़ामोशियाँ, ये तन्हाइयाँ

ये ऊँचे पहाड़ों के मग़रूर साए / ये कहते हैं/इनसे नज़र तो मिलाइये
फ़रिश्ते भी हैं इस जगह बेज़बाँ / ये ख़ामोशियाँ, ये तन्हाइयाँ

न पर्दा है कोई, न है कोई चिल्मन / जहाँ पाँव रख दें, है फिसलन ही फिसलन
क़दम छोड़ते जा रहे हैं निशाँ / ये ख़ामोशियाँ, ये तन्हाइयाँ

(राजेन्द्र कृष्ण / फ़िल्म ये रास्ते हैं प्यार के / मो. रफ़ी-आशा भौंसले)

इस नग़मे में हमें कई उर्दू अल्फाज़ मिलते हैं जैसे: ख़ामोशियाँ, तन्हाइयाँ, मोहब्बत, संगे मरमर, जन्नत, मग़रूर, साये, नज़र, चिलमन, फिसलन, क़दम आदि आदि।

आपको याद होगा गुलज़ार ने अपने एक गीत में उर्दू को इस हद तक अहमियत दी कि अपने दोस्त या मेहबूब की तारीफ यूँ भी कहा कि उसकी ज़बान उर्दू की तरह है, बंद देखे।

वो यार है जो ख़ुशबू की तरह / जिसकी ज़बाँ उर्दू की तरह
मेरी शाम रात, मेरी कायनात / वो यार मेरा सैंयां सैंयाँ
चल छैंयाँ छैंयाँ.........

(गुलज़ार-दिल से-सुखविन्दर सिंह, सपना अवस्थी)

यानी फ़िल्मी गीतों की रचना के लिये हमें ज़बान से एक मेहबूब ही की तरह इश्क़ करना होगा। तभी हमारे गीतों की रचना बेहतर हो सकती है और हिन्दोस्तान में उर्दू ने वही दर्जा हासिल किया है कि उर्दू न जानने वाले भी उर्दू की मिठास और शीरीनी के क़ायल हो जाते हैं।

ग़ज़ल और नज़्म

दीगर ज़बानों की तरह उर्दू में भी दो हिस्से होते हैं नज़्म व नसर:

नज़्म : शायरी में लिखी जाने वाली या बोली जाने वाली ज़बान है।

नस्र : वो ज़बान है जैसे कि हम लोग बोलते हैं या बात करते हैं।

इस वक़्त भी हम नस्र में लिखी उर्दू पढ़ रहे हैं।

अब नज़्म यानी शायरी (कविता) की दो मशहूर सिफ़ (फार्म) हैं।

1. ग़ज़ल 2. नज़्म

ग़ज़ल : गज़ल को समझने से पहले इसमें मिसरा और शेर को समझना होगा।

मिसरा : मिसरा दरअसल उर्दू शायरी की सबसे छोटी इकाई (यूनिट) है और इस मिसरे को हम लाइन भी कह सकते हैं जो छोटी से छोटी या बड़ी से बड़ी हो सकती है।

शेर : एक मिसरा आम तौर पर अकेले नहीं लिखा जाता है। इसके साथ कम से कम एक मिसरा और लिखा जाता है और अगर ये दोनों मिसरे एक ही लम्बाई में लिखे जाएं और शायरी की ज़बान में कहे जाने वाले ये दो ही मिसरे हों तो इसे हम शेर कहते हैं। आइये इसे ग़ज़ल के इस शेर से समझें।

इन आँखों की मस्ती के मस्ताने हज़ारों हैं
इन आँखों से वाबस्ता अफ़साने हज़ारों हैं

जी हाँ दोनों मिसरे एक ही लम्बाई के हैं और अब ये एक मुकम्मल शेर है जिसका पहला मिसरा है।

इन आँखों की मस्ती के मस्ताने हज़ारों हैं दूसरा मिसरा है-

इन आँखों से वाबस्ता अफ़साने हज़ारों हैं

एक और मिसाल दो मिसरों की देने से पहले हम यह और बता दें कि अगर दोनों मिसरे मिल कर (यानी एक साथ पढ़ने पर अपनी बात पूरी कर लेते हैं तो इसे शेर कहते हैं) तो आइये क्यों न अब हम ऐसे ही कुछ फ़िल्मी ग़ज़लों के शेर याद करें।

तेरी जुल्फों से जुदाई तो नहीं माँगी थी
क़ैद माँगी थी रिहाई तो नहीं माँगी थी (फ़िल्म जब प्यार किसी से होता है)

बाज़ी किसी ने प्यार की जीती या हार दी
जैसे गुज़र सकी ये शबेग़म गुज़ार दी (फ़िल्म नज़राना)

मैं ज़िन्दगी का साथ निभाता चला गया
हर फिक्र को धुँए में उड़ाता चला गया (हम दोनों मो. रफ़ी)

हम ने देखा कि हर एक ग़ज़ल (गीत) के शेर में दो मिसरे (लाइन) हैं जो लगभग एक ही लम्बाई (लेंथ) के हैं।

आइये अब तक हम ने जो बातें समझी हैं उनको दोहरालें क्योंकि अब हम इन्हीं मिसालों में से कुछ और बातें भी सीखेंगे। हम ने सीखा:

1. शायरी या (उर्दू नज़्म) के हिस्से में ग़ज़ल एक अहम और मशहूर (पोपुलर) फार्म है।
2. ग़ज़ल में शेर होते हैं।
3. हर शेर दो बराबरी के मिसरों (लाइनों) से बनता है।
4. इस तरह ग़ज़ल का हर शेर एक बात पूरी कर देता है यानी ग़ज़ल का हर शेर अपने आप में मुकम्बल होता है और पूरी बात करता हुआ होता है।

यहाँ आकर हमें उम्मीद है कि आप को (1) ग़ज़ल (2) ग़ज़ल में शेर (3) और शेर में मिसरों के मायने समझ में आ गए होंगे।

अब हम अपनी बातचीत के दूसरे हिस्से में दो और लफ़्ज़ों को समझने की कोशिश करेंगे।

(1) क़ाफ़िया और (2) रदीफ़

(1) क़ाफ़िया: ऐसे लफ़्ज़ों को कहते हैं जिनकी आवाज़ें यकसाँ एक सी होती हैं। हिन्दी में उन्हें तुकबंदी भी कहते हैं उर्दू में ऐसे अल्फ़ाज़ (लफ़्ज़ों की जमा) को क़ाफ़िया कहते हैं। आइये ऐसे ही एक सी आवाज़ निकालने वाले लफ़्ज़ों को यानी क़ाफियों को मिसालों से समझने की कोशिश करें-

1	2	3
नाम	जाना	भोर
आम (Mango)	आना	मोर
आम (Common)	पाना	शोर
तामझाम	ठिकाना	ज़ोर
काम	बरसाना	घोर
शाम	मुस्कुराना	चोर

आइये अब पहले दी गई अपनी मिसालों में देखें कि इनमें क़ाफ़िया वाले लफ्ज़ (अल्फ़ाज़) कौन कौन से थे। पहली मिसाल में हमारा शेर था।

इन आँखों की मस्ती के मस्ताने हज़ारों हैं
इन आँखों से वाबस्ता अफसाने हज़ारों हैं (शायर-शहरयार आशा भोंसले)

अब अगर हम फ़िल्म 'उमराव जान' के लिए शहरयार की ग़ज़ल के इस शेर में क़ाफ़िया से कही बात ढूँढने की कोशिश करें तो हम पाते हैं कि "मस्ताने" और दूसरे मिसरे में "अफ़साने'' कहकर क़ाफिया मिलाते हुए बात पूरी की गई है जी हाँ।

पहले मिसरे में	मस्ताने हज़ारों हैं
दूसरे मिसरे में	अफ़साने हज़ारों हैं

अब आप पूछ सकते हैं कि क़ाफ़िया तो मस्ताने और अफसाने पर पूरा होता है तो फिर ये "हज़ारों हैं" क्या है। जी दरअसल क़ाफ़िया के बाद इस्तेमाल किये गये अल्फ़ाज़ वह हैं एक लफ्ज़ भी होता है या कई लफ्ज़ भी हो सकते हैं) ये सभी को हम रदीफ़ कहते हैं।

अब इस शेर को फिर से पढ़िये और गौर करें कि इस शेर में पहली और दूसरी पंक्तियों में मस्ताने और अफ़साने के क़ाफ़िये हैं और "हज़ारों हैं'' इस शेर की रदीफ़ है।

अब एक तीसरे हिस्से में एक और बात को समझते हुए पूरी ग़ज़ल को अच्छी तरह समझ सकते हैं। तीसरे हिस्से में हम मतला और मक़ता को समझेंगे। और वैसे इन्हें समझना आसान है कि बस ग़ज़ल का पहला शेर "मतला "है और ग़ज़ल का आख़िरी शेर "मक़ता" है। जी बस आईये अब हम इन मतला और मक़ता की खुसूसियात और समझ लें।

ग़ज़ल का पहला शेर मतला कहलाता है इसके दोनों लाइनों में रदीफ़ और काफिया का आना जरुर होता है बाक़ी अशआर में क़ाफ़िया और रदीफ़ दूसरे मिसरे (लाइन) में लाना

जरूरी है। आइये इसे अब हम इसी ग़ज़ल के दूसरे अशआर से समझने की कोशिश करते हैं। ग़ज़ल का अगला शेर यूँ है।

एक तुम ही नहीं तन्हा, उल्फ़त में मेरी रुस्वा
इस शहर में तुम जैसे, दीवाने हज़ारों हैं

आप ने देखा होगा कि वही दो मिसरे हैं लेकिन इस बार क़ाफ़िया और रदीफ दूसरे मिसरे में ही लाई गई है। इस बार काफ़िया दीवाने इस्तेमाल हुआ है रदीफ़ वही है "हज़ारों हैं"। इसे आप एक तरह की छूट मान सकते हैं कि ग़ज़ल के बाक़ी अशआर में क़ाफ़िया उसी रदीफ़ के साथ दूसरे मिसरे में ही लाना जरूरी है।

तो क्यों न ग़ज़ल के बाक़ी शेर और देखें और क़ाफियों को इस रदीफ़ के साथ (दूसरे मिसरे में ही हैं) इसका मज़ा लें। ख़ास बात ये भी है कि ग़ज़ल के हर दो मिसरे यानी ग़ज़ल का हर शेर अपने आप में बात मुकम्मल कर रहा है। क्योंकि आमतौर पर ग़ज़ल का हर शेर आज़ादाना ही होता है। ख़ैर तो आइये देखें दूसरे अशआर। (यानि अलग बात कहता हुआ)

इक सिर्फ हम ही नहीं मय को आँखों से पिलाते है
कहने को तो दुनिया में मयख़ाने हज़ारों हैं

इस शम्मे-फ़रोज़ाँ को आँधी से डराते हो
इस शम्मे-फ़रोज़ाँ के परवाने हज़ारों है

जी आप ने ठीक पहचाना अगले दो अशआर के दूसरे मिसरों में क़ाफ़िये "मयख़ाने'" और "परवाने" लाये गए हैं। रदीफ़ वही है "हज़ारों हैं"। यानि यूँ नहीं कहा जा सकता है कि मयख़ाने रहे हैं या परवाने जान देते हैं आदि। सही यूँ है कि आपको क़ाफ़ियों के बाद वही अल्फ़ाज़ जिन्हें रदीफ़ बना लिया गया है लेकर आना है। अब बस आप का केवल एक सवाल बाक़ी रह जाता है "मक़ता" क्या होता है?

मक़ता समझना बहुत आसान है। 'मतला' गज़ल का पहला शेर है जिसे हम समझ चुके हैं तो मक़ता ग़ज़ल का आखिरी शेर होता है जिसमें शायरअपना तख़ल्लुस इस्तेमाल करता है। यानी अगर ग़ज़ल के आख़िरी शेर में शायर ने अपना नाम (तख़ल्लुस) इस्तेमाल किया है तो वह शेर मक़ता कहलाता है।

फ़िल्मी ग़ज़लों में ख़ासकर मक़ता की गुंजाइश बहुत कम होती है। जी हाँ वजह वही है फ़िल्मी ग़ज़ल किन्ही किरदारों और किसी न किसी कहानी के बेकग्राउण्ड में लिखी जाती है। फिर भी एक गज़ल अब हम नीचे दे रहे हैं जो मतला (पहले शेर से लेकर) मक़ता (यानी

आख़िरी शेर तख़ल्लुस के साथ) तक मुकम्मल ग़ज़ल है। शायर का नाम जी हाँ हम इसलिये नहीं बतायेंगे कि इसे आप ख़ुद मक़ता में तलाश करेंगे, ठीक है न? गज़ल मुलाहिजा हो।

फिर छिड़ी रात बात फूलों की
रात है या बरात फूलों की

फूल के हार, फूल के गजरे
शाम फूलों की, रात फूलों की

आप का साथ, साथ फूलों का
आपकी बात बात फूलों की

फूल खिलते रहेंगे दुनिया में
रोज़ निकलेगी बात फूलों की

नज़रें मिलती हैं जाम मिलते हैं
मिल रही है हयात फूलों की
ये महकती हुई ग़ज़ल मख़दूम
जैसे सेहरा में रात फूलों की

अब इतना हम बताते हैं कि ये ग़ज़ल 'मखदूम मुहि उद्दीन' की फ़िल्म 'बाज़ार' के लिये ख़य्याम के संगीत में तलत अज़ीज़ और लता मंगेशकर की आवाज़ों में रिकार्ड हुई है।

आपको बताना है :

1. मतला में कौन से क़ाफ़िये गज़ल के बाक़ी अशआर के लिये 'काफ़िया' तय कर देते हैं।
2. मतला में दोनों मिसरों में क़ाफ़िया के बाद कौन सी रदीफ़ बाक़ी अशआर के लिये रदीफ़ (यानी जिसे दूसरे मिसरे में क़ाफ़िया के बाद लाना जरूरी है) तय कर देते हैं और ग़ज़ल की यहीं से पहचान बन जाती है।
3. ग़ज़ल का 'मक़ता' क्या है और इस में किस शायर ने अपना तख़ल्लुस इस्तेमाल किया है।

सही जवाबात :

1. बात और बरात के क़ाफ़ियों के साथ मतला में रदीफ़ तय हुई है
2. रदीफ़ है "फूलों की "जिसे क़ाफ़ियों के अल्फ़ाज़ के बाद इस्तेमाल होना होता है।

3. ग़ज़ल का मक़ता है :

ये महकती हुई ग़ज़ल मख़दूम
जैसे सेहरा में रात फूलों की

ग़ज़ल मख़दूम मुहीउद्दीन की लिखी हुई है।

नीचे हम एक ग़ज़ल दे रहे हैं शायर आपको मक़ता से पहचानना है

ग़ज़ल मतला (पहला शेर) से यूँ शुरू होता है:

हम हैं मता - ए - कूचा ओ बाज़ार की तरह
उठती है हर निगाह ख़रीदार की तरह

(फ़िल्म दस्तक / लता मंगेश्कर / मदन मोहन)

मतला से क़ाफ़िया और रदीफ़ तय हो गई है। क़ाफ़िया है बाज़ार, खरीदार और रदीफ़ है "की तरह।"

बाक़ी अशआर 'मक़ता' (आख़िरी शेर) के साथ इस तरह हैं।

वो तो कहीं हैं और मगर दिल के आस पास
फिरती है कोई शय निगाहे यार की तरह

मजरूह लिख रहे हैं वो, अहले वफ़ा का नाम
हम भी खड़े हुए हैं गुनाहगार की तरह

सही जवाब : जी हाँ ये ग़ज़ल 'मजरूह सुलतानपुरी' की लिखी हुई है

शकील बदायूँनी ने फ़िल्मों को मैयारी उच्च स्तरीय ग़ज़लें दी हैं। फ़िल्म "दो बदन" के लिये लिखी उनकी ग़ज़ल मो. रफ़ी की आवाज़ में रिकार्ड हुई मुलाहिजा हो।

भरी दुनिया में आख़िर दिल को समझाने कहाँ जाएं
मोहब्बत हो गई जिनको वो दीवाने कहाँ जाएं

लगे हैं शम्मा पर पहरे ज़माने की निगाहों के
जिन्हें जलने की हसरत है वो परवाने कहाँ जाएं

सुनाना भी जिन्हें मुश्किल, छुपाना भी जिन्हें मुश्किल
ज़रा तू ही बता ऐ दिल, वो अफ़साने कहाँ जाएं

नज़र में उलझन दिल में है आलम बेक़रारी का
समझ में कुछ नहीं आता सुकूँ पाने कहाँ जाएं

भरी दुनिया में आख़िर दिल को समझाने कहाँ जाएं
मोहब्बत हो गई जिनको वो दीवाने कहाँ जाएं
भरी दुनिया में .... (दो बदन / शकील बदायूँनी / रफ़ी)

फ़िल्मों में उर्दू ग़ज़लें : फिल्मों में कुछ शायरों की गज़लें

राजेन्द्र कृष्ण : यूँ हसरतों के दाग़, मोहब्बत में धो लिए
ख़ुद दिल से दिल की बात कही और रो लिए
(अदालत-लता)

मैं तेरी नज़र का सुरूर हूँ तुझे याद हो कि न याद हो
(जहाँ आरा)

साहिर लुधियानवी : जुर्म उल्फत पे हमें लोग सज़ा देते हैं
कैसे नादान है शोलों को हवा देते हैं (ताज महल-लता)

मजरूह सुल्तानपुरी: रहते थे कभी जिन के दिल में हम जान से भी प्यारों की तरह
बैठे हैं उन्हीं के कूचे में आज गुनाहगारों की तरह
(ममता-लता)

बहज़ाद लखनवी : ज़िन्दा हूँ इस तरह कि ग़मे ज़िन्दगी नहीं
जलता हुआ दिया हूँ मगर रोशनी नहीं (आग-मुकेश)

साहिर : कभी ख़ुद पे कभी हालात पे रोना आया
बात निकली तो हर एक बात पे रोना आया

हम तो समझे थे कि हम भूल गए हैं उनको
क्या हुआ आज ये किस बात पे रोना आया
(हम दोनो-रफ़ी)

फ़िल्म "अमर" के लिये शकील बदायूँनी ने जो ग़ज़ल लिखी लता की आवाज़ में उस ने भी ख़ूब शौहरत पाई, मुलाहिजा हो।

न मिलता ग़म / तो बरबादी के अफ़साने कहाँ जाते
अगर दुनिया चमन होती / तो वीराने कहां जाते

चलो अच्छा हुआ अपनों में कोई / ग़ैर तो निकला
अगर होते सभी अपने / तो बेगाने कहाँ जाते

दुआएं दो, मोहब्बत हमने मिट कर तुमको सिखला दी
न जलती शमा महफ़िल में तो परवाने कहाँ जाते

तुम्ही ने ग़म की दौलत दी / बड़ा अहसान फ़रमाया
ज़माने भर के आगे, हाथ फैलाने कहाँ जाते

उर्दू नज़्म

उर्दू शायरी में ग़ज़ल के अलावा जितनी असनाफ (शायरी के फार्म) हैं उन्हें नज़्म कहते हैं। नज़्म में ज़िन्दगी का हर मौजू या विषयों को मुसलसल बयान किया जा सकता है।

ग़ज़ल ही की तरह नज़्म में भी मिसरे होते हैं। अशआर हो सकते हैं लेकिन बरहाल ये नज़्म, ग़ज़ल से कई मायनों में अलग है। हालाँकि इसे शौहरत ग़ज़ल जैसी ही हासिल है। आइये अब नज़्म की बुनियादी बातों को याद रखने की कोशिश करें।

1. नज़्म की लम्बाई (लेंथ) कम भी हो सकती है और ज़्यादा लम्बी नज़्म भी कही जा सकती है।
2. नज़्म के लिये बुनियादी शर्त है इसका मौजू विषय या इसका थीम तय करना।
3. नज़्म में बस फिर छोटे या लम्बे मिसरों के माध्यम से दो या दो से ज़्यादा मिसरों के साथ मिलाकर अपनी बात को बढ़ाया जा सकता है। हाँ जिस तरह नई बात कहने के लिये हम पैराग्राफ बदल देते हैं ऐसे ही नज़्म को आगे बढ़ाने के लिये जब गेप के साथ आगे बढ़ते हैं तो इसे हम नया बंद कहते हैं।

आइये अब इस बात को हम "मेरे मेहबूब' फ़िल्म की इस नज़्म से समझने की कोशिश करें जिस के शुरु के मिसरे यूँ हैं। जी हाँ इस नज़्म की थीम जो जरूरी चीज़ है। आप ख़ुद समझ लेंगे। कुछ मिसरे जो बात के एक हिस्से से जुड़े होते हैं उनको मिलाकर बन्द भी कहते हैं।

मेरे मेहबूब तुझे मेरी मोहब्बत की क़सम
फिर मुझे नर्गिसी आँखों का सहारा दे दे
मेरा खोया हुआ रंगीन नज़ारा दे दे
मेरे मेहबूब तुझे मेरी मोहब्बत की क़सम

आम हालत में नज़्म अपने पहले मिसरे से पहचानी जाती है। इसे गीत के मायनों में मुखड़ा भी कह सकते हैं। तो इस नज़्म का उनवान (शीर्षक) और मुखड़ा यूँ तय हुआ।

मेरे मेहबूब तुझे मेरी मोहब्बत की क़सम
पहला पूरा बन्द हम पढ़ और समझ चुके हैं।

आईये अब देखें दूसरे बंद में थीम को लेकर नज़्म किस तरह आगे बढ़ती है। दूसरा बंद :

याद है मुझ को मेरी उम्र की पहली वो घड़ी
जब तेरा हुस्न मेरे इश्क़ से टकराया था
और फिर राह में बिखरे थे हज़ारों नग़मे
मैं वो नग़मे तेरी आवाज़ को दे आया था
साज़-ए-दिल को भूली हुई यादों का सहारा दे दे
मेरे मेहबूब तुझे मेरी मोहब्बत की क़सम.....

नज़्म में ग़ज़ल की तरह पाबंदियाँ नहीं रहीं। इसमें रदीफ़ और क़ाफ़िया का होना भी जरूरी नहीं है। ग़ज़ल के फार्म में भी नज़्म कही जा सकती है और इसमें ज़ोर व अक्सर पैदा करने के लिये इसे एक से ज़्यादा बंद में लिखा जा सकता है। मिसाल के तौर पर कैफ़ी आज़मी की एक ख़ूबसूरत नज़्म से शायरी के इस फार्म (हैय्यत) का मज़ा लें। मो. रफ़ी ने इसे आवाज़ दी है।

मैं यह सोच कर उसके दर से उठा था
कि वो रोक लेगी मना लेगी मुझ को
हवाओं में लहराता आता था दामन
कि दामन पकड़ कर बिठा लेगी मुझ को
क़दम ऐसे अन्दाज़ से उठ रहे थे
कि आवाज़ दे कर बुला लेगी मुझ को

मगर उसने रोका, न उसने मनाया
न दामन ही पकड़ा, न मुझ को बिठाया
न आवाज़ ही दी, न वापस बुलाया
मैं आहिस्ता आहिस्ता बढ़ता ही आया
यहाँ तक कि उससे जुदा हो गया मैं
जुदा हो गया मैं, जुदा हो गया मैं....

(हक़ीक़त-कैफ़ी आज़मी-मदन मोहन, मो. रफ़ी)

फ़िल्म 'शिनशिना की बुबला बू' के लिये पी.एल. संतोषी का लिखा ये गीत नज़्म के प्रारूप में है जो लता की आवाज़ में रिकार्ड हुआ और इसकी ख़ूबसूरत धुन ने इसे लोकप्रियता दिलवाई।

तुम क्या जानो, तुम्हारी याद में, हम कितना रोए / हम कितना रोए
रैन गुज़ारी तारे गिन गिन, चैन से जब तुम सोए / हम कितना रोए...

कितनी कलियाँ खिलीं चमन में, खिल के फिर मुरझा गईं
बिरहन के इस भोले मन को बार बार समझा गईं
रो-के जवानी काटी जिस ने / प्रीत के बीजे बोये /हम कितना रोए.........

कितने बादल घिरे गगन में / घर के फिर न बरसे
प्यास दबाकर दिल की दिल में / कितना तड़पे तरसे
दर्द हमारा दिल जाने या नैना खोए खोए / हम कितना रोए ....

तुम क्या जानो, तुम्हारी याद में, हम कितना रोए / हम कितना रोए
रैन गुज़ारी तारे गिन गिन, चैन से जब तुम सोए

आइये अब मजरूह ने "कुदरत' फ़िल्म के लिये जो नज़्म लिखी उसे देखें। इस नज़्म को भी सबने पसन्द किया। आर. डी. बर्मन, की धुन पर किशोर ने आवाज़ दी है।

हमें तुम से प्यार कितना / ये हम नहीं जानते
मगर जी नहीं सकते तुम्हारे बिना
सुना, ग़म जुदाई का उठाते हैं लोग
जाने ज़िन्दगी कैसे बिताते हैं लोग
दिन भी यहाँ तो / लगे बरस के समान
हमें इंतेज़ार कितना / ये हम नहीं जानते
मगर जी नहीं सकते तुम्हारे बिना....

तुम्हें कोई और देखे / तो जलता है दिल
बड़ी मुश्किलों से फिर / संभलता है दिल
क्या-क्या जतन करते हैं / तुम्हें क्या पता
ये दिल बेक़रार कितना / ये हम नहीं जानते
मगर जी नहीं सकते तुज्हारे बिना...

नज़्म में अल्फ़ाज़ जैसे प्यार, ज़िन्दगी, इंतेज़ार, ग़म आम बोलचाल के उर्दू लफ्ज़ हैं लेकिन समान (बराबरी) जैसे हिन्दी लफ्ज़ का इस्तेमाल करके शायर ने दोनों ज़बानों को ख़ूबसूरती से यकजा किया है। मजरूह ने फ़िल्म इण्डस्ट्री में एक अहम रोल अदा किया है ऐसा कहने में हमें कोई हिचक नहीं होगी।

इक़बाल की मशहूर नज़्म अपने मौजू के हिसाब से नज़्म शायरी के हुस्न को बरक़रार रखते हुए लोगों को प्रभावित करती रही है। फ़िल्म दिल ही तो है के लिये लता की आवाज़ में रोशन ने इसको तर्ज़ दी और फ़िल्म के हवाले से भी इस नज़्म को सभी ने इतना ही पसन्द किया। नज़्म अपने एक पुर असर मुखड़े के साथ कुछ इस तरह है।

कभी ऐ हक़ीक़ते-मुन्तज़िर, नज़र आ लिबास मजाज़ में
कि हज़ारों सजदे तड़प रहे हैं मेरी जबीं ने नियाज़ में

बंद देखिये-

मैं सर बसजदा जो कभी हुआ, तो ज़मीं से आने लगी सदा
तेरा दिल तो है सनम आशना, तुझे क्या मिलेगा नमाज़ में
कभी ऐ हक़ीक़त मुन्तज़िर, नज़र आ लिबास मजाज़ म
कभी ऐ हक़ीक़त मुन्तज़िर..

अदबी / साहित्यिक शायरी भी फ़िल्मी गीतों में

अगर फ़िल्मों में विशेष रूप से हिन्दोस्तानी फ़िल्मों में गीतों की जरूरत और अहमियत है तो इन गीतों में स्वर बनाए रखने की भी जरूरत है। हमें यह नहीं भूलना चाहिये कि "फ़िल्म "बहरहाल मास मीडिया का हिस्सा है। कम से कम हिन्दुस्तान में फ़िल्मों की शुरुआत इसी उद्देश्य से हुई और मज़हबी फ़िल्मों के माध्यम से पहले समाज को पैग़ाम दिये गए और इस के बाद समाजी क़ानून और तहज़ीब व अख़लाक़ के विषयों पर बहुत ही कामयाब फ़िल्में बनती रहीं इनमें मुल्क व वतनपरस्त कहानियाँ भी लिखी गईं। "राजा हरीशचन्द्र" से लेकर मदर इण्डिया, घराना, कानून, हकीकत, नया दौर, चौधवीं का चाँद आदि ऐसी बेशुमार फ़िल्में हैं। बहरहाल हमारी बात चल रही है कि अगर फ़िल्मी गीत फ़िल्मों के लिये अहम हैं तो ऐसे गीतों का कहानी और किरदारों से रिश्ता होना भी जरूरी है। इनमें ज़बान व अदब का लिहाज़ भी जरूरी है ताकि लोग इसे भी फ़िल्म के तसलसुल (continuity) से बाँध सकें। मेहसूस कर सकें। ये बात कोई ऐसी नहीं की उनको अपनाया न जा सके। कुछ समय पहले तक प्रोडयूसर और डायरेक्टर्स ने भी मदद की है कि शायर उद्देश्यपूर्ण गीत लिख सके यही वजह है की कई फ़िल्म प्रोडयूसर्स और डायरेक्टर्स ने या संगीतकारों ने ऐसी शायरी को फ़िल्मों में जगह दी जो फ़िल्मों से पहले लिखी और कही जा चुकी थीं और उन्हें अदब में मैयारी अदब का मुक़ाम मिला हुआ था। अपनी बात को मज़बूती देने के लिये हम यहाँ कुछ ऐसी ही मिसालें रखना चाहेंगे। इस बारे में फ़िल्म "मिर्ज़ा ग़ालिब" की मिसाल सामने आती है कि मिर्जा ग़ालिब की कई ख़ूबसूरत ग़ज़लों की धुन मौसीकार गुलाम मोहमद ने इस ख़ूबसूरती से तैयार कीं कि लोग आज भी उन्हें ज़ौक़ व शौक़ से सुनते हैं।

- फिर मुझे दीदा-ए-तर याद आया (तलत मेहमूद)
- आह को चाहिए एक उम्र अक्सर होने तक (सुरैया)
- है बस कि हर इक उन के इशारे में / निशाँ और (मो रफ़ी)

निम्नलिखित अल्लामा इक़बाल की लिखी ख़ूबसूरत नज़्म का हिस्सा है जिसमें तमाम फ़लासफ़ी है। इस का निम्नलिखित बंद देखिये। जितनी बार इसे दोहराइये तो सुनने वाला इसमें डूबता जाता है।

मैं सर ब सज्दा जो कभी हुआ तो ज़मीं से आने लगी सदा
तेरा दिल तो हैं सनम आशना, तुझे क्या मिलेगा नमाज़ में
कभी ऐ हक़ीक़त मुन्तज़िर........

जब इक़बाल की नज़्म "कभी ऐ हक़ीक़त मुन्तज़िर, नज़र आ लिबासे-मजाज़ में" फ़िल्म "दिल ही तो है" के लिये संगीतकार रोशन ने लता की आवाज़ में रिकार्ड की तो आला दर्जे की शायरी का लुत्फ़ उन हज़रात ने भी लिया जो उर्दू से या उन भाषाओं के ज़्यादा जानकर नहीं थे।

कभी ऐ हक़ीक़त मुन्तज़िर, नज़र आ लिबास मजाज़ में
कि हज़ारों सजदे तड़प रहे हैं मेरी जबीं ने नियाज़ में

फ़िल्म 'कभी कभी' के लिये साहिर की नज़्म "कभी कभी मेरे दिल में ख़्याल आता है" फ़िल्म के क्लाइमेक्स का हिस्सा बन गई। ख़य्याम ने इसे अमिताभ बच्चन की पुर-असर आवाज़ में ही रिकार्ड किया।

'दस्तक' फ़िल्म के लिये मजरूह की ग़ज़ल मक़ता के साथ फ़िल्म में इस्तेमाल हुई।

मजरूह लिख रहे हैं वो / अहले वफ़ा का नाम
हम भी खडे हुए हैं / गुनाहगार की तरह

फ़िल्म "उमराव जान' के लिये फ़िल्म प्रोडयूसर ने शहरयार की दो ग़ज़लें उनसे इजाज़त लेकर फ़िल्मों में शामिल कीं। "उमरावजान" फ़िल्म के सभी गीत मक़बूल हुए।

- इन आँखों की मस्ती के मस्ताने हज़ारों हैं
- दिल चीज़ है क्या आप मेरी जान लीजिए
- ये क्या जगह है दोस्तों, ये कौन सा मुक़ाम है
- जुस्तजू जिसकी थी उसको तो न पाया हम ने
- ज़िन्दगी जब भी तेरी बज़्म में लाती है हमें
  ये ज़मीं चाँद से बेहतर नज़र आती है हमें

आप ने मक़ता से याद किया होगा और अन्दाज़ किया होगा लफ्ज़ फूलों की तकरार पर लिखी मख़दूम मुहीउद्दीन की ये ख़ूबसूरत ग़ज़ल लता मंगेश्कर और तलत अज़ीज़ की आवाज़ों में फ़िल्म "बाज़ार" के लिये रिकार्ड हुई और खूब मकबूल हुई, ग़ज़ल है।

फिर छिड़ी रात बात फूलों की
रात है या बरात फूलों की

मख़दूम मुहीउद्दीन की ग़ज़ल के बाक़ी अशआर कुछ इस तरह हैं।

फूल के हार, फूल के गजरे
शाम फूलों की, रात फूलों की

आप का साथ, साथ फूलों का
आपकी बात बात फूलों की

नज़रें मिलती हैं जाम मिलते हैं
मिल रही है हयात फूलों की

ग़ज़ल का मक़ता यूँ है कि

ये महकती हुई ग़ज़ल मख़दूम
जैसे सेहरा में रात फूलों की

मुज़्तर खैराबादी की इस ग़ज़ल को फ़िल्म लालकिला में रखा गया... ये मशहूर ग़ज़ल भी हम सब की सुनी हुई है।

न किसी की आँख का नूर हूँ न किसी के दिल का क़रार हूँ
जो किसी के काम न आ सके मैं वो एक मुश्ते गुबार हूँ

फ़िल्मी गीतों की दुनिया एक सुहाना सफ़र

फ़िल्मी गीतों के इस सफर का कोई आग़ाज़ नहीं है लेकिन सफ़र के दौरान हम लगातार इन गीतों का या गीतकारों की रचना या अलग-अलग गीतों के और कहीं दिल को छू लेने वाले विषयों की संजीदगी और उनकी गहराई के पड़ाव से गुज़रेंगे कि ख़ुद ब ख़ुद गीतकारों के लिए प्रशंसा के शब्द हमारे दिल से निकलने लगते हैं या कभी वाह वाही के लिये हाथ तालियों के लिए एक दूसरे से जुड़ने लगते हैं।

फ़िल्म मीडियम के माध्यम से भी इन फ़िल्मी गीतों का अक्सर है कि इन पर हमारा कभी संजीदा गुफ्तगू करना, कभी मैलोडी की चाश्नी से हमें भर देना या कभी इनके अहम और संजीदा विषयों से प्रभावित करना और कभी ज़िन्दगी को संगीत के माधुर्य में इतना हल्का फुलका कर देना कि कुछ देर के लिये हम बस उन्हीं गीतों में खोकर रह जाते हैं। आइये, बेतरतीब ही सही लेकिन इस सफ़र का आग़ाज़ किया जाए जिसमें गीतों की यादें हैं। गीतों की मैलोडी है, गीतों की संजीदगी है, गीतों की शायरी है और बस हमारी वाहवाही है।

योगेश के एक गीत का असर मुझे अपने घर में भी तब देखने में आया जब मेरी माँ जिनकी उम्र क़रीब 80 साल रही होगी। मैं अपने 8 भाई बहनों में सबसे छोटा रहा और मुझे याद नहीं आता कि कभी मैंने अपनी वालिदा को सिनेमा देखने जाते देखा हो या किसी रेडियो पर गाने की तरफ ध्यान देते हुए इस तरह देखा हो कि जितना उन्होंने फ़िल्म "मिली" के इस गीत को सुनते वक़्त अपनी ख़ुशी दिखाई। फ़िल्म 'मिली' के लिये योगेश का लिखा ये गीत लता के साथ कोरस में रिकार्ड हुआ। योगेश के लिखे गीत के बोल हैं-

मैंने कहा फूलों से हँसो / तो वो खिलखिला के हँस दिए
और ये कहा जीवन है / भाई मेरे भाई हँसने के लिए
सूरज हँसा तो बिखर बिखर गई किरनें

सूरज हँसा रे किरन किरन चुनकर धरती पे
सज के सुनेहरी बन गईं रे
मैंने कहा................

ओ-मैंने कहा- सपनों से सजो तो मुस्कुरा के सज गए
और ये कहा जीवन है भई मेरे भाई सजने के लिए
सजने के लिए...
मैंने कहा फूलों से हँसो तो वो खिलखिला के हँस दिए

(मिली / योगेश / लता, कोरस)

लीजिये फ़िल्म ज़िन्दगी और तूफ़ान का एक पूरा गीत मुकेश की आवाज़ में गाया हुआ अचानक याद आ गया है जिसके गीतकार रहे हैं राम अवतार त्यागी।

एक हसरत थी कि आँचल का मुझे प्यार मिले
मैंने मंज़िल को तलाशा- मुझे बाज़ार मिले
ज़िन्दगी और बता तेरा इरादा क्या है

मुझको पैदा किया संसार में दो लाशों ने
और बरबाद किया क़ौम के अय्याशों ने
तेरे दामन में बता मौत से ज़्यादा क्या है

ज़िन्दगी और बता तेरा इरादा क्या है...
जो भी तस्वीर बनाता हूँ बिगड़ जाती है
देखते देखते दुनिया ही उजड़ जाती है
मेरी कश्ती, तेरा तूफ़ान से वादा क्या है
ज़िन्दगी और बता तेरा इरादा क्या है
एक हसरत थी कि ....

तूने जो दर्द दिया / उसकी क़सम खाता हूँ
इतना ज़्यादा है कि / अहसाँ से दबा जाता हूँ
मेरी तक़दीर बता / और तक़ाज़ा क्या है
ज़िन्दगी और बता तेरा इरादा क्या है
एक हसरत थी कि आँचल का मुझे प्यार मिले
मैंने मंज़िल को तलाशा- मुझे बाज़ार मिले

मैंने जज़्बात के संग खेलते / दौलत देखी

अपनी आँखों से मोहब्बत की / तिजारत देखी
ऐसी दुनिया में मेरे वास्ते / रखा क्या है
ज़िन्दगी और बता तेरा इरादा क्या है...

आदमी चाहे तो / तक़दीर बदल सकता है
पूरी दुनिया की वो / तस्वीर बदल सकता है
आदमी सोच तो ले / उसका इरादा क्या है
आदमी सोच तो ले / उसका इरादा क्या है

(राम अवतार त्यागी / मुकेश / फ़िल्म ज़िन्दगी और तूफ़ान / लक्ष्मीकांत प्यारेलाल / 1975)

और अब अचानक फ़िल्म आँचल के लिये आशा और महेन्द्र कपूर की आवाज़ों में कवि प्रदीप के ये बोल हमारे कानों में रस घोल रहे हैं। आप भी इन्हें मेहसूस करें, बोल हैं :

महेंद्र कपूर : गा रही है ज़िन्दगी हर तरफ़ बहार में किस लिये
आशा : चार चाँद लग गए हैं तेरे मेरे प्यार में इस लिए

कवि प्रदीप का ही लेकिन ये तो "जागृति" फ़िल्म का वो ख़ूबसूरत गीत है कि जिसे सुनते ही हमें अपने वतन के लिये अपनी जिम्मेदारियों का अहसास जगाता रहा है। कवि प्रदीप के बोल हैं:

हम लाए हैं तूफ़ान से कश्ती निकाल के
इस देश को रखना मेरे बच्चों संभाल के

ओ हो, फ़िल्म मिलन के लिये प्रेम धवन के बोल लता की आवाज़, में हँसराज बहल ने इस तरह ढाल दिए हैं कि सारी हमदर्दियाँ जैसे अब इस बिरहन के ही साथ हो गई हैं। देखिये रात के अंधेरों से आवाज़ यूँ आ रही है.......

हाय जिया रोए / हाय जिया रोए / पिया नहीं आए
एक मैं ही जागूँ / सारा जग सोए / हाय जिया रोए

लेकिन परदेसी की मौसिक़ी ही में पण्डित मधुर के बोलों ने कुछ ढारस बंधी आवाज़ दी है। बातचीत इस चाँद से है जिसकी पहुँच तो सब ही जगह है-

चंदा रे मोरी पतिया ले जा / साजन को पहुँचा दे रे (फ़िल्म बंजारन)

मो. रफ़ी, मुकेश और सुमन कल्यानपूर की आवाज़ों ने फ़िल्म 'दिल ने फिर याद किया' के इन बोलों से फिर इस माहौल को और संजीदा किया है, बोल हैं :

दिल ने फिर याद किया बर्क सी लहराई है

इस गीत में तो सुमन कल्यानपुर की आवाज़ में बोल यूँ हैं :

क्या बताएं तुम्हें हम, शमा की क़िस्मत क्या है
ग़म में जलने के सिवा / और मोहब्बत क्या है
ये वो गुलशन है, कि जिसमें न बहार आई है

लीजिये बच्चों के लिये लिखे ये बोल और ये गीत माहौल को एकदम हलका और ख़ुशगवार बना रहे हैं।

छुन छुन करती आई चिड़िया, दाल का दाना लाई चिड़िया
मोर भी आया, कव्वा भी आया, बन्दर भी आया

(हसरत / दयाराम / रफ़ी / अब दिल्ली दूर नहीं)

ओहो धुन बदल गई है दानों के फुदकते अन्दाज़ ने बच्चों के साथ खेली पहेलियों की ओर ध्यान खींच लिया है, बोल हैं:

ईचक दाना / बीचक दाना / दाने ऊपर दाना / बोलो क्या ?

और फिर आपको मोर और भुट्टा आदि जैसी सभी पहेलियाँ याद आ ही गई होंगी।

लीजिये शाम हो जाए और हम तन्हा हों तो शैलेन्द्र के ये बोल कैसे न लता के स्वर में कानों में गूंजने लगेंगे।

ये शाम की तन्हाइयाँ / ऐसे में तेरा ग़म
पत्ते कहीं खड़के ज़रा / हवा आई तो / चौंके हम (आह)

लीजिये अब साहिर के दो गीत एक के बाद एक क़लम का जादू जगा रहे हैं। एन. दत्ता की धुन पर धर्म पुत्र के लिये लिखा गीत तन्हाई में यादों के झरोकों से नए नए ख़्वाब जगा रहे हैं, बोल हैं:-

मैं जब भी अकेली होती हूँ / तुम चुपके से आ जाते हो
और झाँक के मेरी आँखों में / बीते दिन याद दिलाते हो

तलत मेहमूद की आवाज़ में एन. दत्ता ने साहिर के गीत में जैसे नई जान फूँक दी है। सॉफ्ट टच के बावजूद गीत में दर्द की पुकार अपना अक्सर छोड़ देती है।

अश्कों ने जो पाया है / वो गीतों में दिया है
इस पर भी सुना है कि / ज़माने को गिला है

ग़ज़ल का अगला शेर यूँ है कि :

जो तारों से निकली है / वो धुन सब ने सुनी है
जो साज़ पे गुज़री है / वो किस दिल को पता है (फ़िल्म चाँदी की दीवार)

लीजिये अब शैलेन्द्र के गीतों की आवाज़ें एक के बाद एक कानों में रस घोल रही हैं। बाँसुरी की मदद से शंकर जय किशन की धुन पर थिरकते हुए हिन्दुस्तान की आवाज़ राज कपूर के सादे लेकिन निराले अन्दाज़ की याद दिला रही है।

मेरा जूता है जापानी, ये पतलून इंग्लिस्तानी
सर पे लाल टोपी रूसी फिर भी दिल है हिन्दुस्तानी (फ़िल्म श्री 420)

शैलेन्द्र का असली नाम शंकरदास कैसरी लाल था और उन्होंने तीसरी कस्म, यहूदी, और मधुमती के लिये फ़िल्म फेयर एवार्ड हासिल किये। फ़िल्म मधुमती के लिये सलील चौधरी की ख़ूबसूरत धुनें एक के बाद एक कानों में रस घोल देती हैं।

- आ जा रे मैं तो कब से खड़ी इस पार

या जुल्मी (जुल्मी) संग आँख लड़ी / सखी मैं का से (कैसे) कहूँ
लागे दिन छोटा और रात बड़ी (लता कोरस)

या ये गीत सुहाना सफर और ये मौसम हसीं
हस हमें डर है हम खो न जाएं कहीं (मुकेश)

या फिर टूटे हुए ख़्वाबों ने / हमको ये सिखाया है
दिल ने जिसे पाया था आँखों ने गँवाया है (मो. रफ़ी)

"तीसरी क़सम "के इस गीत ने उस मालिके जहाँ से सीधा और आसान लफ़्ज़ों में दुनिया की उलझनों का सबसे बड़ा सवाल कर दिया।

दुनिया बनाने वाले क्या तेरे मन में समाई
काहे को दुनिया बनाई / काहे को दुनिया बनाई (मुकेश)

"यहूदी" फ़िल्म के लिये मुकेश के गाए इस गीत ने क्या शौहरत पाई। इसे तो फ़िल्म फेयर अवार्ड भी मिला था।

ये मेरा दीवाना पन है या मोहब्बत का सुरूर
तू न पहचाने तो है / ये तेरी नज़रों का कुसूर

फ़िल्म "बंदिनी' के लिये एस. डी. बर्मन ने ख़ुद ही अपनी धुन पर आवाज़ दी। माहौल में उनकी आवाज़ ने उतना ही असर छोड़ा है।

ओ रे / माँझी / मेरे साजन हैं / उस पार / ले चल पार ले चल पार
और रे माँझी / अब की बार / ले चल पार / मेरे साजन हैं उस पार

लीजिये अब फ़िल्म "नागिन' की वो बीन बज रही है जिसे हेमन्त कुमार के संगीत में उनके साथ रहे कल्याण जी आनन्द जी ने बीन से नहीं बल्कि हाथों से बजाए हुए एक इन्स्ट्रूमेंट से बजाया तो 'नागिन' फ़िल्म लोगों के ज़हन में हमेशा के लिए बाकी रह गई।

जादूगर सैंय्याँ / छोड़ मेरी बैय्याँ
हो गई आधी रात अब / घर जाने दो (लता)

या

भीगा भीगा है समाँ / ऐसे में तू है कहाँ
मेरा दिल ये पुकारे आ जा /
मेरे ग़म के सहारे आ जा (लता)

फ़िल्म 'नागिन' के लिये राजेन्द्र कृष्ण के लिखे सभी गीत मक़बूल हुए जैसे ये गीत:-

तेरी याद में जल कर देख लिया / अब आग में जल कर देखेंगे (लता)

लीजिये आशा और मुकेश की आवाज़ों में फ़िल्म "नज़राना" का ये छेड़छाड़ भरा गीत कितना ख़ूबसूरत बन पड़ा है।

आशा : मेरे पीछे इक दीवाना / कुछ अलबेला मस्ताना
कोई रोको रे मुझ को सताए है

मुकेश : मेरे आगे एक दीवानी / कुछ अलबेली मस्तानी
कोई देखो रे मुझ को बुलाए है

लेकिन "नज़राना" फ़िल्म के दीवाली की यादों के साथ 'ये दो पहलू गीत' यानी खुशी और ग़म दोनों धुनों पर तैयार ये गीत कैसे भूले जा सकते हैं।

पहला : मेले हैं चरागों के रंगीन दीवाली है
महका हुआ गुलशन है, हँसता हुआ माली है

दूसरा : इक वो भी दीवाली थी एक ये भी दीवाली है
उजड़ा हुआ गुलशन है / रोता हुआ माली है

या फिर "नज़राना" फ़िल्म के लिये ही मो. रफ़ी की आवाज़ में गाई ये ग़ज़ल:

बाज़ी किसी ने प्यार की जीती या हार दी
जैसे गुजर सकी ये शबेग़म गुज़ार दी

साहिल करेगा याद उसी नामुराद को
कश्ती खुशी से जिस ने भँवर में उतार दी

सच में एक गीतकार के ग़म और ख़ुशी दोनों जज़्बात को जगह देना इतना आसान तो न होता होगा।

लीजिये अब "अनारकली' फ़िल्म के गीत में इश्क़ के दर्द को जगाते हुए गीत सुनाई पड़ रहा है।

जाग- दर्द-ए-इश्क़ जाग
छेड़ के आँसुओं का राग / जाग- दर्द-ए-इश्क़ जाग

फ़िल्म "रेलवे प्लेटफार्म' के लिये साहिर की इस गीत के जितनी बार रेडियो पर बजाया गया वो शायद अपने आप में रिकार्ड बन गया होगा।

बस्ती बस्ती परबत परबत गाता जाए बंजारा / लेकर दिल का एक तारा

लीजिये साहिर का दूसरा गीत :

रात भर का है मेहमाँ अंधेरा / किसके रोके रुका है सवेरा
इस गीत का बंद अलग ही पैग़ाम देता है।
रात जितनी भी संगीन होगी / सुबह उतनी ही रंगीन होगी
ग़म न कर / गर है बादल घनेरा / किसके रोके रुका है सवेरा

लीजिये इसी गीत के इस बंद ने जो आवाज़ बुलन्द की है उसने निश्चित ढारस बंधाई है।

आ / कोई मिल के तदबीर सोचें / सुख के सपनों की ताबीर सोचें
जो तेरा ग़म है / वही ग़म है मेरा / किसके रोके रुका है सवेरा

दुनिया की बेसबाती से और फिर यहाँ की कठिनाइयों से इंसान फिर इंसान है। वो थक जाता है, हार जाता है और दुनिया बनाने वाले से कह उठता है।

शहर की रात और मैं, नाशाद नाकारा फिरूँ
जग़मगाती जागती सड़कों पे आवारा फिरूँ

ऐ ग़मे दिल ज्या करूँ / ऐ वहशते दिल क्या करूँ
क्या करूँ क्या करूँ / ऐ ग़मे दिल ज्या करूँ

(ठोकर-गीतकार मजाज़-तलत मेहमूद)

दरअसल अगर हम एक दूसरे का दर्द समझ लें और एक दूसरे का हाथ, हाथों में लें तो शायद ज़िन्दगी आसान हो सकती है लेकिन यहाँ तो गीत:

हम भूल गए रे हर बात मगर तेरा साथ नहीं भूले
क्या क्या हुआ दिल के साथ, मगर तेरा प्यार नहीं भूले

जी हाँ दरअसल होना यूँ था लेकिन हुआ कुछ यूँ कि अब :
दुनिया से शिकायत क्या जब तूने हमें समझा ही नहीं
ग़ैरों को भला क्या समझाते जब अपनों ने समझा ही नहीं
तूने छोड़ दिया रे मेरा हाथ मगर तेरा प्यार नहीं भूले
(लता-सौतन की बेटी, सन् 1990 वेदपाल-सावन कुमार)

हालाँकि ये दर्द कोई यक़ीन करे तो दो तरफ़ा है मुलाहिजा कीजिए।

दम भर के लिये मेरी दुनिया में चले आओ
तरसी हुई आँखों को फिर शक्ल दिखा जाओ
मुझ से तो मेरी बिगड़ी तक़दीर नहीं बनती
तस्वीर बनाता हूँ / तस्वीर नहीं बनती / तनवीर नहीं बनती। (तलत मेहमूद)

तब दर्द जैसे ख़ुद ही एक पुकार बन जाता है।
ज़िन्दगी देने वाले सुन / तेरी दुनिया से दिल भर गया
मैं यहाँ जीते जी मर गया....(तलत मेहमूद, कैदार शर्मा, बावरे नैन)

और फिर दुआ का अन्दाज़ सीधा होता है।
तेरी दुनिया में दिल लगता नहीं वापस बुला ले
मैं सजदे में गिरा हूँ मुझ को ऐ मालिक उठा ले

लीजिये ओ.पी. नय्यर की मधुर झंकारों के बीच अज़ीज़ काशमीरी के बोल सुनाई पड़ रहे हैं।

कोई कह दे ज़माने से जा के / कि हम घबरा के मोहब्बत कर बैठे

और ये शकील बदायूँनी का लिखा वो गाना है कि

हाथों में हाथ / होन्टों पे अफ़साने प्यार के
मंज़िल को अपनी चल दिये / दीवाने प्यार के

क्विज़ (Quiz) :

मान लीजिये अगर हम quiz खेलें और मशहूर गीतों के गीतकारों के नाम पूछें ऐसे में अगर हमें उनके नाम तक याद न हों या मालूम न हों तो भला, हम इन गीतकारों की क़ाबिलियत और उनकी तख़्लीक़ को कैसे सराह सकते हैं?

A. चलिये तो अब हम अपने ही सवाल व जवाब शुरु करते हैं। नूर लखनवी की एक ख़ूबसूरत ग़ज़ल फ़िल्म 'परछाइयाँ' (1952) के लिये लता की आवाज़ में रिकार्ड हुई। कौन सी है? ...

अच्छा चलिये ये भी बता देते हैं कि इस ग़ज़ल की धुन सी. राम. चन्द्र ने तैयार की थी।

चलिये जवाब हम बताते हैं ग़ज़ल है जिसका 'मतला' है :

कटते हैं दुख में ये दिन पहलू बदल बदल के
रहते हैं दिल के दिल में अरमाँ मचल मचल के

आप ने ग़ौर किया होगा। ग़ज़ल का क़ाफ़िया है "बदल बदल' और रदीफ़ है '"के"। अब आगे हर शेर के दूसरे मिसरे में "के" रदीफ़ के साथ बदल बदल कर क़ाफ़िया आया है। नूर लखनवी की ये ग़ज़ल काश आप लता की आवाज़ में सुन सकें। पेश है अब पूरी ग़ज़ल।

मतला : कटते हैं दुख में ये दिन पहलू बदल बदल के
रहते हैं दिल के दिल में, अरमाँ मचल-मचल के

तड़पाएगा कहाँ तक ऐ दर्दे दिल बतला दे
रुस्वा कहीं न कर दें, आँसू निकल निकल के

ये ख़ाक पर जो चमके, ज़र्रे न इनको समझो
फेंका गया है दिल का शीशा कुचल कुचल के

उल्फ़त की ठोकरों से आख़िर न बच सका दिल
जितने क़दम उठाए हम ने संभल संभल के

सही जवाब : आख़िर में ग़ज़ल का मतला दोहराया गया है। "कटते हैं दुख में ये दिन ...." काश कि इस ग़ज़ल का 'मक़ता' भी होता तो बताइये भला इस ग़ज़ल को एक मुकम्मल ख़ूबसूरत ग़ज़ल क्यों न कहा जाए और नूर लखनवी को फ़िल्म जैसे मीडियम में ग़ज़ल की गुंजाइश के लिये क्यों न मुबारकबाद दी जाए।

B. लीजिये अब quiz का अगला सवाल :

वो कौन सा मशहूर गीत है जिसे कैफ़ी आज़मी ने लिखा और उसमें कुछ टूटने की बात है।

जी आप ने जवाब दिया : टूटे हुए ख्वाबों ने हमको ये सिखाया है, ग़लत। लेकिन ये जवाब सही नहीं है। ये गीत तो फ़िल्म 'मधुमती' के लिये शैलेन्द्र का लिखा हुआ है।

सही जवाब : कैफ़ी का लिखा गीत जिसमें एक नहीं, दो दिल टूटने की बात है और ज़माने से शिकायत की गई है। ये गीत फ़िल्म "हीर राँझा "के लिये कैफ़ी आज़मी ने लिखा है ज़िसे लता ने अपनी आवाज़ दी है। गीत है:-

दो दिल टूटे / दो दिल हारे
दुनिया वालो / सदक़े तुम्हारे

C. आईये quiz का अगला सवाल लें।

नीचे लिखे पाँच गीतों में 'रात' लफ्ज़ का इस्तेमाल हुआ है इनके शायरों के नाम बताएं।

1. सारी सारी रात तेरी याद सताए (अजी बस शुक्रिया-लता)
2. तुम क्या जानो तुम्हारी याद में हम कितना रोये (शिन शिनाके बूबला बू-लता)
3. दिन ढल जाये / हाय, रात ना जाए (गाइड-मो रफ़ी)
4. याद में तेरी जाग जाग के हम (मेरे महबूब-लता, मो रफ़ी)
5. रात भर का है महमा, अँधेरा.....(सोने की चिड़िया-मो रफ़ी, आशा)

सही जबाब : 1. फारुक़ क़ैसर 2. प्यारेलाल संतोषी 3. शैलेन्द्र 4. शकील बदायूंनी 5. साहिर लुधियानवी

D. आईये quiz का अगला सवाल लें।

नीचे लिखे कुछ टाईटल (Title) सांग हैं इनके शायरों के नाम सही-सही याद करें-

1. चाहे कोई मुझे जंगली कहे (जंगली-मो. रफ़ी)
2. अप्रैल फ़ूल बनाया / तो उनको ग़ुस्सा आया (अप्रैल फ़ूल-मो. रफ़ी)
3. मेरे मेहबूब में क्या नहीं / क्या नहीं (मेरे मेहबूब-आशा, लता)
4. छलिया मेरा नाम / छलना मेरा काम (छलिया-मुकेश)
5. अँखियों के झरोखों से मैंने देखा जो (अँखियों के झरोखों से-हेमलता)
6. ख़्वाबों / ख्यालों / ख़्वाहिशों को / चेहरा मिला
7. क्यों आज ऐसा लगा / कोई मिल गया (कोई मिल गया)
8. बंदा-परवर / थम जो जिगर / बन के प्यार फिर आया हूँ
9. ख़िदमत में आपके हुज़ूर / फिर वही दिल लाया हूँ (फिर वही दिल लाया हूँ-रफ़ी)

सही जवाब : 1. शैलेन्द्र 2. हसरत 3. शकील 4. क़मर जलालाबादी 5. रवीन्द्र जैन 6. इब्राहिम अश्क 7. मजरूह सुल्तानपुरी

E. नीचे लिखे गीतों के शायर कौन कौन हैं:-

1. मशाल : लिये सपने निगाहों में, चला हूँ तेरी राहों में (किशोर कुमार)
2. ज्वेलथीफ : ये दिल न होता बेचारा / क़दम न होते आवारा (किशोर कुमार)
3. परिचय : मुसाफिर हूँ यारों-न घर है, न ठिकाना (किशोर कुमार)
4. जीने की राह: बड़ी मस्तानी है मेरी महबूबा (मो. रफ़ी)
5. मधुमती: सुहाना सफ़र और ये मौसम हसीं (मुकेश)
6. तुम सा नहीं देखा : जवानियाँ ये मस्त मस्त बिन पिये (मो. रफ़ी)

सही जवाब : 1. जावेद अख़्तर 2. मजरूह 3. गुलज़ार 4. आनन्द बख़्शी 5. शैलेन्द्र 6. मजरूह

F. निम्नलिखित गीत किन शायर ने लिखे हैं।

1. सन आफ इण्डिया : आज की ताज़ा ख़बर +आज की ताज़ा खबर
   आओ बाबूजी इधर, आओ मौला जी इधर/सुनो दुनिया की ख़बर
2. फ़िल्म गंगा जमना : इंसाफ की डगर पे / बच्चों दिखाओ चल के
   ये देश है तुहारा नेता तुहीं हो कल के
3. सन आफ इण्डिया : नन्हा मुन्ना राही हूँ देश का सिपाही हूँ
   बोलो मेरे संग जय हिन्द, जय हिन्द

सही जवाब : एक ही शायरके सभी गीत हैं, शकील बदायूँनी के।

G. अगला सवाल : नीचे लिखे युगल गीत किन शायरों ने लिखे हैं।

1. भीगा भीगा प्यार का समाँ / बता दे तुझे जाना है कहाँ (सावन-शमशाद बेगम, मो. रफ़ी)
2. माँग के साथ तुज्हारा / मैंने माँग लिया संसार (नया दौर-मो. रफ़ी, आशा भौंसले)
3. बचपन के दिन भुला न देना / आज हँसे कल रुला न देना (दीदार-लता, शमशाद, बेगम)

4. कोई प्यार की देखे जादूगरी / गुलफ़ाम को मिल गई सब्ज़ परी
(कोहेनूर-मो. रफ़ी, लता)

5. ज़रा हौले हौले चलो रे साजना / हम भी पीछे हैं तुम्हारे
(सावन की घटा-आशा भौंसले)

सही जवाब : 1. प्रेम धवन 2. साहिर 3. शकील बदायूँनी 4. शकील बदायूँनी 5. एस. एच. बिहारी

H. नीचे लिखे गीतों के शायरों के नाम बताइए इनमे आँखों का ज़िक्र है:

1. तेरी आँखों के सिवा दुनिया में रखा क्या है (चराग़-मो. रफ़ी)
2. भूल सकता है भला कौन ये प्यारी आँखें (धरमपुत्र-महेन्द्र कपूर)
3. आँखों आँखों में बात होने दो / मुझको अपनी बाँहों में सोने दो
(आँखों आँखों में-किशोर, आशा)
4. आँखों ही आँखों में इशारा हो गया (सी. आई. डी.-मो. रफ़ी, गीता दत्त)
5. ये आँखें उफ यूमा ये मौसम उफ यूमा
(जब प्यार किसी से होता-मो. रफ़ी, लता)

सही जवाब : 1. मजरूह 2. साहिर 3. हसरत जयपुरी 4. मजरूह 5. हसरत जयपुरी

I. क्विज़ का अगला सवाल :

नीचे लिखे अशआर को पहचानें ये किन ग़ज़लों से हैं और इनका शायर कौन है।

इस अंजुमन में आपको आना है बार बार
दीवारो दर को गौर से पहचान लीजिए (आशा भौंसले)

तन्हाई की ये कौन सी मंज़िल है रक़ीबों
ता हद्दे नज़र एक बयाबान सा क्यों है (सुरेश वाडेकर)

एक तुम ही नहीं तन्हा उल्फत में मेरी रुस्वा
इस शहर में तुम जैसे, दीवाने हज़ारों हैं (आशा भौंसले)

तुझको रुस्वा न किया ख़ुद भी पशेमाँ न हुए
इश्क़ की रस्म को इस तरह निभाया हम ने (आशा भौंसले)

ये किस मुक़ाम पर हयात मुझ को ले के आ गई
न बस ख़ुशी पे है जहाँ, न ग़म पे इतियार है (आशा भौंसले)

सही जवाब : सभी ग़ज़लें शहरयार की लिखी हुई हैं। फ़िल्में हैं उमराव जान और गमन।

यहाँ हम अपना क्विज़ खत्म करते हैं।

वाह साहब! क्या गीत लिखे गए क्या धुनें तैयार हुईं और कितनी समझ और कितनी मधुर अलफ़ाज़ में इन गीतों को गाया गया। मज़े की बात ये रही कि इन गीतों के पीछे प्ले बेक तकनीक का इस्तेमाल भी होना था यानी फ़िल्म में दरअसल (सिर्फ होट हिलाते ग़ाए) जबकि गीत दूसरे कलाकारों के गाये हुये है।

आइये अब देखें- किन किन गीतकारों के गीत किस संगीतकार ने तैयार किये और वः गीत खूब सुने गए

मुकेश / कल्याण जी आनन्द / शमीम जयपुरी :

मुझ को इस रात की तन्हाइयों में आवाज़ न दो / आवाज़ न दो
(फ़िल्म दिल भी तेरा हम भी तेरे)

खेमचन्द प्रकाश / नखशब / लता

आएगा आएगा, आने वाला आएगा (फ़िल्म महल)

मजरूह / ओ. पी. नय्यर / मो रफ़ी

टुकड़े हैं मेरे दिल के रे यार तेरे आँसू (फ़िल्म मेरे सनम)

नौशाद / तन्वीर नक़्वी / सुरेन्द्र, नूर जहाँ

आवाज़ दे कहाँ है दुनिया मेरी जवाँ है: (फ़िल्म अनमोल घड़ी)

कैफ़ी आज़मी / ग़ुलाम मोहम्मद / सुरैया

आप से प्यार हुआ जाता है / दिल बेक़रार हुआ जाता है (फ़िल्म शमा)

मजरूह सुल्तानपुरी / नौशाद / के एल सहगल

ग़म दिये मुस्तक़िल कितना नाजुक है दिल
ये न जाना, हाय हाय ये ज़ालिम ज़माना (फ़िल्म शाहजहाँ)

सबा अफ़गानी / सुमन कल्याणपुर / जानी बाबु कव्वाल

मेरे मेहबूब न जा आज की रात न जा (फ़िल्म नूर महल)

हसरत जयपुरी / शंकर जय किशन

अहसान तेरा होगा मुझ पर / दिल चाहता है
वो कहने दो मुझे तुम से मोहब्बत हो गई है

मुझे / पलकों की छाँव में रहने दो (फ़िल्म जंगली)

कैफ़ी आज़मी / मदन मोहन

दो दिल टूटे दो दिल हारे / दुनिया वालो सदके तुम्हारे (फ़िल्म हीर राँझा)

हसरत जयपुरी / मुकेश / शंकर जयकिशन

जाऊँ कहाँ बता ऐ दिल दुनिया बड़ी है संगदिल (फ़िल्म छोटी बहन)

लता रफ़ी / मजरूह सुलतानपुरी / नौशाद

यूँ तो आपस में बिगड़ते हैं ख़फ़ा होते हैं (फ़िल्म अंदाज़)

(लता, मन्नाडे-शंकर जयकिशन-हसरत जयपुरी)

आ जा सनम मधुर चाँदनी में हम (फ़िल्म चोरी चोरी)

क़मर जलालाबादी / ग़ुलाम हैदर / सुरेन्द्र कौर

बदनाम न हो जाए मोहब्बत का फ़साना
ऐ दर्द भरे आँसू ओ आँखों में न आना (फ़िल्म शहीद)

पी. एल. संतोषी / सी रामचंद्र / लता

तुम क्या जानो, तुम्हारी याद में हम कितना रोए
रैन गुज़ारी तारे गिन गिन चैन से / जब तुम सोए

(फ़िल्म शिनशिना की बुबला बू-लता)

फ़िल्मों के लिये ये लगन, ये मोहब्बत, ये फनकारी अब क्यों नहीं? ये अब आप के और हमारे सोचने की बात है।

अलग फॉर्मेट, विषय और सिच्यूएशन पर साहिर के लिखे गीत इस तरह हैं।

राखी गीत (सोलो)	:	मेरे भैया / मेरे चन्दा / मेरे अनमोल रतन तेरे बदले / मैं ज़माने की कोई चीज़ / न लूँ
मुज़रा	:	अब आगे तेरी मर्ज़ी (देवदास)
ग़मगीन	:	आज रोना / पड़ा तो समझे हँसने का मोल क्या है (गर्लफ्रेंड)
क्लासिकल	:	आज सजन मोहे अंग लगा लो (प्यासा-गीता दत्त)
भजन	:	आन मिलो आन मिलो / श्याम साँवरे आन मिलो (देवदास)

बिदाई गीत : बाबुल की दुआएं लेती जा (नील कमल)

बच्चों के गीत : बच्चे मन के सच्चे (दो कलियाँ)

जवाँ बदन की आग: जागी बदन में ज्वाला संय्याँ तूने क्या कर डाला (इज़्ज़त)

ग़मगीन - फ़रार : जाएं तो जाएं कहाँ / समझेगा कौन यहाँ (टैक्सी ड्राइवर)

ग़म जुदाई : किसका रस्ता देखे ऐ दिल ऐ सौदाई (जोशीला)

कामेडी : सर जो तेरा चकराए / या दिल डूबा जाए (प्यासा)

ड्रीम सिक्वेंस : हम आप की आँखों में (प्यासा)

अलग अलग प्रारूप, विषयों और सिच्यूएशन पर शैलेन्द्र के लिखे कुछ गीत इस तरह हैं।

राखी गीत : भैया मेरे राखी के बंधन को निभाना/देखो ये नाता निभाना

ग़मगीन : क्या से क्या हो गया बेवफ़ा तेरे प्यार में (गाइड)

क्लासिकल : मन मोहना- बड़े झूठे (सीमा)

भजन : तुम्हारे हैं / तुम से दया माँगते हैं (बूट पालिश)

बिदाई गीत : मन भावन के घर जाए गौरी (चोरी चोरी)

बच्चों के गीत : नन्हें मुन्ने बच्चे तेरी मुट्ठी में क्या है (बूट पालिश)

ज्वाला बदन की आग: दय्या रे दय्या रे / चढ़ गया (पापी बिछुआ मधुमती)

ग़मगीन फ़रार : ऐ मेरे दिल कहीं और चल (दाग़)

ग़म जुदाई : मोहे भूल गए साँवरिया (आह)

कामेडी : जंगल में मोर नाचा किसी ने / न देखा (मधुमती)

ड्रीम स्किवेंस : घर आया मोरा परदेसी (आवारा)

आईये अब अलग फॉर्मेट, विषय और सिच्यूएशन पर अलग-अलग शायरों के लिखे कुछ गीत का मज़ा लेते हैं।

तस्वीर शब्द के साथ गीत :

- तस्वीर तेरी दिल में जिस दिन से उतारी है (मजरूह सुल्तानपुरी फ़िल्म माया)
- तस्वीर बनाता हूँ तस्वीर / नहीं बनती / इक ख़्वाब सा देखा है ताबीर नहीं बनती (ख़ुमार बाराबंकवी-बारादरी-तलत)

- जो बात तुझ में है तेरी / तस्वीर में नहीं (साहिर लुधियानवी-ताज महल)
- तेरी सूरत से / नहीं मिलती / किसी की सूरत
  हम जहाँ में / तेरी तस्वीर / लिए फिरते हैं

  (हसरत जयपुरी-लव इन टोकियो)

आँसू शब्द के साथ गीत:

- आँसू समझ के क्यों मुझे / आँख से तुम ने गिरा दिया
  मोती किसी के प्यार का / मिट्टी में क्यों मिला दिया (छाया-राजेन्द्र कृष्ण)
- टुकड़े हैं मेरे दिल के ऐ यार तेरे आँसू (मेरे सनम-मजरूह सुल्तानपुरी)
- ये आँसू मेरे दिल की ज़बान हैं (हमराही-हसरत जयपुरी)
- आज सोचा तो आँसू भर आए / मुद्दतों हो गई हैं मुस्कुराए

  (हीर राँझा-कैफ़ी आज़मी)
- मेरी याद में तुम / न आँसू बहाना / न जी को जलाना / मुझे भूल जाना

  (मदहोश-जाँ निसार अख़्तर)
- आँसू भरी हैं / ये जीवन की राहें / कोई उन से कह दे / हमें भूल जाएं

  (परवरिश-हसरत जयपुरी)

आईना शब्द के साथ गीत :

- क्या कोई नई बात नज़र आती है / हम में
  आईना हमें देख के / हैरान सा क्यों है (शहरयार-गमन)
- ज़िन्दगी के आईने को / तोड़ दो
  इसमें अब कुछ भी / नज़र आता नहीं (शकील बदायूँनी-दिल दिया दर्द लिया)
- आईना वही रहता है / चेहरे बदल जाते हैं (आनंद बख़्शी)

'कली' शब्द के साथ गीत:

- है कली कली के लब पर तेरे हुस्न का फ़साना
- मेरे गुलिस्ताँ का सब कुछ तेरा सिर्फ मुस्कुराना (कैफ़ी आज़मी-लाला रुख़)
- काश्मीर की कली हूँ मैं - मुझ से न रूठो बाबू जी
  मुरझा गई तो फिर न खिलूँगी - कभी नहीं कभी नहीं (हसरत जयसपुरी-जंगली)

- ये कली जब तलक फूल बन के खिले
  इंतेज़ार / इंतेज़ार / इंतेज़ार करो इंतेज़ार करो

(आनन्द बख़्शी-आए दिन बहार के)

- रात कली एक ख़्वाब में आई / और गले का हार हुई
  सुबह को जब हम नीन्द से जागे / आँख उसी से चार हुई

(मजरूह सुल्तानपुरी-बुड्ढा मिल गया)

इस वक़्त कम से कम हम सिर्फ़ चंद मिसालों से ही इस बात का अहसास कर रहे हैं जबकि ऐसे गीतों की फ़ेहरिस्त हज़ारों हज़ारों में है कि बस इनके लिये तारीफ़ के शब्द नहीं मिलते। शायद हमारे आज के फ़नकारों को ऐसी रचनाओं के लिये मेहनत करनी होगी और समय निकालना होगा, क्या यह मुमकिन है?

अंत में...

फ़िल्मों का सम्बन्ध समाज से हम दो तरह से जोड़ सकते हैं। एक तो संचार माध्यम से कि फ़िल्में समाज में पैग़ाम (मैसेज) देने का एक माध्यम हैं। बहुत सी फ़िल्मों में समाज से जुड़े मुद्दों को उठाया गया है। इन समस्याओं पर बहस भी हुई है। दूसरे हम सिनेमा को नई ईजादात और तकनीक से जोड़ कर देख सकते हैं क्योंकि सिनेमा से जुड़े कई ऐसे मैदान हैं कि जिनमें साइंसी ईजादात ने सिनेमा को बेहतर और बेहतर बनाया है।

आईये इन दोनों विषयों पर थोड़ी और रोशनी डाली जाए। पहला सम्बन्ध सिनेमा के विषय संचार माध्यम से जुड़ा हुआ है जहाँ कई फ़िल्म प्रोडयूसर्स ने फ़िल्मों के माध्यम से विभिन्न समाजी विषयों की तरफ़ इशारा किया है और इन पर बहस की है। एक आर. के. प्रोडज़शन जहाँ आर. के. यानी राज कपूर ने अपनी फ़िल्मों में समाज से जुड़े बड़े मसले उठाये हैं। इनकी टीम से ख्वाजा अहमद अब्बास ने अपनी कहानियों और स्क्रीन प्ले के माध्यम से समाज का ध्यान अपनी तरफ़ खींचा है। राज कपूर की फ़िल्म आवारा, श्री 420 से लेकर जागते रहो और फिर राम तेरी गंगा मेली और जिस देश में गंगा बहती है फ़िल्मों को हम इस श्रेणी में रख सकते हैं जहाँ कभी समाज में उठ रहे विभिन्न विषयों पर कहानियाँ लिखी गई हैं।

मेहबूब प्रोडक्शन के नाम से मेहबूब ने मदर इण्डिया और सन आफ इण्डिया फ़िल्मों के माध्यम से न सिर्फ़ वतन परस्ती की ज्योत जलाई है बल्कि समाज में किसान और औरत और ग़रीब तबक़े के शोषण को विषय बनाते हुए पुर अक्सर कहानियाँ लिखवाईं हैं। इस सिलसिले में बी. आर. फिल्म्ज़ के बैनर तले बनाई जाने वाली फ़िल्मों का ज़िक्र नहीं किया तो नाइंसाफ़ी हो जाएगी। धूल का फूल फ़िल्म में नाजाइज़ औलाद और बिन ब्याही माँ के मसले को उजागर किया गया तो निकाह में तलाक़ के मसले की तरफ़ औरत को इज्ज़त व एहतराम दिलवाने की बात की गई। वक़्त फ़िल्म में जिस ख़ूबसूरती से वक़्त की अहमियत बताते हुए मेहनत और सच्चाई को अहमियत दी गई उसकी तारीफ़ की जानी चाहिए। बी. आर. फिल्म्ज़ ने नया दौर फ़िल्म जब बनाई तो इसमें मशीनों का दौर आ जाने से नौकरियों की कमी हो जाने पर और मशीनों के दौर में अहमियत मशीन की या इंसान

की हो उस विषय को बहुत ही कामयाब तरीक़े से पेश किया गया कि इंसान अगर मिल जुलकर अपनी ताक़त को बेहतर ईमानदारी, सच्चाई से इस्तेमाल करे तो वो बड़े से बड़े काम भी अंजाम दे सकता है।

फ़िल्म क़ानून में बी. आर. फिल्ज़्स ने "सज़ा-ए-मौत" को रखा जाए या नहीं इस सवाल पर ख़ूब बेहतर तरीक़े से बहस की है और इस मसले को सिनेमा में और शायक़ीन के सामने लाया गया है। यहाँ तक कि क़ानून में सजा-ए-मौत को ख़त्म कर देने की दलील के साथ पुर ज़ोर सिफ़ारिश भी की गई है।

कुछ और प्रोड्यूसर्स डायरेक्टर्स रहे हैं जिन्होंने कई अहम ख़ूबसूरत कहानियों के माध्यम से फ़िल्मों को उद्देश्यपूर्ण बनाया है। इनमें गुलज़ार, ख्वाजा अहमद अब्बास, वी.शांता राम जैसे कई मेहनती क़ाबिल और लायक फ़िल्म प्रोड्यूसर्स और डायरेक्टर्स रहे हैं। हमारे सामने बजरंगी भाईजान, पी.के., ओ माई गाड जैसी फ़िल्में भी हैं। ये अलग बात है कि मीडिया रेडियो, टी.वी. जैसे मीडियम फ़िल्मों के विषय पर, पूरे प्रोग्राम की शक्ल में बहसो मुबाहिसा से बचते रहे हैं।

फ़िल्में अपनी तकनीक पर भी तरक्क़ी की तरफ़ ग़ामज़न रही हैं। पहले गानों को एटिंग करते हुए ही रिकार्ड करना होता था। एक ख़ास दायरे में ही कैमरा काम कर पाते थे लिहाज़ा सारी एक्टिंग, डांस सभी एक दायरे में निभाना होते थे।

फ़िल्में ब्लैक एण्ड व्हाइट ही बन पाती थीं। आज हम देख सकते हैं कि फ़िल्मों की तकनीक कहाँ से कहाँ पहुंच गई है। अब तो थ्येटर भी तकनीक की मदद से बेहतर बने हैं। लेकिन जो भी हो हिन्दोस्तानी फ़िल्मों में गाने फ़िल्मों का ज़रूरी हिस्सा रहे हैं। इन गीतों ने न सिर्फ़ फ़िल्मों को मनोरंजन का सामान दिया बल्कि कई गीतकारों ने हज़ारों ऐसे कामयाब गीत दिए कि जिन में न सिर्फ समाजी समस्याओं को कामयाबी से पेश किया गया बल्कि इन नग़मों ने फ़िल्म की कहानी और फ़िल्म के किरदारों को भी ताक़त दी है जिससे फ़िल्मी कहानी, कहानी के किरदार, कहानी में छुपे पैग़ाम को ताकत मिलती रही है।

दूसरी तरफ़ इन फ़िल्मों में और इन फ़िल्मी गीतों में उर्दू ज़बान का इस्तेमाल हुआ है जिससे उर्दू ज़बान में इन फ़िल्मी नग़मों ने नुमायाँ किरदार अदा किया है। इस में कोई शक नहीं कि इन गीतों के लिये तैयार संगीत और गुलूकारों की अदायगी का बेशक़ीमती साथ भी रहा है। लेकिन कुल मिलाकर बेहतर और बा-मक़सद गीत अपनी ज़बान और उनकी अदायगी के कारण अपनी तरफ़ ध्यान खींचते रहे हैं। और सच ये है कि इन गीतों को जब हम ने बहुत शुरु में रेडियो पर (उस ज़माने में सिनेमा हाल के अलावा गीत रेडियो पर ही सुने जा सकते थे) पर सुना और फिर स्वयं रेडियो में अनाउंसर बन जाने के बाद (1975-

1987) रेडियो पर सुनवाया तो बार बार ये दिल चाहा कि बामक़सद और ख़ूबसूरत गीतों में छुपी हुई ख़ूबियों को ज़्यादा से ज़्यादा लोगों तक पहुँचाया जाए और इस सिलसिले में अब इतने साल बाद इस किताब की शक्ल में इन गीतों पर और चन्द गीतकारों के फ़नपारों पर तज़किरे का मौक़ा मिला है। आप कहाँ तक कितने सहमत होते हैं या इन गीतों में और कौन सी ख़ूबियाँ तलाशते हैं ये अब आपका काम होगा।

आपकी रुचि और विचार निश्चित ही हमारे लिए सहायक होंगे!

Whats App : **+91 72475 79389**

E-mail :- hisam.faruqui@gmail.com

डॉ. हिसाम उद्दीन फ़ारुक़ी – परिचय

पूरा नाम हिसामउद्दीन फ़ारूक़ी, भोपाल ही का जन्म और शिक्षा है। सैफ़िया कालेज भोपाल और बरकतुल्लाह भोपाल यूनीवर्सिटी से बी. ए. और उर्दू में एम. ए. करने के बाद रानी दुर्गावती यूनीवर्सिटी जबलपुर से पी. एच. डी. कर डाक्टरेट की डिग्री हासिल की। इसी बीच हिसार में गुरु जम्भेश्वर यूनीवर्सिटी से जनसंचार की भी मास्टर डिग्री हासिल की।

1975 में आल इण्डिया रेडियो में अनाउंसर बने। सन् 1975 से 1980 तक जबलपुर में फिर सन् 1980 से 1983 तक आकाशवाणी भोपाल में कमर्शियल सर्विस 'विवध भारती' में और फिर सन् 1982 में शादी के बाद 1983 से 1987 तक आकाशवाणी ग्वालियर में अनाउन्सर रहा। रेडियो में प्रोग्रामों के लिये इन्टरव्यू लिये। प्रोग्रामों का सञ्चालन किया। क्योंकि निज़ामत की ट्रेनिंग सैफ़िया कालेज भोपाल में उर्दू की पढ़ाई के बीच हो गई थी। जब मोहतरम प्रोफ़ेसर अब्दुल क़वी दसनवी की निगरानी में 'उर्दू-ए-मोअल्ला' की हर सप्ताह होने वाली बैठक का संचालन किया।

सन् 1975 ही से हाकी कमेन्टरी के लिये आल इंडिया रेडियो पर हॉकी मैच का आंखो देखा हाल सुनाने के लिए चुन लिए गए और फिर देश के विभिन्न स्थानों पर आकाशवाणी केन्द्रों पर हाकी और क्रिकेट का आंखोदेखा हाल प्रसारित किया। नागपुर, दिल्ली, बम्बई, झाँसी, लखनऊ में हॉकी मैच की कमेन्ट्री करने का अवसर मिला।

सन् 1987 से इंदिरा गांधी नेशनल ओपन यूनीवर्सिटी में पहले प्रोड्यूसर और फिर डिप्टी डायरेक्टर बने। रेडियो और टी.वी. प्रोग्राम प्रोडक्शन के लिये लंदन में बी. बी. सी. के साथ तीन महीने का कोर्स पूरा किया। यूनीवर्सिटी के यूनिट लिखे और इग्नू (इंदिरा गाँधी नेशनल ओपन यूनीवर्सिटी) के एक कोर्स 'सर्टिफिकेट इन कम्युनिटी' रेडियो को कोआरडीनेट किया। इसी विषय पर एक अंतराष्ट्रीय कान्फ्रेंस भी इग्नू ही में आयोजित करवाई और 53 पेपर्स में से चुने हुए 36 पेपर्स के साथ किताब 'एन एन्थोलॉजी ऑन कम्युनिटी रेडियो' छपवाकर कान्फ्रेंस में ही बांटी।

मुझे विभिन्न संस्थाओं में पढ़ाने का मौक़ा मिला। जवाहरलाल नेहरू यूनीवर्सिटी दिल्ली, जामिया मिल्लिया इस्लामिया, जगन्नाथ मैनेजमेंट इंस्टीटयूट दिल्ली आदि एन. सी. आर. टी. के कई वर्कशाप में भाग लिया।

देश और विदेशों में कई कान्फ्रेंस में रिसर्च पेपर पढ़ने और पेश करने का मौक़ा मिला और सिंगापुर की (NANYANG University) ननियाँग यूनीवर्सिटी में भी जाने का मौक़ा मिला। कई पत्रिकाओं में विभिन्न विषयों पर लेख लिखे।

सन् 2009 में उर्दू में किताब छपी विषय रहा "उर्दू के फ़रोग़ में रेडियो और टेलीवीज़न का हिस्सा।" यह पुस्तक PhD के अनुसन्धान पर आधारित रही।

हिन्दोस्तान के 30 से अधिक शहरों में एच. आर. डी. मंत्रालय के ज्ञानवाणी रेडियो को इग्नू में और देश के विभिन्न शहरों में शुरू करवाया और इनके मैनेजमेंट की ज़िम्मेदारी का हिस्सा रहा। हिन्दुस्तान के विभिन्न शहरों में रेडियो और टी.वी. से संबंधित वर्कशाप आयोजित किये।

28 वर्ष तक दिल्ली में इंदिरा गाँधी नेशनल ओपन यूनीवर्सिटी में अपनी सेवाए देने के बाद सन् 2015 में रिटायर होकर अब भोपाल में हूँ। भोपाल में एक वर्ष भोज ओपन यूनीवर्सिटी में सलाहकार रहा। लगभग एक वर्ष से अधिक 'मध्य प्रदेश उर्दू अकादमी में सेक्रेटरी भी रहा। विभिन्न संस्थाओं में सिलेक्शन कमेटी का मेम्बर रहा। 'इक़बाल लायब्रेरी' भोपाल का "लाइफ टाइम मेम्बर" भी हूँ।

फ़िल्मी गानों में नौजवानी के ज़माने से दिलचस्पी रही। अमीन सयानी के पेश किये जाने वाले प्रोग्रामों को शौक से सुना। इस बीच फ़िल्में भी देखीं और इन पर केवल आलोचनात्मक विचार बनते रहे। बी. आर. चोपड़ा, मेहबूब ख़ान, गुरुदत्त, वी. शांताराम, राज कपूर जैसे प्रोड्यूसर, डायरेक्टर की फ़िल्मों से प्रभावित रहा।

फ़िल्मों और फ़िल्मी गीतों के गिरते स्तर पर चिंता बेशक ज़रूरी है।

फ़िल्मों को जनसंचार माध्यम से देखते हुए नई नस्ल के नौजवानों से और इस दौर की फ़िल्म और फ़िल्मी गीतों से आनंद लेने वाले लोगों से जुड़ने के लिये इस किताब को सन 2016 में उर्दू में तैयार किया। "फ़िल्मी गीतों में तख्लिक़ियत"! www. rekhta.com पर रेखता दिल्ली, के सोजन्य से नेट पर उर्दू में किताब उपलब्ध है। अब इसका हिंदी संस्करण प्रस्तुत करने का अवसर मिला है। "फ़िल्मी गीतों में रचनात्मकता", पुस्तक पर पाठको की टिपण्णी महत्वपूर्ण होगी। ई मेल है hisam.faruqui@gmail.com

• डॉ. हिसाम उद्दीन फ़ारूक़ी

Mob: +91 72475 79389

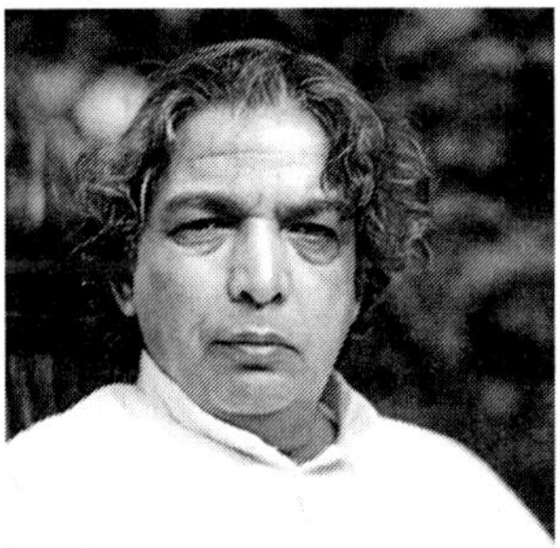

कैफ़ी आज़मी

✦

रेखाओं का खेल है मुक़द्दर
रेखाओं से मात खा रहे हो

तुम इतना जो मुस्कुरा रहे हो
क्या ग़म है जिसको छुपा रहे हो

(फ़िल्म-अर्थ)

✦

जीने का हुनर सबको सिखाता है यही इश्क़
इंसान को इंसान बनाता है यही इश्क़
इस इश्क़ की तौहीन, ख़ता है कि नहीं है

तुम पूछते हो इश्क़ बला है कि नहीं है
क्या जाने तुम्हें ख़ौफ़े ख़ुदा है कि नहीं है

(फ़िल्म-नक़ली नवाब)

✦

मैं न रहूँगी लेकिन गूंजेंगी आहें मेरी गाँव में
अब न खिलेगी सरसों, अब न लगेगी मेहंदी पाँव में
अब न उगेंगे चाँद सितारे..........
दो दिल टूटे, दो दिल हारे
दुनिया वालों सदक़े तुम्हारे....

(फ़िल्म-हीर राँझा)

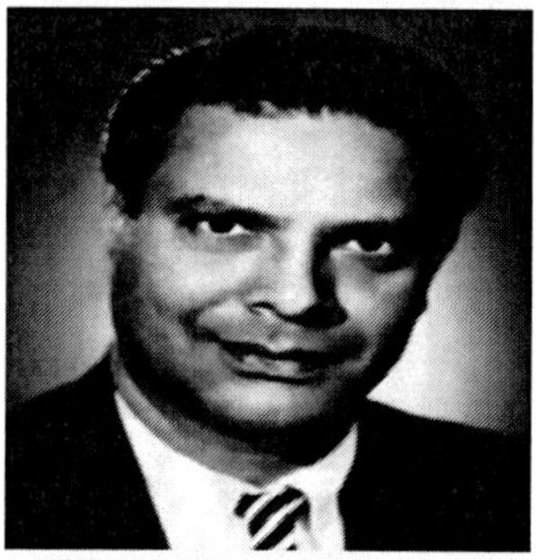

शकील बदायूँनी

✦

औरत है वो औरत, जिसे दुनिया की शर्म है
संसार में बस लाज ही, नारी का धर्म है

दुनिया में हम आए हैं तो जीना ही पड़ेगा
जीवन है अगर, ज़हर तो पीना ही पड़ेगा

(फ़िल्म-मदर इण्डिया)

✦

दुनिया के रंज सहना, और मुँह से कुछ न कहना
सच्चाइयों के बल पर, आगे को बढ़ते रहना
जीवन नया मिलेगा, अंतिम चिता में जल के

इंसाफ़ की डगर पे बच्चों, दिखाओ चल के
ये देश है तुम्हारा, नेता तुहीं हो कल के

(फ़िल्म-गंगा जमना)

✦

तेरी सूरत जो देख ले शायर
अपने शेरों में ताज़गी भर ले
एक मुसव्विर जो तुझ को पा जाए
अपने ख़्वाबों में ज़िन्दगी भर ले
नग़मागर ढूँढ ले अगर तुझ को
दर्द भर ले वो दिल के तारों में...

(फ़िल्म-घराना)

✦

ऐ इश्क़, ये सब दुनिया वाले
बेकार की बातें करते हैं
पायल के ग़मों का इल्म नहीं
झंकार की बातें करते हैं...

(फ़िल्म-मुग़ले आज़म)

✦

एक पल की पलक पे, ठहरी है ये दुनिया
एक पल के झपकने तक, ये खेल सुहाना है

संसार की हर शै का, इतना ही फ़साना है
एक धुंध से आना है एक धुंध में जाना है

(फ़िल्म-धुंध)

✦

दुनिया की निगाहों में भला क्या है, बुरा क्या
ये बोझ अगर दिल से उतर जाए तो अच्छा

ये जुल्फ़ अगर खुल के बिखर जाए तो अच्छा
इस रात की तक़दीर, सँवर जाए तो अच्छा

(फ़िल्म-काजल)

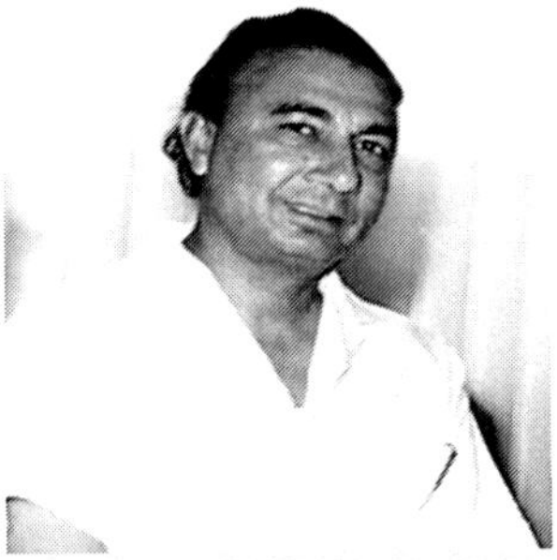

साहिर लुधियानवी

✦

मिलती है कहीं दीनारों में, बिकती है कहीं बाज़ारों में
नंगी नचवाई जाती है, अय्याशों के दरबारों में
ये वो बेइज्ज़त चीज़ है, जो-बट जाती है इज़्ज़तदारों में

औरत ने जन्म दिया मर्दों को, मर्दों ने उसे बाज़ार दिया
जब जी चाहा मसला कुचला, जब जी चाहा धुतकार दिया

(फ़िल्म-साधना)

✦

कौन रोता है किसी और के ख़ातिर ऐ दोस्त
सब को अपनी ही किसी बात पे रोना आया

(फ़िल्म-हम दोनों)

✦

दिल नहीं पहलू में रह गईं दो आँखें
जाने क्या क्या हम से / कह गईं दो आँखें
सुनसान रातों में अक्सर / जब चाँद पे जाती है नज़र,
तुम याद आते हो.......

तन्हाइयों में शाम व सहर
तुम याद आते हो.......

(फ़िल्म-यहूदी)

✦

भीख में जो मिले मोती लोगे या न लोगे?
ज़िन्दगी में आँसुओं का बोलो क्या करोगे?
भीक में जो मोती मिले, वो भी न लेंगे
ज़िन्दगी के आँसुओं की, माला पहनेंगे
मुश्किलों से लड़ते भिड़ते जीने में मज़ा है
नन्हें मुन्ने बच्चे, तेरी मुट्ठी में क्या है?

(फ़िल्म-बूट पालिश)

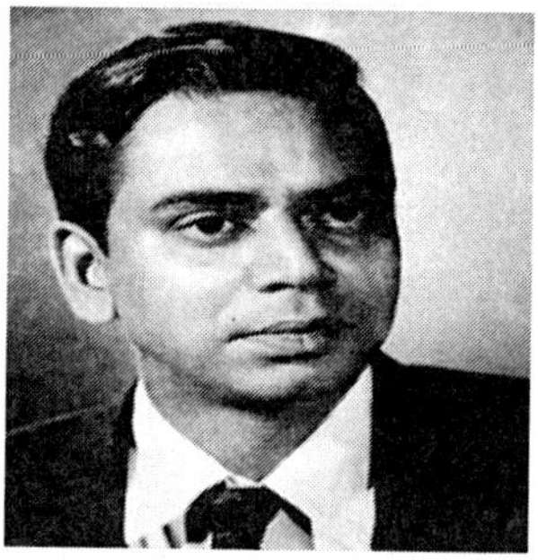

शैलेन्द्र

✦

कह रहा है मेरा दिल अब ये रात न ढले
खुशियों का ये सिलसिला ऐसे ही चला चले
तुझ को देखूँ, देखूं जिधर
फिर क्यों मुझको लगता है डर
तेरा मेरा प्यार अमर....

(फ़िल्म-असली नक़ली)

✦

बदल रही है रोज़ बदलती जाएगी
दुनिया करवट लेगी-चक्कर खाएगी
लेकिन हम मज़लूम ग़रीबों की क़िस्मत
कभी न हँसने देगी, सदा रुलाएगी / ये दुनिया (2)
बदहालों पे हँसती है, लाचारों को डसती है
ये दुनिया / हाय हमारी ये दुनिया, ये दुनिया

(फ़िल्म-यहूदी)